고양
문화유산
답사기
이부오 지음
역사산책

〈일러두기〉

1. 이 책은 고양시의 문화유산 답사를 안내하고 이해를 돕는 데 목적을 두었습니다. 필요한 경우에는 인근 지역의 문화유산도 함께 다루었습니다.

2. 출처를 밝히지 않은 〈사진〉은 저자가 직접 찍은 것입니다. 인용한 〈사진〉과 〈그림〉은 출처를 밝혔습니다. 저작권이 소멸한 사진은 출처를 생략한 경우도 있습니다.

3. 답사기에 도움을 준 참고문헌은 각 장(章)의 맨 뒤에 실었습니다. 단, 여러 장에 걸쳐 관련된 참고문헌은 책의 맨 뒤에 연대순으로 모아 소개했습니다.

답사를 시작하며

고양시는 대규모 시가지와 전원 풍경이 어우러진 수도권의 대표적인 신도시입니다. 그 중심은 일산과 화정, 원흥, 삼송을 비롯한 신시가지입니다. 그런데 눈을 돌려 들판과 숲을 둘러보면 유서 깊은 역사 유적이 차고 넘칩니다. 고양시는 한강 하구와 서울의 중간 거점일 뿐만 아니라, 한양을 지키는 전략적 요충이었기 때문입니다. 북한산에서 뻗어온 산줄기 사이에도, 너른 벌판 속의 구릉지에도 역사의 흔적이 짙게 배어 있습니다.

바쁘게 살아가는 시민들이 이들 유적에 일일이 관심을 가지기는 어렵습니다. 하지만 우리가 무심코 지나가는 길 옆이나 아파트 뒤에 역사적으로 의미 깊은 장소가 있다면 한번쯤 눈길이 가기 마련입니다. 특히 현재 우리의 삶에 큰 영향을 미친 유적이라면 조금이라도 관심을 가질 필요는 있습니다.

우리가 학교에서 배워 온 역사의 주인공은 국가입니다. 하지만 옛사람들은 지역인으로서의 의식이 강했습니다. 생활의 기반이 지역에 있었고, 지역을 벗어나는 일도 드물었기 때문입니다. 역사에 대한 이해는 지역의 역사와 문화유산에 관심을 가지는 데서 출발해야 합니다.

저는 고양시에서 20여 년간 역사를 가르치면서 교실 밖의 역사에 대해 관심을 많이 가졌습니다. 학생들과 함께 답사도 많이 다녔지만, 공감을 불러일으킬 만한 이야기를 이끌어내기는 쉽지 않았습니다. 학생들은 역사 교과서 밖의 경험이 너무 빈약했고, 저는 흥미를 유발할 만한 능력과 자료가 부족했기 때문입니다.

고양시의 문화유산을 다룬 책들은 관공서를 중심으로 출간되었습니다. 이러한 책들은 지정 문화재를 중심으로 체계에 맞춰 다루었기 때문에 문화유산의 여러 특징을 파악하는 데 도움을 줍니다. 최근으로 올수록 내용이 풍부하고 서술도 친절해졌습니다. 하지만 학생이나 시민이 흥미를 가지고 접근하기에는 일정한 틀에 맞춰 정리한 느낌이 있습니다. 개인이 펴낸 책들은 이러한 한계를 극복하려는 노력을 보여줍니다. 하지만 문화재와 역사적 맥락 사이에 균형이 맞지 않거나 오류를 범한 사례도 발견됩니다.

필자도 지역의 문화유산을 답사하면서 기존의 자료에 신세를 크게 진 것이 사실입니다. 다만 학생과 시민이 좀 더 쉽게 접근하기 위한 방식을 많이 고민해 보았습니다. 이에 중고등학교 이상의 역사적 상식이 있다면 지역의 문화유산과 역사에 대해 공감할 수 있으면 좋겠다는 생각을 하게 되었습니다.

이를 위해 저는 우선 문화유산과 관련된 용어를 최대한 풀어 썼습니다. 어려운 용어가 관심을 떨어뜨리는 가장 큰 장애물이라고 생각했기 때문입니다. 문화유산의 역사적 배경과 맥락은 역사적 상식으로부터 끌어와 설명했습니다. 문화유산의 동선별로 답사 과정에서 궁금한 점들을 친절하게 설명하려 노력했습니다. 이러한 답사가 현대 시민의 관점에서 어떤 의미를 가지는지에 대해서도 생각을 보탰습니다.

고양시의 문화유산은 책 한 권으로 담기에는 너무 방대합니다. 이 중에서 필자는 역사적 가치와 탐방객의 접근성을 고려하여 시대별로 대표적인 것들을 선별했습니다. 각 장(章)에는 〈역사 개관〉을 두었습니다. 문화유산의 배경을 이해하기 위해서는 당시 고양시의 역사적 상황을 개략적으로나마 이해할 필요가 있기 때문입니다.

이 책은 아직 부족한 점이 많습니다. 하지만 많은 연구자들과 문화재 전문가들의 노력이 모인다면 훨씬 흥미로운 문화유산 이야기와 지역사를 만들어 갈 수 있을 것입니다. 학생과 시민의 작은 답사는 큰 힘이 되리라 믿습니다.

마지막으로 향토사 분야에 초보자인 필자에게 많은 도움을 주신 고양시역사문화연구실의 정동일 문화재전문위원과 서대문구 근로자복지센터의 최경순 센터장께 감사를 드립니다. 귀중한 자료를 제공해 주신 고양문화원 직원들과 문화유산 답사에 함께 참여해 준 이용길 선생께도 고마움을 전합니다.

2020년 10월

고양시 문촌마을에서 저자 씀.

• 차례 •

Ⅰ. 선사시대의 고양시 문화유산

역사 개관

권력의 탄생

고양시에서 사람이 거주하기 시작한 것은 대략 10만~4만 년 전부터입니다. 이 시기를 중기 구석기시대라 합니다. 당시 사람들은 구릉성 산지나 소하천 주변의 평야에 많이 살았습니다. 당시의 생업은 사냥과 고기잡이였으니, 두 가지가 모두 유리한 공간으로 옮겨다니며 생활한 것이지요. 일산 임광진흥아파트 주변의 탄현동유적, 서울-문산 고속도로를 건설하면서 발견된 도내동 구석기유적 등이 대표적입니다. 최근에는 고양동 대자산 호랑이동굴에서 구석기시대 뗀석기들이 발견되어 경기도 최초의 구석기 동굴유적으로 주목받고 있습니다.

만 년 전부터 시작된 신석기시대에는 주엽동, 지영동, 가좌동, 오부자동 등 하천변의 충적지에서 사람들이 거주했습니다. 이들은 여전히 수렵이나 어로를 통해 식량을 구했지만, 초보적인 농사도 지었습니다. 특히 대화동 가와지마을과 주엽동 새말마을에서는 볍씨가 발견되어, 이때부터 벼농사를 짓기 시작했다고 보고되었습니다. 이러한 유적에서는 빗살무늬토기와 석기들이 출토되어 생활이 훨씬 풍부해졌음을 알 수 있습니다. 이를 위해 이동생활 대신 정착생활이 시작되었습니다.

기원전 10세기경부터 시작된 청동기시대에는 농경의 비중이 확대되었습니다. 주거지는 주로 구릉지 일대로 옮겨갔습니다. 이러한 주거지는 원흥 보금자리주택, 삼송지구 주변도로, 사리현동 등지에서 발견되었습니다. 뒤에는 산이 지켜주고 앞으로는 하천과 들판이 내려다보이는 나지막한 구릉지는 예나 지금이나 살기 좋은 자리입니다. 청동기시대 집터 위로 삼국시대 혹은 고려시대, 조선시대 집터가 중복되고 그 위에 다시 아파트가 들어서는 일이 흔합니다.

농경의 발전은 생산력의 발전을 가져왔고, 이를 독점한 지배세력은 청동제 무기나 제사 도구를 이용해 권력을 유지하려 했습니다. 덕양구 성사동에서 발견된 동모(청동창) 거푸집은 그 증거입니다. 지배세력은 죽은 뒤에도 생전의 권력을 내세우기 위해 고인돌을 만들었습니다. 화정 인근의 국사봉, 원당동, 행주내동, 문봉동, 성석동, 일산서구의 가좌동, 구산동 등지의 고인돌이 그것입니다. 청동기시대 권력의 탄생은 선사시대와 역사시대를 이어주는 가교 역할을 했습니다.

1

탄현동 일산 임광진흥아파트의 구석기인들

1) 황룡산 자락 구석기인들의 근거지

일산에서 파주로 통하는 경의로를 가다가 일산가구단지4거리에서 우회전하면 탄현 큰마을과 SBS사이를 지나 일산동고등학교에 이릅니다. 여기서 좌회전하여 북쪽으로 400여 m를 가면 왼쪽으로 일산 임광진흥아파트가 있습니다. 이곳은 구석기인들이 오랫동안 생활 근거지로 삼았던 곳입니다.

이곳은 황룡산에서 흘러내린 산자락이 완만하게 서쪽으로 이어지는 중턱에 있습니다. 이 산자락은 경의중앙선과 경의로를 건너

탄현동 일산 임광진흥아파트. 이 주변은 중기 구석기인들의 생활 근거지였다.

덕이동 덕이지구 아파트단지까지 완만하게 이어집니다. 일산 임광진흥아파트 정문에 인접한 고양시 재활스포츠센터 정문에서 보면 파주시 운정지구가 잘 내려다 보입니다. 이 아파트단지 내부는 해발고도가 31m 내외이고, 안으로 들어갈수록 조금씩 낮아집니다. 구석기시대에는 이곳에서 북쪽의 운정지구와 서쪽의 덕이동 일대, 남쪽의 일산동 일대가 잘 보였을 것입니다.

당시 사람들이 이곳에서만 살았던 것은 아닙니다. 우리 역사에서 정착생활은 신석기시대부터 시작되었으니까요. 구석기시대에는 사냥과 채집으로 생활했기 때문에 한 곳에서만 살 수 없었지요. 하지만 식량을 구하는 데 유리한 곳이라면 상당한 기간 동안 한 곳에 머물기도 했습니다. 말하자면 일시적인 정착생활은 당시에도 이루진 것이지요. 최근 고양동 대자산의 호랑이동굴에서 발견된 뗀석기들은 대표적인 증거입니다. 이 동굴에서 하루만 살고 떠나지는 않았을 것이기 때문이지요.

석기 제작에 필요한 재료들을 쉽게 구할 수 있는가 하는 것도 생활에 중요한 조건이 되었습니다. 탄현동 일대는 이러한 조건에 맞았던 것 같습니다. 구석기 유물이 이 아파트의 맞은편인 대우 푸르지오아파트나 남쪽의 위브더제니스아파트에서도 나왔기 때문입니다. 하지만 석기들이 집중적으로 나온 곳은 일산 임광진흥아파트입니다. 구석기인들은 이 곳을 중심으로 탄현동과 주변 일대를 생활의 근거지로 삼았던 것입니다.

2) 일산 임광진흥아파트 아래에 묻혔던 석기들

일산 임광진흥아파트의 건설이 계획되면서 이곳의 지하에 문화재가 묻혀 있는지 조사가 이루어졌습니다. 2007년 10월부터 12월까지 이루어진 발굴조사에서 구석기 유물은 아파트 정문에서 가까운 103동 주변(A지점)과 111동 주변(B지점)에서 많이 발견되었습니다. 특히 111동 주변에서는 많은 수의 구석기 유물이 출토되었습니다.

석기는 모두 207점인데, 거의 대부분이 석영맥암으로 만들어졌습니다. 석영(石英)은 글자 그대로 돌 중에 으뜸이라는 뜻이고, 영어로는 쿼츠(quartz)라고 합니다. 규소가 많이 함유되어 매끈한 느낌을 줍니다. 가공하기도 비교적 쉬워서 석기의 재료로 많이 쓰였습니다.

탄현동 구석기유적의 중심부. 일산 임광진흥아파트 111동(사진의 가운데) 주변에는 가장 많은 석기들이 묻혀 있었다.

비교적 큰 것으로는 주먹찌르개, 찍개, 주먹대패, 대형긁개, 찍개, 여러면 석기(다면석기) 등이 있습니다.

주먹찌르개는 한쪽을 최대한 뾰족하게 만들어 주로 사냥에 사용했습니다. 찍개도 사냥할 때 내리찍는 용도로 사용될 수 있지만, 날이 뾰족하면서도 약간 길게 만들어졌습니다. 위아래로 약간 긴 것도 있고 뭉툭한 것도 있습니다. 딱딱한 것을 쪼개거나 뭔가를 부술 때에도 사용되었을 것입니다.

여러면 석기는 사냥용입니다. 성경에서 다윗이 골리앗을 쓰러뜨릴 때 돌팔매를 사용했다고 전합니다. 여러면 석기도 끈으로 매어 짐승을 사냥하는 데 쓰였을 것입니다. 당시에는 식물의 줄기나 짐

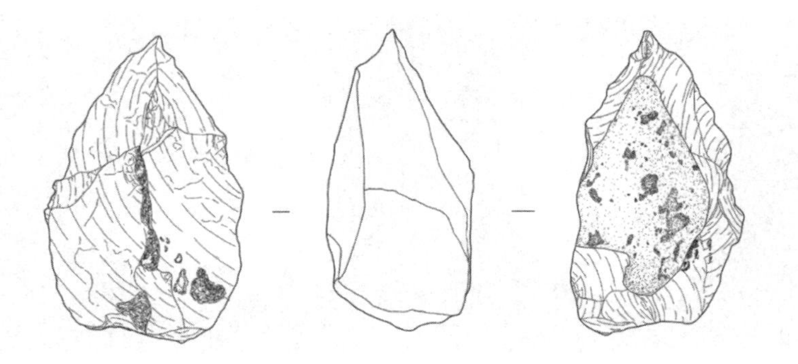

주먹찌르개.
탄현동 구석기유적의 주먹찌르개. 좌우 그림이 각각 석기의 앞뒷면이다. 무디게 생긴 아래 부분을 잡고서 뾰족한 윗쪽으로 찌르도록 만들었다(국방문화재연구원, 『고양 탄현동 구석기유적』, 2010).

승의 힘줄을 사용했습니다. 주먹대패는 나무껍질을 벗길 때 사용되었을 것입니다. 대패는 손잡이 부분을 둥글고 뭉툭하게 만들고 날 부분은 약간 직선적으로 길고 날카롭게 만들어져 오늘날의 대패날과 비슷하게 생겼습니다. 나무 껍질이나 가죽 등을 벗겨내는 데 사용되었을 겁니다. 대형긁개는 얇은 삼각형 모양의 긴 변에 평평하게 날을 만들었습니다. 짐승 가죽의 털을 벗겨내거나 할 때 사용되었겠지요.

작은 석기들을 격지석기라고 부릅니다. 재료가 되는 돌에서 떨어져나간 조각 즉 쪼가리로 만든 것이지요. 이러한 것으로는 긁개, 밀개, 홈날, 톱니날, 자르개, 찌르개가 나왔습니다. 소형 긁개와 밀개는 작은 동물의 가죽을 가공하거나 섬세한 작업을 하는 데 사용되었을 것입니다.

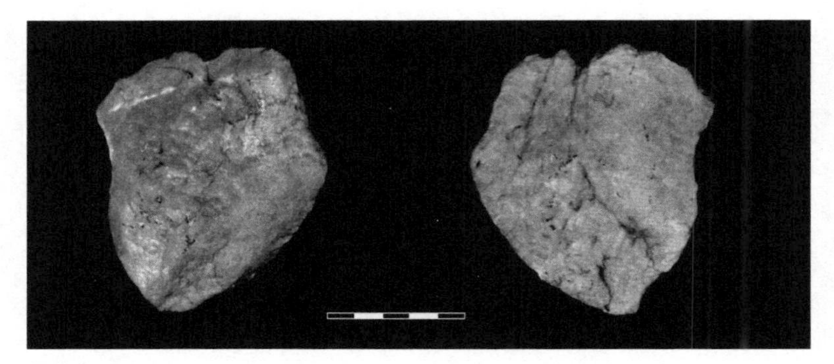

톱니날.
탄현동유적 톱니날의 앞뒷면. 아랫부분을 잡고서 윗면의 톱니를 이용해 물체를 자를 수 있도록 만들었다(국방문화재연구원, 『고양 탄현동 구석기유적』, 2010).

홈날과 톱니날은 한쪽에 손잡이가 있고 반대쪽에 톱니 같은 것을 두어 뭔가를 자르도록 만들었습니다. 톱니 사이의 홈이 하나이면 홈날이고, 여러 개가 있으면 톱니날이 됩니다. 오늘날의 나무톱 날을 세로방향에서 바라보면 날들이 좌우 2줄로 서있습니다. 톱날 하나하나를 번갈아가며 좌우로 휘게 만들어 나무를 자를 때 톱밥이 잘 빠져나가게 만든 것이지요. 당시의 톱날도 날들을 약간 이렇게 배치했습니다. 이것들은 동물의 가죽이나 고기, 식물의 줄기 등을 거칠게 잘라낼 때 사용되었을 것입니다.

자르개는 몸돌에서 떨어져 나온 격지의 평평하게 예리하고 긴 부분을 날로 삼았습니다. 뭔가를 정교하게 잘라낼 때 사용되었습니다. 찌르개는 한쪽 끝을 오늘날의 송곳처럼 최대한 가늘고 뾰족하게 만들려는 노력이 돋보입니다. 뭔가에 구멍을 낼 때 사용되었겠지요.

10만 년 전 이전인 전기 구석기시대에는 주먹도끼와 찍개 같은 비교적 단순한 석기가 사용되었습니다. 이에 비하면 탄현동유적에서 발견된 석기들은 종류가 훨씬 다양한 편이고 격지석기의 비중이 높은 편이어서 발전된 모습을 보이고 있습니다. 하지만 몸돌석기 모양이 아직 부정형(不定形)인 경우가 많고 격지석기의 모양도 불규칙한 편입니다. 이는 바로 중기 구석기의 특징입니다.

이 석기들이 제작된 시기는 지금으로부터 57,000년 전쯤입니다. 우리 역사에서 대략 10만 년 전부터 3만 5천 년 전까지를 중기 구석기로 보고 있습니다. 일산 임광진흥아파트는 중기 구석기의 후기에 해당하는 대표적인 유적인 것입니다.

그런데 지표면에 훨씬 가까운 토층에서는 모룻돌과 격지를 활용해 보다 정교하게 만든 밀개가 발견되었습니다. 이러한 석기는 후기 구석기의 일종입니다. 후기 구석기인들도 탄현동을 근거지로 삼았던 것입니다. 후기 구석기시대는 대략 3만 5천 년 전부터 만년 전까지입니다. 탄현동 구석기유적은 최소한 2만 년 이상 사람들이 주기적으로 생활의 터전으로 삼았음을 알 수 있습니다.

3) 탄현동 구석기인들의 생활환경과 살림살이

탄현동유적의 구석기인들이 살았던 57,000년 전은 지구 역사상 마지막 빙하기였습니다. 빙하기는 크게 네 번이 있었는데, 그 중에서 마지막 빙하기는 300만 년 전부터 만 2천 년 전까지였습니다. 중기 구석기시대인 10만 년 전부터 3만 5천 년 전까지는 대체로 빙하기였던 셈입니다. 탄현동 구석기인들은 지금보다 훨씬 추운 시절을 보낸 것입니다.

하지만 빙하기에도 기후의 변화는 컸습니다. 10만 년 내지 4만 년을 주기로 짧은 빙하기와 간빙기(間氷期)가 반복되었습니다. 빙하기와 간빙기의 기온차는 평균 15~20도나 되었다고 합니다. 실로 엄청난 기온차입니다. 현재는 온난화 때문에 평균기온을 어떻게 1도 이내에서 억제할 것이냐가 전 지구적인 관심이니 말입니다.

다만 빙하기라고 해서 지구 전체가 모두 얼어붙은 것은 아닙니다. 빙하의 공간적 범위가 현재보다 낮은 위도까지 확장된 것이지요. 빙하기에는 평균기온이 현재보다 5도 정도 낮았다고 합니다. 이 정도도 매우 추운 환경이었습니다. 거꾸로 우리나라 구석기유적 중에는 코뿔소와 원숭이, 물소 등의 뼈가 발견되기도 하니, 열대에 가까웠던 기후도 반복되었음을 알 수 있습니다.

빙하기에는 극지방 가까이와 산악지대에 얼음층이 두껍게 쌓여 해수면이 낮아졌습니다. 한반도 서해의 대륙붕은 상당 부분이 육지로 변해 오늘날의 한강하류는 깊숙한 내륙으로 변했습니다. 숲에는 침엽수림이 많았고 초원지대도 발달했을 것입니다. 고양시 남쪽에서 서쪽으로 한강이 흐르는 것은 지금과 유사했겠지만, 만조시에 해수가 유입해 생긴 현재의 갯벌 습지와는 다른 모습이었을 것입니다.

특히 후기 구석기시대에는 빙하가 최고로 발달하여 서해가 거의 육지화되었습니다. 동해는 내륙 호수로 남았다고 합니다. 함경도에서는 매머드가 살기도 했지요. 탄현동유적의 주인공들도 매서운 추위에 맞서 싸워야 했을 것입니다.

탄현동유적에서 발견된 찍개, 찌르개, 다면석기가 사냥용으로 사용되었다면, 사냥 대상은 비교적 큰 동물이었을 가능성이 큽니다. 많은 종류의 석기들은 사냥을 위해 무리 구성원들이 힘을 합쳤던 노력을 잘 보여줍니다. 비교적 작은 석기들은 사냥으로 얻은 동물을 손질하고 가공하는 데에도 쓰였을 것입니다. 나무로 도구를 만들거나 식물을 채집하는 데도 요긴하게 쓰였습니다. 전기 구석기시대보다 석기의 제작 기술이 향상된 것을 보면 사냥의 효율은 나아졌을 것입니다.

당시 사람들의 집자리는 발견되지 않았습니다. 공주 석장리의 후기 구석기유적에서는 단풍나무로 기둥을 만들고 풀을 엮어 지붕으로 덮고 화덕자리를 갖춘 막집이 발견되었습니다. 탄현동유적에서도 이와 유사한 막집을 만들어 일시적으로 살았을 가능성은 있습니다. 중기 구석기시대의 사람들은 주변을 옮겨다니면서 필요에 따라 이곳에서 석기를 제작하고 주변을 살피기 위해 근거지로 삼았을 것입니다. 이곳은 주거지보다 주기적인 생활 근거지로 볼 수 있습니다.

2

도내동의 구석기시대 석기공장

1) 서울-문산 고속도로 행신나들목 예정지의 대사건

중앙로의 행신교차로에서 권율대로를 타고 원흥역 쪽으로 800m쯤 가면 오른쪽으로 2020년 3월 현재 서울-문산 고속도로 공사가 한창입니다. 서정마을 4단지 휴먼시아아파트에서 동쪽의 권율대로 건너편인 도내동 787번지 일대는 특이하면서도 중요한 구석기시대 유적입니다.

이곳에 가기 위해서는 행신교차로에서 서울 쪽으로 200m를 가다가 좌회전하여 서정마을 6단지와 10단지를 지나 막다른 길에서

도내동 구석기유적 전경. 유적 뒤로 권율대로와 서정마을 4단지가 보인다.

좌회전합니다. 여기서 250m쯤 가면 오른쪽으로 말끔하게 조성한 민묘들이 보이는데, 그 뒤쪽이 바로 도내동 구석기유적입니다.

이곳은 서울-문산고속도로의 행신나들목 예정지인데, 지하에서 구석기 유물이 대량으로 나와 공사가 중지되었습니다. 이에 2017년 9월부터 2019년 3월까지 발굴조사가 이루어졌습니다. 그 결과 다른 유적과는 비교가 되지 않을 정도로 많은 석기들이 쏟아져 나와 전국적으로 유명해졌습니다.

2) 도내동 구석기유적의 석기들

도내동 구석기유적에서도 석기가 집중적으로 발견된 곳은 권율

도내동 구석기유적 A지구의 토층 단면. 사진 중앙의 약간 오른쪽 아래로 구석기시대 것으로 생각되는 돌들이 보인다.

대로에 가까운 A지구입니다. 지표면 아래에는 많은 토층이 존재하는데, 그 중에서도 4-b층에서 석기가 많이 나왔습니다. 그 수량이 무려 47,000여 점에 이릅니다. 동남쪽의 야산에 가까운 B지구에서는 30여 점이 나왔습니다.

이곳의 석기는 주변에서 쉽게 구할 수 있는 석영과 규암으로 만들어졌습니다. 석영과 규암은 모두 규소가 함유되어 표면이 매끈하고 흰색을 띠는 경우가 많습니다. 이러한 돌은 일반적인 화강암에 비해 석기 제작에 유리하고, 보기에도 좋은 편입니다. 이 때문에 탄현동유적과 덕이동유적에서도 많이 사용되었습니다. 도내동유적에서 나온 석기에는 원재료로 사용된 몸돌, 여기서 떨어져나간 격지

도내동 구석기유적의 석기들. 왼쪽 것들은 주먹도끼와 주먹찌르개, 맨오른쪽은 찌르개다. 모두 아래쪽이 손잡이이고 위쪽이 날이다(겨레문화유산연구원, 『서울-문산 고속도로 민간투자사업부지 내 유적발굴조사 약보고서』, 2019).

외에 주먹도끼, 찍개, 주먹찌르개, 여러면 석기, 밀개, 긁개 등이 있습니다.

주먹도끼는 손으로 잡고서 내리쳐서 사냥을 하거나 뭔가를 깨뜨리는 등 다양한 용도로 사용되었습니다. 이는 10만 년 전 이전의 전기 구석기부터 많이 보이지요. 찍개는 사냥이나 내리찍는 용도로 사용되었습니다. 찌르개는 이보다 좀 더 정교하게 만든 것인데, 작은 홈을 파거나 구멍을 뚫을 때 사용되었습니다.

이러한 유물의 연대는 대략 47,000년 전으로 중기 구석기시대에 해당합니다. 탄현동유적보다 약간 늦은 것이지요.

지표면에 좀 더 가까운 토층에서는 돌날, 밀개, 슴베찌르개 등이 발견되었습니다. 돌날은 한쪽에 날을 세워 뭔가를 자르도록 만든 것입니다. 밀개는 한쪽에 직선적인 날을 만들어 나무껍질이나 가죽을 밀어 벗겨내는 데 사용되었습니다. 슴베찌르개는 봉의 끝에 끼워 사용하기 위해 만들었습니다. 슴베는 원래 작은 줄기(莖)를 가리

도내동 구석기유적의 슴베찌르개. 위쪽이 날 부분이고 아래쪽은 뭔가에 꽂아서 쓰도록 살짝 삐죽하게 만들었다(겨레문화유산연구원, 『서울-문산 고속도로 민간투자사업부지 내 유적발굴조사 약보고서』, 2019).

킵니다. 봉 같은 것을 꽂도록 나뭇가지처럼 길쭉하게 나온 부분이 날의 반대 방향에 있습니다. 슴베찌르개는 사냥할 때 창처럼 던져 동물의 몸에 꽂거나 근거리에서 찌르는 데 사용했을 것입니다.

이러한 석기들은 중기 구석기의 그것보다 발전된 것이고, 후기 구석기시대부터 사용되었습니다. 그러니까 35,000년 전부터 12,000년 전의 사이에 존재했던 것이지요.

3) 도내동 구석기유적의 역할

도내동유적에서 나온 석기는 국내 어떤 구석기유적보다 많습니다. 그 만큼 오랜 세월 동안 만들고 또 만든 것입니다. 이 중에는 석기의 원료로 준비된 자연 상태의 자갈도 있습니다. 석기를 만드는 과정에서 일부를 떼어내고 남은 몸돌도 있고, 여기서 떨어져 나가

도내동유적의 석기제작소에 남겨진 돌무더기. 구석기 제작 과정에서 폐기된 돌들을 유적 조사 후에 모아놓은 것이다.

폐기된 격지들도 많습니다.

이렇게 많은 석기가 제작된 것은 이 일대에 석영과 규암 같은 돌이 많았기 때문입니다. 석영 계통의 돌은 탄현동유적이나 덕이동유적에서도 발견됩니다. 파주 심학산에서도 많이 보입니다. 조선시대에는 백석동 흰돌유적에서 석영 계통의 바위 여러 개를 모셔놓고 마을 제사도 지냈습니다. 구석기인들도 이러한 돌을 많이 선호했습니다.

이 주변에는 동쪽의 봉재산을 중심으로 작고 완만한 봉우리들이 옹기종기 모여 있습니다. 도내동 구석기유적은 봉재산 서쪽의 작은 봉우리 남쪽으로 완만한 경사면에 위치합니다. 서쪽으로는 성사천

도내동 구석기유적 A지구 전경. 조사를 마친 뒤의 일부 모습이다.

이 홍도동에서 흘러나와 남쪽으로 내려가고, 동쪽으로는 창릉천이 삼송지구에서 흘러내려 행주산성을 향해 갑니다. 이런 곳은 구석기인들이 주변을 조망하면서 사냥이나 채집, 그리고 물고기 잡이를 하는 데에도 유리했을 것입니다. 이러한 조건이 합쳐져 도내동유적은 중기 구석기에서 후기 구석기에 이르는 오랜 세월 동안 석기 제작소로 이용된 것입니다.

석기의 수량으로 보면 이것들을 하나의 무리만이 사용했는지 의문도 생깁니다. 북쪽으로 인접한 원흥동과 신원동의 구석기유적에서도 주먹도끼, 찍개, 여러면 석기 등 중기 구석기시대의 유물이 다수 확인되었습니다. 신원동유적에서는 후기 구석기 유물도 확인되었습니다. 이러한 지역 무리들과 도내동유적 무리들의 관계는 분명하지 않습니다. 주변에서 생활하던 여러 무리가 도내동유적에 주기적으로 와서 석기를 만들어 갔을 가능성도 있고, 하나의 강력한 무리가 이곳을 오랫동안 장악하고 다른 무리에게 석기를 보급했을 가능성도 있습니다. 현재 이 유적의 석기들은 정리 중에 있기 때문에 자세한 내용은 아직 공개되지 않았습니다. 앞으로 정식 보고서가 공개되면 훨씬 구체적인 이야기가 가능할 것입니다.

3

대화동 가와지 볍씨의 비밀

1) 가와지 볍씨 출토지 찾아가기

지하철 3호선의 대화역 6번 출구를 나와 일산서구청 4거리에서 좌회전하면 국립암센터로 향하는 일산로로 들어섭니다. 여기서 200m 좀 못 가서 오른쪽 도로변을 보면 화단 안에 '고양가와지볍씨 발굴터'라고 표시된 스텐드형 스테인레스 안내판이 보입니다. 크기가 작기 때문에 관심이 없으면 눈에 잘 띄지 않습니다. 이곳은 장성초등학교 정문 앞 주변이고, 카페 Only Dog 바로 앞입니다.

안내판 위에는 고양 가와지 볍씨가 5,020년 전 한반도 최초의 재

가와지볍씨 출토지 안내판 전경

배볍씨라고 설명하고 있습니다. 왼쪽에는 볍씨 출토 위치를 전하는 것으로 보이는 그림이 있는데, 색이 바래서 알아보기 어렵습니다. 다만 조사 당시의 유적 평면도인듯한 선들이 남아 있습니다.

안내판 오른쪽에는 1991년 일산 신도시 조성을 위한 발굴조사 1·2·3지역에서 총 331점의 볍씨가 발견되었음을 밝히고 있습니다. 이외에도 볍씨 조사와 관련된 정보를 비교적 자세하여 정리했습니다. 여기서 동북쪽으로 900m 정도 떨어진 곳, 즉 성저공원 주차장 서편에도 가와지 볍씨의 발견 위치를 설명하는 안내판이 있습니다. 여기에는 볍씨가 발견될 당시의 대화리, 주엽리 새말 등의 위치가 지도에 구체적으로 표시되어 있습니다.

2) 가와지 볍씨에 대한 조사

가와지 볍씨 출토지는 대화천의 중류 주변입니다. 이 일대는 1990년대 초반경 일산 신도시가 조성되면서 시가지로 편입되었습니다. 1918년에 제작된 지형도를 보면, 대화리(대화동) 마을과 그 북동쪽 구릉지 주변에는 논이 넓게 펼쳐져 있었습니다. 선사시대에는 대화천 주변으로 범람원이 넓게 펼쳐져 있었을 것입니다. 이런 곳에서 선사시대의 볍씨가 발견된 것은 우연이 아닙니다. 대화동 성저마을, 가와지마을, 주엽동 새말마을 일대는 구석기인들도 살았던 곳입니다. 이러한 지역에서 볍씨가 발견되었으니, 당시 거주민들의 상황과 무관하지 않겠지요.

이 일대에 대한 조사는 1991년 5월부터 9월까지의 이루어졌습니다. 그 결과 일산 제1지역(대화리)의 제3층 토탄층에서는 4,330년 전의 벼 낟알이 10점 발견되었습니다. 일산 제2지역 가와지 1지구 대화리층에서는 12점, 2지구 가와지층(제4층 검은색 토탄층) 아래에서는 2,770년 전의 벼 낟알 300점이 발견되었습니다. 일산 3지역(주엽동 새말)의 검은색 토탄층(가와지층)에서는 2,600년 전 즉 기원전 7세기 전후의 벼 낟알 9점이 발견되었습니다. 토탄층이란 후빙기에 해수면이 상승하고 비가 많이 와서 낮은 지역에 자라던 나무와 풀이 물에 잠겨 썩지 않고 퇴적된 토층입니다.

볍씨의 길이는 6.4~7.2mm이고 너비는 2.4~3.2mm입니다. 길이:너비의 비율은 2.39:1로, 현재 우리나라의 볍씨보다는 가늘고 긴 편이

가와지유적 주변 모습. 사진에 보이는 일산로 왼쪽에 가와지유적 안내판이 있다.

고 크기는 작습니다. 이것은 비료를 거의 주지 않는 자연적 생육환경의 영향을 받았거나 볍씨의 종이 단일하지 않았음을 보여줍니다. 그래도 유전적 다양성은 충청북도 청원군에서 발견된 12,500~14,620년 전의 소로리 볍씨보다 적은 편이라고 합니다. 이러한 특성은 신석기시대에 한반도의 볍씨가 유전적으로 분화하고 있었음을 보여줍니다.

3) 가와지 볍씨와 벼농사의 시작

가와지 볍씨는 줄기쪽이 좁고 벼 끝쪽이 넓으며, 벼 끝에 억세고 긴 부모(浮毛)가 달려있어 자포니카 계열로 판단되었습니다. 현재

가와지 볍씨. 고양시 농업기술전시관에 전시된 사진이다.

의 자포니카 종보다는 약간 갸름하게 생긴 편입니다.

일반적으로 야생벼는 재배벼보다 줄기에서 자연적으로 쉽게 떨어집니다. 볍씨에서 줄기와 낱알을 연결하는 끝부분을 부호경이라 합니다. 가와지의 볍씨는 줄기에서 떨어져 나온 이 부위가 매우 거칠게 나타났습니다. 이것은 사람이 직접 수확한 것이거나 잘 떨어지지 않는 품종이기 때문이라고 합니다. 쉽게 말하면 가와지 볍씨는 인공적으로 농사를 지어 수확한 것이라는 얘기입니다.

한반도 중부지역에서는 만 년 전~기원전 10세기를 신석기시대라 하고, 기원전 10세기부터 기원전 2세기까지를 청동시시대라고 부릅니다. 우리 역사 교과서는 청동기시대부터 벼농사가 시작되었다고 서술해 왔습니다. 1970년대에 여주 흔암리에서 탄화미가 청동기시대 무문토기와 함께 발견되었기 때문입니다. 주엽동 새말유적의 기원전 7세기 전후 볍씨는 시기적으로 이러한 볍씨와 일치합니다. 하지만 대화리와 가와지의 볍씨처럼 기원전 24~21세기 것은 신석기시대에 해당합니다. 신석기시대에는 일반적으로 조, 피 등의 밭농사만 이루어졌다고 알려져 왔습니다. 이러한 상황에서 가와지 볍씨의 발견은 한반도에서 벼농사의 시작 시기에 대한 논쟁을 불러일으켰습니다.

가와지 조사자들은 이 볍씨가 벼농사의 수확물이라고 설명했습니다. 앞에서 소개한 안내판은 이 주장을 받아들인 것입니다. 이것이 사실이라면 우리 역사 교과서에서도 한반도에서 벼농사의 시작점을 신석기시대로 고쳐야 합니다. 하지만 가와지 볍씨가 발견된지 30년 가까운 세월이 흘렀어도 우리 역사 교과서에서 벼농사의 시작 시기에는 변화가 없습니다.

그 이유는 가와지 볍씨의 성격에 대한 논쟁이 아직 끝나지 않았기 때문입니다. 가와지 볍씨는 비교적 작고 가늘고 길어서 청동기~원삼국시대 유적에서 발견되는 단립종(短粒種) 즉 낟알이 뭉툭하고 짧은 자포니카종과는 형태가 다른 편입니다. 낟알이 가늘고 긴 볍씨를 인티카종이라고 합니다. 가와지 2지구와 주엽리유적에서는 초기철기시대의 점토대토기가 포함된 상부 토탄층에서도 볍씨가 발견되었습니다. 이와 관련하여 가와지 볍씨가 출토된 층위와 해당 시기에 대해 조사자들과 다른 견해가 제시되기도 했습니다. 현재까지의 증거로는 벼농사가 청동기시대부터 시작되었다는 것입니다. 우리나라의 볍씨는 처음에 전형적인 단립형 외에 다양한 형태의 볍씨들이 공존하다가 차츰 요즘과 같은 단립형이 우세하게 되었다고 합니다.

두 가지 견해 중에서 어느 것이 옳은지는 아직 확정되지 않았습니다. 그런데 가와지층의 검은색과 갈색 토탄층에서는 모두 벼의 꽃가루가 검출되었습니다. 조사자들은 이 꽃가루도 재배벼의 것으로 판단했습니다. 이에 대해서는 부정적인 견해도 있습니다. 하지만 이곳에서는 최소한 신석기시대부터 청동기시대에 걸쳐 지속적으로 벼가 자란 것만은 분명합니다. 또 같은 시기에 이 주변에서 사람들이 마을을 이루고 살았습니다. 가와지 유적지의 토층에서 발견된 석기와 토기들이 이를 증명합니다. 그러니 가와지 볍씨는 신석기시대부터 벼농사로 수확되었을 가능성이 조금 더 커보입니다. 이에 대한 결론이 어떻게 날지 앞으로 눈여겨 보면 좋겠습니다.

4

화정동 국사봉과 지렁산의 고인돌

1) 지렁산고인돌 돌아보기

행신동 민방위교육장과 장미란체육관 사이에는 북쪽으로 지렁산을 오르는 길이 있습니다. 화정역 1번 출구에서 출발하는 마을버스 023번 민방위교육장 정류장에서 가까운 곳입니다. 이 길은 지렁산 정상 부근의 고인돌로 통합니다. 장미란체육관 동북쪽에서 배다골로부터 오는 고양누리길을 타고 오를 수도 있습니다.

등산로에서 체력단련장을 세 군데 정도 지나면, 계란형으로 생긴 돌이 다른 돌 위에 얹혀 있습니다. 위에서 보면 네모에 가까운데,

지렁산 고인돌1. 1991년 서울대학교 박물관의 조사에서 고인돌로 추정되었다.

이것은 고임돌이 비교적 작은 고인돌입니다. 덮개돌 아래는 도굴된 것으로 보입니다. 고임돌이 두드러진 것을 북방식(탁자식) 고인돌이라고 하고, 고임돌이 작거나 없는 것을 남방식(바둑판식) 고인돌이라고 합니다. 이 고인돌은 두 형식의 중간 정도로 볼 수 있습니다.

조금 더 길을 가면 길이 240cm, 너비 140cm에 두께가 55cm인 고인돌이 나타납니다. 이 일대에서는 제일 큰 규모입니다. 너비가 짧은 쪽에서 보면 긴 장대석처럼 보이고, 넓은 쪽에서 보면 거북바위처럼 생겼습니다. 현재는 고임돌이 없으니 남방식 중에서도 개석식 고인돌이라 부를 수도 있습니다. 하지만 다른 고인돌의 모양으로 보면 고임돌이 원래 존재했다가 사라졌을 가능성이 큽니다. 주변에는 고임돌로 보이는 돌들이 있기 때문입니다. 위 고인돌의 유물은

지렁산 고인돌2. 원래는 고임돌이 존재했을 가능성이 있다.

도굴을 당해 확인할 길이 없지만, 그 가치를 인정받아 2010년에 고양시 향토문화재로 '가지정'되었습니다.

2) 국사봉고인돌 돌아보기

지렁산 고인돌에서 고양누리길을 따라 계속 가면 들판을 지나 국사봉으로 향하게 됩니다. 왕복 2차선인 충장로 282번길을 건너면 '토지지신(土地之神)'이라고 씌여진 비석이 나타나고, 왼쪽 아래로는 경주이씨 집안에서 현대식으로 조성한 무덤들이 내려다 보입니다. 여기서 작은 산등성이를 하나 넘으면 왕복 2차선인 충장로 352번길을 건너 국사봉을 오르게 됩니다. 고양누리길을 계속 따라가려

국사봉고인돌. 왼쪽을 바라보는 두꺼비 모양의 돌이 덮개돌이고, 아래 깔린 돌은 쓰러진 고임돌로 보인다.

면 2차선의 우측으로 20여 m 이동해 약간 돌아가면 됩니다. 이 길에서 별우물오름다리를 지나고 조금 더 가면 고양시 향토유적 제56호 '국사봉 지석묘군'을 알리는 안내판이 서 있습니다.

화정 어울림누리에서 성라공원을 지나고 국사봉다리를 건너도 이곳에 도착할 수 있습니다. 지하철 3호선 원당역 3번 출구에서 남쪽으로 2차선 도로를 따라오다가 우측(남쪽)으로 고양누리길을 따라 오를 수도 있습니다.

주변의 고인돌을 보면 작은 바위 위에 거대한 돌두꺼비가 올라탄 모습처럼 보입니다. 이것은 덮개돌이고, 아래에 깔린 돌은 원래 고임돌로 보입니다. 그 아래에는 원래 부장품과 인골이 있었겠지만 현재는 확인할 길이 없습니다.

고임돌이 크지 않지만 이것은 일종의 북방식 고인돌로 볼 수 있습니다. 황해도 은율 운산리 등지에는 얇고 거대한 판석으로 만들어 글자 그대로 탁자처럼 생긴 고인돌이 있습니다. 강화도 부근리 고인돌도 북방식으로 유명하지요. 이에 비하면 국사봉과 지렁산의 고인돌들은 덮개돌과 고임돌이 모두 뭉툭한 편입니다. 이는 재료로 사용된 바위의 암질이나 자르는 면의 '결'과 관계가 깊습니다. 파주 덕은리고인돌을 보면 덮개돌과 고임돌이 모두 뭉툭한 것들이 보입니다. 국사봉이나 지렁산의 고인돌 형태도 이와 마찬가지로 암질의 영향을 받았을 것입니다.

3) 지렁산·국사봉 고인돌 주인공의 실체

지렁산과 국사봉의 고인돌을 언급한 자료들을 보면 이곳이 고조선의 영역이었음을 강조하고 있습니다. 이러한 견해는 북방식 고인돌이 고조선의 영역을 알려주는 근거라는 점을 고려한 것입니다. 또 하나의 근거는 국사봉의 북쪽 경사면에서 군부대의 병사가 참호를 파다가 발견한 유경식(有莖式) 마제석검이 평안남도와 황해도의 그것과 비슷한 형태라는 것입니다.

그림에서 보듯이 이 석검은 잘린 조각입니다. 유경식은 칼날을 자루에 끼우기 위한 경(莖) 즉 슴베가 있는 형식입니다. 식칼의 나무손잡이에 칼날을 끼우기 위해 날의 반대쪽에 뾰족한 모양을 낸

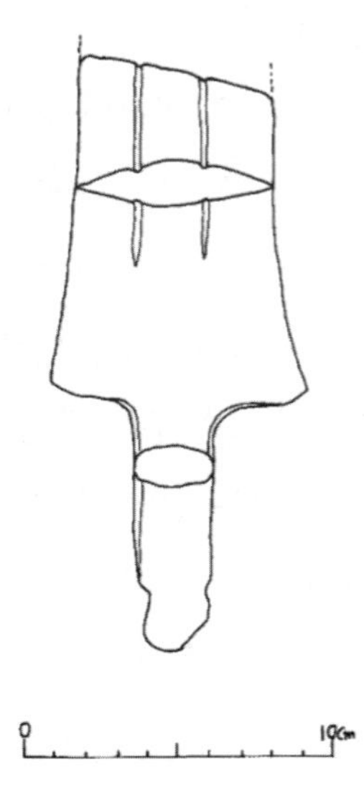

고양군 화정리 국사봉 출토 마제석검(고양시·한신대학교박물관, 『고양시 행신지구 문화유적 및 민속조사보고서』, 1992, 29쪽)

것과 비슷합니다. 이 돌칼의 슴베는 단면이 두꺼운 볼록렌즈 모양으로 되어 있습니다. 슴베 끝의 홈은 자루에 밀착을 더 쉽게 하기 위한 장치입니다.

칼날의 단면은 전형적인 볼록렌즈 모양입니다. 칼 측면에는 세로로 홈이 두 줄 파여 있는데, 이를 피홈 즉 혈구(血溝)라고 합니다. 사람을 찔렀을 때 이 홈으로 피가 흘러나와 칼이 잘 움직이도록 하기 위한 것입니다. 오늘날의 관점에서 보면 섬뜩하지만, 우리가 알고 있는 세형동검에도 피홈이 파여 있습니다. 비파형동검에는 피홈이 두드러지지 않지만 등날(돌대)와 칼날 사이가 직각에 가까워 이와 비슷한 기능을 했습니다. 위 마제석검의 윗부분은 부러져 나가, 발견 당시의 길이는 20cm가 좀 안되었습니다. 원래는 칼의 길이가 40cm 내외였을 것입니다.

이러한 유경식 마제석검은 한반도 북부 지역에서 많이 발견된다고 합니다. 한반도 남부에는 자루까지 일체형으로 만든 것들이 많습니다. 이런 점에서 당시의 화정동 일대는 서북한 지역의 문화적 영향을 많이 받은 것 같습니다. 그래서 국사봉고인돌은 후기 청동기에 조성되었다고 평가되고 있습니다.

북방식 고인돌과 유경식 마제석검에 보이는 이러한 특징들은 고조선의 기반이 된 문화적 범위를 폭넓게 반영할 순 있습니다. 하지만 그 자체로 화정동 일대가 고조선의 영역이었다고 단정하기는 어렵습니다. 이는 고조선의 영역과 관련된 필요조건을 일부나마 제시해 주지만, 충분조건으로는 너무 부족하기 때문입니다.

대형 고인돌은 청동기시대 부족장의 상징으로 인식되고 있습니다. 하지만 부락 단위로 많이 분포하는 소형 고인돌의 경우에는 모두가 지배층의 것인지 의문이 있습니다. 국사봉과 지령산의 고인돌은 대부분 규모가 비교적 작은 편에 속합니다. 그 주인공들 중에는 부족장도 있었지만, 소형 고인돌의 주인공은 하위 지배층이었을 가능성도 있습니다.

고인돌은 기본적으로 돌을 이용해 시신을 보호하기 위한 기념물입니다. 맨땅에 대충 묻으면 짐승들이 파헤쳐 훼손할 가능성이 있기 때문입니다. 거대한 돌을 이용해 시신을 보호하는 것은 죽은 자

국사봉 '추정 고인돌'. 중앙의 약간 왼쪽 위에 홈이 성혈 모양으로 되어 있다.

의 영혼이 편히 지내기를 기원하는 행위이기도 합니다. 일제시대에 최남선은 죽은 자의 혼이 이승의 사람들을 괴롭히지 못하도록 무겁게 눌러놓은 것이 고인돌이라고 했지만, 이는 죽은 자에 대한 추모의 마음을 무시한 말인 것 같습니다.

사망한 부족 구성원의 기념물을 주변이 훤히 내려다보이는 구릉성 산지에 세웠다면, 이곳은 부족의 단결을 꾀하거나 부족장 권력의 정당성을 주변 지역에 과시하는 제사공간으로 사용되었을 가능성도 있습니다. 지렁산고인돌의 덮개돌 위에서는 24개의 성혈(性穴)이 발견되었다고 합니다(『고양신문』 2007.9.24). 성혈은 기원의 의미를 담아 둥글게 별(星) 모양으로 홈을 새긴 것입니다. 근세까지도 아들을 낳게 해달라고 이렇게 새기기도 했습니다. 그런데 제가 살펴본 지령산 고인돌에서는 성혈의 흔적은 잘 보이지 않았습니다. 다만 국사봉 정상 주변의 추정 고인돌 위에도 성혈 모양의 홈이 발견됩니다. 이것이 청동기시대 사람들이 만든 성혈인지 자연적으로 생긴 것인지 확신할 순 없습니다. 하지만 당시 사람들이 이 산 위에서 부족의 염원을 담은 제사를 지냈을 가능성은 분명히 남아 있습니다.

청동기시대에는 군부대가 위치한 국사봉 정상부와 동쪽 경사면, 그리고 지령산 정상 주변에 상당한 숫자의 고인돌이 조성되었음에 틀림없습니다. 그 주인공들이 거주한 지역은 서쪽의 화정 일대와 동쪽의 도내동 일대 구릉지였을 것입니다. 국사봉과 지령산의 고인돌은 이러한 세력이 부족으로 성장하면서 주변의 다른 부족과 경쟁했음을 알려주는 증거물입니다.

| 참고문헌 |

1. 탄현동 일산 임광진흥아파트의 구석기인들

국방문화재연구원, 『고양 탄현동 구석기유적』, 2010.

화서문화재연구원, 『고양 행주산성 내 선사시대 동굴 발굴조사-학술자문회의자료집-』, 2020.6

2. 도내동의 구석기시대 석기공장

겨레문화유산연구원, 『서울-문산 고속도로 민간투자사업부지 내 유적(도내동 유물산포지4) 발굴조사 약보고서』, 2019.3.

3. 대화동 가와지 볍씨의 비밀

이융조·박태식·하문식, 「한국 선사시대 벼농사에 관한 연구-고양 가와지 2지구를 중심으로-」 『성곡논총』25, 성곡언론문화재단, 1994.

안승모, 「한국 선사농경연구의 성과와 과제」 『선사와 고대』7, 1996.

「5000년 가와지볍씨, 한반도 문명 기원 밝힐 자료-한반도 벼농사의 기원, 고양 가와지볍씨 재조명 세미나-」, 『고양신문』 2013년 5월 1일~5월 7일.

4. 화정동 국사봉과 지렁산의 고인돌

고양시·한신대학교박물관, 『고양시 행신지구 문화유적 및 민속조사보고서』, 1992.

Ⅱ. 고대의 고양시 문화유산

역사 개관

고봉과 개백의 시대

청동기시대부터 세력을 키운 부족장들은 서로 경쟁하면서 통합되어 갔습니다. 삼한시대인 기원 전후부터는 한반도 중부 이남에 70여 소국이 분포했습니다. 가좌동이나 덕이동의 삼한시대 유적은 고양시에서도 소국이나 더 작은 부족국가가 존재했음을 보여줍니다. 대화동 성저토성이나 이산포IC 동쪽의 멱절산성은 원래 이러한 세력의 근거지였을 가능성도 있습니다. 하지만 3세기경까지 고양 지역은 백제의 세력권으로 편입되었습니다.

4세기부터 한강 하류는 삼국의 치열한 각축장으로 변했습니다. 김부식의 『삼국사기』에서 고양시의 북부 지역은 원래 고구려의 달을성현(達乙省縣)이었다고 했습니다. 이곳은 고봉산성을 중심으로 한 주변 지역입니다. 고양시의 남부 지역은 본래 고구려의 개백현(皆伯縣) 또는 왕봉현(王逢縣)이었다고 합니다. 오늘날의 행주산성과 창릉천 서쪽 일대입니다. 이 명칭은 고양 지역의 한씨(漢氏) 미녀가 고구려 안장왕을 만났다는 이야기에서 유래했습니다. 5세기 이후 고구려가 남진하면서 고양 지역으로 진출했음을 알 수 있습니다.

553년 신라가 한강 유역을 모두 차지하면서 고양 지역은 신라의 세력권으로 편입되었습니다. 그 중심지는 오늘날의 하남에 위치한 신주(新州)였는데, 557년에는 북한산주로 옮겼습니다. 하지만 달을성현과 개백현의 치소에는 큰 변화가 없었던 것 같습니다. 이후 신라는 행주산성을 군사기지로 이용했습니다. 행주산성 정상에서 발견된 석성은 그 증거입니다.

통일신라기에 신라의 국경은 대동강 일대에 형성되었습니다. 고양 지역의 군사적 비중은 상대적으로 줄어들었습니다. 우왕현은 한양군(서울)의 관할을 받았고, 고봉현은 교하군의 관리를 받았습니다. 8세기 중엽에 경덕왕은 달을성현을 고봉현(高峰縣)으로 고치고 개백현을 우왕현(遇王縣)으로 고쳤습니다. 이는 한화(漢化)정책에 따른 것이지만, 치소는 그대로 유지되었습니다. 행주산성을 비롯한 성들은 이상의 역사를 잘 설명하지만, 몇 가지 의문을 함께 던져줍니다.

1

백제시대의 군사기지인 법곶동 멱절산성

1) 멱절산성과 이산포IC

이산포IC는 자유로나 일산대교에서 일산으로 들어오는 중요한 관문입니다. 이 일대는 이산포(二山浦)라고 불렸는데, 과거에도 이 주변은 일산 지역의 중요한 거점이었습니다. 고봉산에서 흘러온 장월평천이 한강으로 들어가는 곳이고, 이 일대에서는 드물게 나지막한 산이 둘이나 있었기 때문입니다.

이산포IC 주변인 동촌마을에는 이산포나루가 있었는데, 이곳은 한강 하구에서 행주나루와 마포나루로 가던 배들이 잠시 머물던 곳이었습니다. 지금은 자유로 제방 때문에 이러한 흔적을 찾을 길이 없습니다. 그런데 1918년 지형도를 보면 이산포 주변은 강쪽으로 약간 삐져나와 있고 한강물의 흐름이 이쪽을 치듯이 휘어 흐르고 있습니다. 이 때문에 이산포 안쪽으로는 상대적으로 수심이 깊어 포구 역할을 하기에 유리했던 것 같습니다.

'이산(二山)'이라는 이름의 유래에 대해서는 서로 다른 주장이 있습니다. 법곶동 서촌마을 법곶3교 서쪽의 법수산과 장항천 동쪽의 멱절산을 가리킨다는 주장도 있고, 멱절산의 봉우리가 원래 두 개인데서 유래했다는 주장이 있습니다. 그런데 이산포IC와 장항천 사이의 이산포교회 자리에도 이미산이 있었기 때문에 분간하기가 쉽지 않습니다.

18세기 중엽의 『해동지도』를 보면 현 식사동 북쪽 견달산에서 오는 길의 좌우에 두 개의 산을 표시했습니다. 서쪽 산은 이미산이고, 동쪽 산은 멱절산입니다. 이 부근에도 두 산이 있었던 점은 분명하지만, 이것이 '이산'의 근거인지는 확실하지 않습니다. 이석희의 『고양군지』(1755)에서는 이산(二山) 위에 멱사(멱절)가 있었다고 했고, 「고양군지도」(1872)에서는 '2산'을 이루는 두 개의 봉우리가 서로 붙어 있습니다. 18세기 중후반의 『여지도서』 고양군지도에서는 '이산'을 여섯 개의 봉우리가 중첩된 것으로 묘사했지만, 이는 주변 산들을 대략적으로 표현한 것 같습니다. '이산포'라는 포구는 이미산의 서남쪽, 즉 일산대교의 북단에 있었습니다. 이러한 추세로 보면 '이산'은 이미산과 멱절산에서 출발했고, 상황에 따라서는 멱절산을 가리킨 것 같습니다.

멱절산은 해발고도가 27m에 불과하지만, 『고양군지』(1755)에 따르면 한강 쪽 봉우리의 바위 형세가 기괴하고 절벽이 쭈뼛쭈뼛 높이 솟았다고 했습니다. 여기서는 목멱산(남산)과 마니산이 아득하게 보인다고도 했습니다. 이러한 지형조건 때문에 멱절산성이 만들어진 것이지요.

멱절산성에 가기 위해서는 자유로에서 이산포IC를 나오다가 S-Oil주유소를 지나자마자 오른쪽으로 빠집니다. 이면도로를 만나 우회전하여 길을 따라가면, 장항천의 배수펌프장이 설치된 다리를 건너면서 정면에 작은 산이 가로막습니다. 이 산이 바로 멱절산성입니다.

장항천에서 바라본 멱절산성. 우측에 보이는 건물은 멱절산에 들어선 한국방송전도협회이다.

다리쪽 즉 서쪽은 거의 절벽이라서 올라갈 수가 없습니다. 남쪽과 북쪽도 마찬가지입니다. 다리에서 북쪽으로 돌아 산을 보면서 시계방향으로 돌면 멱절길 86번길을 따라가게 됩니다. 멱절길 86번길30 주변에서 보면 산 위로 통하는 간이계단 같은 것이 보입니다. 여기서 경사면을 잠시 오르면 정상에 도착할 수 있습니다.

2) 멱절산성에 올라서면

산성에 오르면 서쪽이 높고 동쪽이 낮은 자그마한 대지가 남북으로 길게 뻗어 있습니다. 대지 위에는 나무기둥을 ㄷ자 모양으로 열지어 세우고 나일론 로프로 연결하여 경계를 만들어 놓았습니다. 높은 절벽과 가까운 서쪽 경계만 이를 생략한 것입니다.

경기도박물관이 2001년에 멱절산유적의 존재를 확인했고, 2003년에 다시 조사했습니다. 2004년 멱절산유적은 경기도기념물 제192호로 지정되었습니다. 위 울타리는 2012년에 중앙문화재연구원이 발굴조사한 범위를 표시한 것입니다. 그 내부의 남쪽으로는 근현대에 조성된 무덤 1기가 있는데, 이 주변은 조사하기 못했습니다. 조사범위의 남쪽으로도 근현대의 소형 무덤 2기가 있습니다.

조사범위의 서남쪽으로는 절벽 위로 토벽이 주저앉은 것 같은 모습이 중간 중간 보입니다. 이것은 멱절산 위에 토성이 조성되었던 흔적입니다. 조사결과에 따르면, 바닥면을 약간 파내고 정리한 뒤, 산위의 흙과 바로 옆의 장항천에서 가져온 회색 점토 등을 여러 차

멱절산성 정상의 현재 모습. 발굴조사 범위를 목제 기둥과 나일론 로프로 표시를 해 놓았다.

례 다져 토성을 조성했습니다. 성질이 서로 다른 흙을 서로 교차해 다졌는데, 이러한 방식은 충주 탄금대토성, 증평 이성산성, 화성 길성리토성 등 백제 지역의 다른 산성들에서도 유사하게 나타납니다.

북쪽과 동쪽의 성벽은 확인되지 않았지만, 토성이 조성되었음에 틀림없습니다. 서쪽에 비해 고도가 낮고 경사가 상대적으로 완만하기 때문에 오히려 토벽을 더욱 높고 튼튼하게 조성했을 것입니다. 멱절산성의 전체둘레는 300m로 추정됩니다.

서벽 남쪽 부근의 정상은 멱절산의 정상이기도 합니다. 여기서 서쪽을 바라보면 장항천이 북쪽에서 남쪽으로 흐릅니다. 지금은 장항천과 멱절산성 사이에 왕복 2차선 멱절길이 지나는데, 산성이 운영되던 당시에는 하천이 해자 역할을 했을 것입니다. 그 너머로 멀리 심학산이 보이는데, 도로와 시설물 때문에 서쪽의 옛 이미산 자리는 잘 보이지 않습니다.

북쪽으로는 대화마을이 보이고, 동북쪽으로는 킨텍스를 비롯한 일산 시가지가 한눈에 들어옵니다. 동남쪽으로는 백석동 쪽의 들판이 훤히 보입니다. 남쪽으로는 자유로만 눈에 가득합니다. 하지만 자유로 제방이 들어서기 전에는 한강이 한눈에 들어왔을 것입니다. 이러한 조망과 주변을 통제할 수 있는 조건 때문에 멱절산성이 들어선 것입니다.

1960년대까지 멱절산은 동남쪽에서 흘러드는 하천과 인접해 있었지만, 농지 조성과 도로 건설, 석재 채취 과정에서 절반 이상 깎여 나갔다고 합니다. 발굴조사 이전의 멱절산 유적은 헬기장으로 이용되었고, 밭으로도 경작되어 많이 훼손되었습니다. 멱절산성은 원래 기독교방송국(현 한국방송전도협회) 자리인 남쪽 봉우리까지 합해 '8'자 모양으로 조성되었을 가능성이 있습니다.

성문은 어느쪽에 만들어졌는지 확인되지 않았습니다. 경사가 상대적으로 완만한 동쪽이나 동남쪽 어느곳일 가능성도 있는데, 기독교방속국 건물이 산을 절개하고 들어섰기 때문에 현재로서는 알 수 없습니다.

3) 백제시대 멱절산성의 역할

남쪽의 기독교방송국 건설 이전에는 그 주변에 남방식 지석묘 1

기가 있었고, 무문토기편들도 분포했습니다. 멱절산 주변의 구릉 지역에 최소한 청동기시대부터 사람들이 살았다는 것이지요. 장항천과 한류천, 그리고 한강이 만나는 이곳은 습지가 많아 농사짓고 살기에는 불리했습니다. 하지만 주변 일대를 조망하기 쉽고 습기를 피할 수 있는 멱절산 일대는 청동기시대부터 사람들이 살 수 있는 환경을 제공했습니다. 이런 곳을 청동기시대 이후의 사람들도 놓치지 않았을 것입니다.

산성 내의 서북 부분에서는 수혈유구 즉 구덩이가 14기나 조사되었습니다. 이는 주거지가 아니라 각 종 물품을 저장하기 위한 창고였습니다. 예전에 시골에서 무우나 배추를 보관하기 위해 구덩이를 팠던 것과 유사한 방식입니다.

이들 유구에서는 삼족기(三足器), 장란형(長卵形) 토기, 심발형토기, 단경호, 대호, 소호, 대옹, 컵형토기, 시루 등도 발견되었습니다. 토기들에는 조족(鳥足)무늬, 전(田)형무늬, '*'형 무늬 등을 눌러 새겼고, 흑색 간토기도 발견되었습니다. 이상은 백제시대 토기로 분류되고 있습니다. 그 시기는 4~5세기가 중심인데, 흑색 간토기는 3세기 중후반까지 올라갈 수 있습니다.

토기들은 대체로 생활용이지만, 3족토기나 흑색 간토기처럼 상징성이 큰 것들은 제사용으로 사용되었을 것입니다. 이 중에서 흑색 간토기, 삼족기, 심발형토기, 장란형토기는 풍납토성이나 몽촌토성의 출토품과 유사합니다. 토기에 표현된 조족무늬도 백제 지역에서 광범위하게 보입니다. 그 만큼 멱절산성의 토기들은 백제와 긴밀한

멱절산성 토기편 : 멱절산성 유적의 백제토기. 오른쪽부터 조족무늬, 전(田)형무늬이고, 왼쪽은 모두 '*'형 무늬이다(제공 : 이장웅 선생님).

관계 속에서 만들어진 것입니다.

이외에 철촉, 철도자(刀子), 철부(鐵斧), U자형 삽날 등도 발견되었습니다. 철촉은 화살촉으로 사용되었으니, 백제군이 멱절산성을 지켰음을 알려줍니다. 철도자는 생활에 만능으로 사용된 작은 칼입니다. 철부는 무기나 공구로 사용되었습니다. U자형 삽날은 목제날의 테두리를 U자 모양으로 감싸듯이 만들어졌습니다. 당시에는 철이 훨씬 귀중하기 때문에 최대한 절약하기 위한 것이지요. 그래도 목제 괭이에 비해 경작지를 일구는 데 효율성이 훨씬 컸습니다. 이러한 농기구들은 멱절산성을 지키던 사람들이 농사도 함께 지으면서 식량을 조달했음을 보여줍니다.

멱절산은 백제의 도성이었던 풍납토성으로부터 한강 하구로 나아가는 데 중요한 거점의 하나였습니다. 이 때문에 백제는 멱절산성을 축조해 소규모 부대를 운영한 것으로 보입니다. 요즘에는 부대 운영을 위한 경비를 전적으로 국가가 부담합니다. 하지만 당시에는 군인들이 필요 물품을 자급자족하는 경우도 적지 않았습니다. 주둔군의 최소한 일부는 주변 백성들이 동원되었을 가능성도 있습니다.

청동기시대 이래 소지역의 중심지였던 멱절산유적은 백제시대에 토성이 건설되면서 군사적 거점으로 거듭나게 되었습니다. 토기의 시기로 보면 4~5세기에 가장 활발하게 이용되었다고 볼 수 있습니다. 하지만 동남쪽의 행주산성이 본격적으로 이용되면서 기능이 상대적으로 떨어졌습니다. 그런데 신미양요(1871) 당시에 이곳에 감시 기지가 운영되었던 것을 보면, 조선시대 사람들도 이곳의 군사적 중요성을 잘 알고 있었던 것 같습니다.

2

고구려 안장왕과 한씨 미녀의 이야기가 서린 고봉산성

1) 고봉산성 둘러보기

일산동구 중산고 진입로의 좌측에는 고봉산 등산로 입구가 있습니다. 이 길을 따라 정상으로 오르다 보면 등산로 좌측에 성돌처럼 생긴 것들이 흩어져 있습니다. 이것은 고봉산성의 흔적입니다. 중산동 안곡습지나 성석동으로부터 오르는 길도 있지요.

해발 208.8m 정상에 오르면 중산마을과 한강 쪽을 비롯해 사방으로 전망이 뛰어납니다. 그래서 일찍부터 봉수대가 자리했지요. 하지만 탐방객들은 이러한 풍경을 감상할 수 없습니다. 성 안쪽에 부

고봉산성의 원경. '고양'의 '고'자는 이 산 이름에서 유래했다. '양'자는 행주산성의 덕양산에서 따왔다.

대가 위치하기 때문입니다. 다만 성벽 주변의 나무가 적은 공간에서는 남쪽으로는 한강과 일산동구의 아파트단지가, 북쪽으로는 성석동과 파주 방향의 풍경이 눈에 잘 들어옵니다. 고양시 어디서나 잘 보이는 철탑도 고봉산성 내에 있습니다.

고봉산성은 정상부에 남북으로 긴 장타원형으로 조성되었고, 둘레는 360m입니다. 성벽은 30~40cm 정도 크기로 다듬은 장방형 돌을 사용해 '바른층' 쌓기로 쌓았습니다. 바른층 쌓기란 한 단씩 올라갈 때마다 성돌의 중앙부와 양쪽 끝을 서로 어긋나게 맞물리게 하여 품(品)자 모양으로 만든 것입니다. 현재는 성벽이 붕괴되어 돌들이 여기저기 뒹구는 모습을 확인할 수 있습니다. 남서쪽 성벽이 꺾이는 곳에는 치성(雉城)도 남아있습니다.

고봉산성 성벽의 흔적. 고봉산성 성돌이 무너져 내린 것이다.

이 성에서는 고구려 토기가 조사되었습니다. 남한 지역의 고구려 성은 임진강 연안과 동두천-중랑천-서울 아차산 선에 밀집되어 있습니다. 이는 한성(漢城)을 장악한 고구려가 한강 이북을 철저히 지키려 했던 의지를 보여줍니다. 고양시 주변에서는 파주 오두산 통일전망대와 고봉산에서만 고구려 성이 확인되었습니다. 이는 고양시의 전략적 중요성이 작아서가 아닙니다. 개활지가 많은 고양의 지형적 특성상, 몇 군데 성만 장악하면 주변 지역에 대한 통제가 가능했기 때문입니다.

2) 『삼국사기』에 전하는 고봉산성 이야기

『삼국사기』에서는 고양 지역의 연원을 두 부분으로 나누어 설명했는데, 이는 고봉산성의 역사와 밀접히 관련되어 있습니다.

> **달을성현(達乙省縣)** 한씨 미녀가 높은 산마루에서 봉화를 피워 안장왕을 맞이한 곳이므로 후에 고봉(高烽)이라 이름했다.

> **왕봉현(王逢縣)** 또는 개백(皆伯)이라고도 했다. 한씨(漢氏) 미녀가 안장왕(安藏王)을 만난 곳이므로 왕봉이라 이름했다.

위에 따르면 한씨 미녀는 달을성현의 높은 산마루에서 봉화를 피워 고구려의 안장왕(519~531)을 맞이했고, 그 인연으로 이 산은 고봉산이 되었습니다. 한씨 미녀는 '왕봉(王逢)'에서 고구려 안장왕을 만났다고 합니다. '왕봉'은 왕을 상봉했다는 뜻이니, 고구려왕을 만난 장소라는 것이지요. 행주산성이 위치한 덕양산 일대가 이곳입니다. '왕봉'의 지명은 원래 개백이었습니다.

『신증동국여지승람』(1530)에도 위 이야기가 다시 소개되었습니다. 18세기의 『여지도서』에서도 이 이야기가 같은 방식으로 소개되었습니다. 이는 한씨 미녀 이야기가 어느 정도 신빙성 있는 것으로 여겨졌음을 의미합니다.

신채호가 『조선상고사』에서 적극적으로 인용한 『해상잡록』에서는 이 이야기가 크게 부풀려져 있습니다. 안장왕이 태자 시절에 상

안장왕과 재회하는 한씨 미녀와 고구려 안장왕. 화전동 벽화마을 '벽화향기동화길'에서.

인의 행색을 하고서 고양시 행주에 왔고, 이곳의 세력가인 한씨의 집에 숨어들었다고 합니다. 이때 한씨의 딸 한주(韓株)와 인연을 맺고 고구려로 돌아가서 왕으로 즉위했다는 것입니다. 그런데 백제의 태수(太守)가 한주에게 결혼을 강요했고, 한주는 이를 거부하다가 옥에 갇혀 단심가를 불렀다고 합니다. 이때 고구려의 을밀이 왕의 여동생 안학과 결혼하기 위해 안장왕의 소원을 들어주기로 했습니다. 이에 군사들을 이끌고 한강 일대를 함락함으로써 안장왕이 개백현에 와서 한주를 취했고, 을밀은 안학과 결혼했다는 것입니다.

한주는 한구슬이라고도 전합니다. 백제의 태수에게 핍박받던 한구슬은 안장왕이 다시 찾아온다는 소식을 듣고서 너무나 기쁜 나머지, 고봉산에 올라 봉화를 올렸다고 합니다. 이야기가 조금씩 살을 붙이며 여러 가지로 변형된 것이지요.

신채호에 따르면 『해상잡록』에서는 고구려·수의 전쟁, 고구려·당의 안시성전투, 백제의 신라 대야성 함락, 통일전쟁 시 당나라의 의자왕 납치, 백제의 부흥운동 등을 다루었습니다. 이에 『해상잡록』은 백제와 고구려 지역의 자체적인 기록이나 민간 전승을 다룬 야사라는 견해도 있습니다. 『해상잡록』은 현재 전하지 않기 때문에, 이 이야기를 어디까지 믿어야 하는지는 의문입니다. 이야기의 주제가 『삼국사기』의 기술 범위를 크게 넘어서지 않는 점으로 보면, 이 자료는 『삼국사기』에 기반을 두고 기술된 야사류일 가능성이 큽니다. 사실 이것도 추론일 뿐이지요.

『삼국사기』에 전하는 한씨(漢氏)를 『해상잡록』에서 韓氏(한씨)라 한 것은 이야기의 전승 과정에서 동일한 발음의 성씨로 변형되었을 것입니다. 단심가는 원래 고려말의 충신 정몽주가 이방원에게 보낸 것인데, 위 내용은 『춘향전』에서 이몽룡에 대한 춘향의 일편단심을 연상시킵니다. 안장왕의 여동생이라는 안학은 고구려가 평양에 세운 궁궐 이름이고, 을밀은 대동강에 접한 평양성의 누대 이름입니다. 이로 보면 두 인물은 평양에 존재했던 안학궁과 을밀대를 소재로 삼아 『삼국사기』에 전하는 기사와 연결하기 위해 만들어낸 존재로 보입니다. 을밀이 한강 일대의 백제 성읍들을 점령했다는 것도 『삼국사기』의 한씨 미녀 기사, 고구려 백제 간의 전투 기사 등과 연결해 만들어졌을 것입니다. 그렇다면 『해상잡록』의 이야기는 『삼국사기』 한씨 미녀 기사의 실체를 밝히는 데 큰 도움이 되기 어려울 것입니다.

그렇더라도 한씨 미녀 기사가 『삼국사기』에 실린 것은 일정한 사실을 토대로 한 이야기가 『삼국사기』가 편찬된 12세기까지 전승되었음을 보여줍니다. 그러면 여기에 담긴 실제 사실은 무엇일까요?

3) 안장왕은 정말 고양시에 왔을까

백제 땅이었던 고양시에 고구려왕이 직접 온다는 것은 매우 특이한 사건입니다. 396년 광개토왕이 백제의 아리수(한강) 하류를 공격할 때 군대를 통솔한 적이 있고, 475년 장수왕도 백제의 한성을 공략할 때 고구려군을 직접 이끌었습니다. 이처럼 대규모 원정 때 왕이 친히 나서는 경우는 있었으나, 백제의 한 여성을 만나기 위해 고구려 왕이 온다는 것은 평범한 일은 아닙니다.

안장왕대인 6세기 초 삼국은 한강 유역을 놓고 치열한 경쟁을 벌였습니다. 원래 4세기 초 중국의 낙랑군·대방군이 한반도 서북부에서 축출된 뒤, 고구려와 백제는 예성강-임진강 일대를 놓고 공방전을 벌였습니다. 475년 장수왕에게 개로왕을 잃은 백제는 웅진(공주)으로 천도했고, 신라와 힘을 합쳐 고구려에 대항함으로써 간신히 왕조를 재건할 수 있었습니다.

이와 관련하여 고등학교 『한국사』 교과서는 고구려가 아산만-소백산맥 선을 551년까지 장악했다고 하는데, 이는 『삼국사기』 지리지에 나오는 고구려의 범위를 중시한 것입니다. 『삼국사기』 백제본기는 적어도 482년부터 백제가 한성을 회복했다고 기록했습니다. 그 뒤 5세기 말까지 백제는 한강 유역을 회복하고 예성강 선까지 밀고 올라갔다고 합니다. 반면 『삼국사기』 지리지 기록과 서울 광진구 아차산·용마산 일대의 고구려 보루(堡壘), 그리고 몽촌토성의 고구려 토기를 근거로, 475년부터 6세기 중엽까지 고구려가 한강 유역을 모두 지배했다는 견해가 큰 흐름을 이루고 있습니다. 하지만 『삼국사기』에 따르면 5세기 말경 백제는 한강 유역을 상당부분 회복했습니다. 성왕 1년(521)까지는 고구려와 백제의 대치선이 패수(浿水) 즉 예성강에 형성되었습니다. 529년 10월 고구려의 안장왕은 몸소 군사를 거느리고 백제의 북쪽 변경인 혈성(穴城)을 함락했고, 오곡(五谷)의 벌판에서 백제군을 격파했습니다. 오곡은 황해도 서흥이나 신계와 임진강을 지나 동두천-의정부-서울 광진구 사이에서 벌판을 낀 산간 지역으로 추정됩니다.

그 중에서도 고구려가 백제와 첨예하게 맞선 지점은 풍납토성에서 한강 북쪽으로 바로 위치한 아차산, 용마산 일대였습니다. 이 주변의 산 정상과 능선 일대에는 수많은 성과 보루들이 조성되었습니다. 이곳에서 중랑천을 따라 의정부-양주-적성·연천-신계-수안으로 통하는 교통로가 고구려가 남하하는 주요 루트였습니다.

백제의 입장에서도 고봉산성은 고구려의 남하를 방어하는 거점이었다고 합니다. 서쪽의 심학산보루나 북쪽의 오두산성, 월롱산성, 봉서산성, 동북쪽의 용미리보루, 남쪽의 행주산성 등과 연계하여 고구려의 침입을 방어했다는 것이지요. 이러한 성들은 황해도 서흥-평산-개성 선과 임진강 하류나 한강 하류 방면으로 침공하는 고구려군을 방어하는 역할을 했습니다. 일찍이 광개토왕의 고구려군이 한강 하구 방면으로 공격한 적이 있었기 때문에, 백제는 이 방면에 대한 방어에도 신경을 써야 했습니다.

이처럼 안장왕과 한씨 미녀의 '만남'은 6세기 초에 고구려가 중랑천 방면 외에 공릉천 남쪽의 고봉산성 방면으로도 압박해 온 역사적 상황을 배경으로 하고 있습니다. 고구려군이 남진하는 과정에서 안장왕이 고양 지역에 오거나 적어도 이 지역 세력과 접촉했을 가능성이 없지는 않습니다. 안장왕이 고양에 실제로 왔다면, 한강 이북의 백제 영역을 고구려가 다시 차지하기 위해 고양 지역 세력과 접촉한 것입니다.

4) 안장왕과 한씨 미녀 설화의 의미

한씨 미녀는 고봉산 꼭대기에서 봉화를 피워 안장왕을 맞이했다고 전합니다. 두 사람의 만남은 우연이 아니라 이전부터 계획된 것이었습니다.

봉수제는 조선시대에 전국적으로 정비되었습니다. 고봉산에도 봉수대가 설치되어 동쪽으로는 고양시 봉현봉수를 거쳐 서울 무악산봉수와 연결되었고, 서쪽으로는 파주 교하의 검단산봉수와 연결되었습니다. 이곳은 서울과 개성-평양-의주를 연결하는 선상에 있었습니다. 삼국시대의 봉수망은 정확히 알려지지 않았지만, 한씨가 피운 봉홧불은 안장왕에 대한 사랑의 메시지라기보다 고구려를 향한 군사적 신호였을 것입니다.

한씨는 왕봉현(행주내동)에서 안장왕을 만났다고 합니다. 행주내동 일대는 마을과 농경지, 고속철도 차량기지 등으로 쓰이고 있지만, 창릉천과 한강의 제방이 설치되기 전에는 거의 습지였습니다. 덕양산과 주변의 구릉지대만 침수로부터 안전했습니다. 행신동-강매동 일대의 구릉지도 왕봉현 주민의 거주지였을 것입니다. 두 인물이 서로 만났다면, 그 장소는 이러한 지역이었을 것입니다.

한씨(漢氏)라는 성씨는 그녀가 처한 입장을 어느 정도 반영하고 있습니다. 삼국 간의 접경지대에 살던 세력들은 원래 삼국의 대치선이 수시로 이동하면서 정치적 소속도 여러 번 바뀌었습니다. 당시의 고양 지역 세력은 백제가 성장하는 과정에서 그 지배를 받아왔습니다. 그러나 4세기 말 광개토왕이 침공해 왔을 때, 그리고 5세기 들어 백제가 임진강 선을 회복했을 때, 475년 장수왕이 한성을 함락했을 때, 6세기 초까지 백제가 예성강 선을 다시 회복했을 때, 529년 고구려 안장왕이 침공했을 때 언제나 새로운 강자의 압력에 대처해야 했습니다.

안장왕대에 고양 지역 세력의 입장은 어떠했을까요? 백제에는 왕족인 여씨(餘氏) 외에 지배세력의 대표격인 8성(姓) 귀족이 있었습니다. 해씨(解氏), 사씨(沙氏), 연씨(燕氏), 협씨(劦氏), 진씨(眞氏), 국씨(國氏), 백씨(苩氏), 목씨(木氏)가 그들입니다. 한씨는 이 중에

끼지 못했으니, 6세기 당시에도 높은 대우를 받지는 못한 것입니다. 이러한 세력들은 백제에 대한 충성도도 높지 않았을 것이고, 외부세력이 접근해 왔을 때 이에 협조할 가능성도 그 만큼 컸을 것입니다. 고구려의 입장에서는 새로 정복한 지역 세력을 자기편으로 끌어들일 필요가 있었습니다. 이러한 상황에서 한씨가 안장왕을 위해 봉홧불을 피운 것은 고양 지역 세력의 선택의 일단을 보여줍니다. 한씨로 대표되는 고양 세력은 안장왕의 침공을 맞이해 백제에 대한 충성을 포기하고 고구려를 선택한 것입니다. 봉홧불은 고구려에 대한 군사적 협조를 상징합니다. 한씨 미녀와 안장왕의 만남은 이곳을 장악한 고구려와 고양 세력들 간의 일상적 협조를 반영합니다.

이후 545년부터 고구려에서는 왕위계승을 둘러싸고 큰 혼란이 일어났고, 남북조의 하나인 북위와 북방민족인 돌궐이 고구려를 압박하기 시작했습니다. 백제의 성왕은 이 틈을 이용해 551년 고구려를 쳐서 한강 주변의 6군(郡)을 회복했습니다. 최소한 이때까지는 고양 지역이 백제의 영토로 다시 편입되었습니다. 이는 한씨 세력에게 또 다른 시련으로 다가왔습니다. 이들은 백제에 의해 탄압을 받거나 고구려로 망명해야 했을 것입니다. 시대의 변화는 고양 지역 세력에게 또다시 새로운 선택을 요구했던 것입니다.

3

행주산성에 묻혀 있던 고대사의 비밀

1) 행주산성에 감춰진 삼국시대의 흔적

행주산성 하면 떠오르는 것은 임진왜란 당시의 행주대첩입니다. 그런데 행주산성 주변에는 최소한 청동기시대부터 사람들이 거주했습니다. 행주내동에 위치한 고인돌이 이를 말해줍니다. 행주산성은 해발고도가 124.6m에 불과하지만, 동쪽의 서울 방면, 남쪽과 서쪽의 한강 방면, 북쪽의 화정 방면으로 평지가 넓게 펼쳐져 있어 전망이 뛰어납니다. 서울 남산타워뿐 아니라 멀리 잠실의 제2롯데타워와 한강 하구 방면이 잘 보입니다. 당연히 고대에 군사시설이 들

시굴조사 후 삼국시대 석축 성벽의 복원 상황. 스탠드형 안내사진이 조사 당시의 상황을 보여주고 있다. 이곳 주변은 원래 작은 계곡이었는데, 행주산성을 성역화하는 과정에서 평탄하게 변했다고 한다.

어서기에 좋은 곳이었습니다.

행주산성 매표소에서 곧장 정상에 오르다 보면 정상 턱밑의 덕양정에 도착합니다. 이곳 덕양산은 동쪽과 남쪽, 북쪽의 경사가 급하고 서쪽이 완만하여, 서쪽을 중심으로 방비하면 훌륭한 군사기지 역할을 할 수 있었습니다.

정상부의 행주대첩비 주변은 1970년대에 성역화 과정에서 평탄하게 정비되었는데, 이곳을 둘러싼 바로 아래 경사지에서 2017년에 삼국시대의 석성(石城)이 발견되었습니다. 행주산성 정상의 행주대첩기념비 서쪽 아래로 계단이 있는데, 그 바로 왼쪽(남쪽)의 경사면이 그곳입니다.

조사에 따르면, 경사면을 등고선과 평행하게 'ㄴ'자 모양으로 파낸 뒤 돌 부스러기가 섞인 흙을 30cm 정도 깔고 30~50cm 길이의 장방형 석재를 '品(품)'자 모양으로 쌓았습니다. 남아 있는 높이는 0.8~1.7m 정도였고, 다듬은 돌이 5~9단 정도 쌓여 있었습니다. 매단마다 올라가면서 조금씩 안으로 들여쌓아 무너지지 않도록 했습니다. 그 아래로는 본성벽보다 10~20cm 더 큰 석재를 사용해 14단 정도로 덧붙여 쌓았습니다. 본성벽이 흘러내리지 않도록 한 것이지요.

2019년에는 행주대첩 기념비의 서쪽 아래, 토성으로 내려가는 북쪽 계단 아래 주변, 충의정 동쪽 즉 화장실 북쪽 돌출부, 행주대첩기념비 동쪽 아래, 덕양정 동쪽 아래 등이 다시 조사되었습니다. 이를 통해 덕양산 정상부와 덕양정 주변의 남쪽 구릉지를 450m 정도 둘러싼 퇴뫼식 산성이 석축으로 조성되었음을 알게 되었습니다. 퇴뫼식은 산의 정상부를 머리띠처럼 둘러쌓았다는 것이지요.

이 성벽은 경사면에 구축되었기 때문에 경사가 심한 부분에서는 바깥쪽만 쌓아올렸습니다. 이번에 조사된 석벽도 장방형으로 다듬은 돌을 사용했습니다. 안쪽에는 다듬지 않은 돌이나 흙을 채웠습니다. 돌을 장방형으로 일일이 다듬는 작업은 힘들기 때문에 효율성을 꾀한 것이지요. 일정한 높이가 되면 안쪽까지 쌓아 올리기도 했습니다. 그 안쪽에 방어공간이 필요했기 때문이지요.

성벽 안쪽으로 회곽도가 확인된 곳도 있습니다. 회곽도는 순찰과 방어를 위해 성벽 안쪽으로 만든 길입니다. 이 주변에서는 수혈유구(구덩이) 3곳이 발견되었습니다. 이는 창고로 쓰였을 것입니다.

행주산성 석성 발굴지의 현재 모습. 충의정 동쪽의 돌출부이다.

석성을 발굴한 곳은 모두 원래대로 흙을 다시 덮어 놓았습니다. 그래서 현재는 나무가 자라고 있는 경사면처럼 보입니다. 고대의 석성을 노출시키면 훌륭한 관광자원이 되겠지만, 현재로서는 간단한 문제가 아닙니다. 고려시대 이후에 삼국시대의 석성에 잇대어 다시 토성을 쌓았기 때문입니다. 앞으로 일부 구간에 한해 석성을 노출시켜 개방할 계획이라고 합니다.

석성을 조사하는 과정에서 각종 토기편과 기와편 등이 조사되었습니다. 그 시기는 다양하지만, 최소한 삼국시대부터 석성이 사용된 점은 분명합니다.

2) 행주산성 석성의 의미

행주산성 주변은 일찍부터 백제의 영역이었습니다. 『삼국사기』에 따르면 백제의 고이왕은 236년에 서해의 큰 섬에서 사냥을 했습니다. 이 섬은 강화도로 추정됩니다. 이곳에서 왕이 사냥을 할 정도로 지배가 안정되었다면, 당시 고양시는 백제에 편입되었다고 보아야 할 것입니다. 그 시기를 그대로 인정해야 하는지에 대해서는 논란이 있습니다. 하지만 중국의 『삼국지』나 『진서(晉書)』에 나타난 한반도 중서부의 상황을 고려하더라도, 고양 지역은 최소한 3세기까지는 백제에 편입되었을 것입니다.

당시부터 백제가 행주산성 일대에 군사기지를 설치했는지는 알 수 없습니다. 그런데 광개토왕비에 따르면 고구려는 해로를 통해 백제의 수도인 한강 이북 일대를 공격하여 58성, 700촌을 함락했습니다. 행주산성 일대는 한강 하구에서 서울로 진입하는 길목의 요충지였습니다. 백제가 이러한 중요성을 무시했을 리가 없습니다. 이산포IC의 동쪽에 멱절산성이 존재했다면, 전략적 가치가 훨씬 큰 행주산성에도 백제의 거점이 존재했을 가능성이 있습니다.

이와 관련하여 『삼국사기』에서는 왕봉현(王逢縣)이 개백(皆伯)이라고도 했고, '왕봉'은 한씨 미녀가 고구려의 안장왕을 만난 곳이기 때문에 생겨났다고 합니다. '개백'도 맞이한다는 의미입니다. 왕봉현은 8세기 중엽 신라의 경덕왕이 전국의 지명을 한자식으로 바꿀 때, 글자의 의미에 맞게 바꾼 것입니다. 이는 한씨 미녀가 안장왕을 위해 고봉산성에서 봉화를 피웠다는 이야기와 연결되어 있습니다. 6세기 초에는 행주산성 일대가 고봉산성과 함께 백제의 방어기지 역할을 했을 것입니다.

이 일대는 고구려의 세력권으로 들어갔다가 551년에 백제가 다시 회복했습니다. 하지만 553년 진흥왕의 신라군이 이곳을 포함한 한강 하류를 탈취했습니다. 이에 격노한 백제의 성왕은 수만 명의 대군을 이끌고 신라를 공격해 들어갔지만, 관산성 전투에서 전사하고 말았습니다. 한강 하류 일대는 신라의 영토로 굳어졌습니다.

555년 신라의 진흥왕은 북한산에 순행했습니다. 서울시 종로구 비봉 위에 있던 북한산순수비는 이때 건립되었습니다. 비봉에서는 광화문 일대를 비롯해 서울의 중심부와 한강 하류 일대가 잘 내려다보입니다. 왕이 이곳을 방문했다면 고양시 일대도 신라에 편입되었다고 볼 수 있습니다.

603년에는 고구려가 신라의 북한산성을 공격하다가 실패했습니다. 이듬해 신라는 남천주(이천)를 폐지하고 북한산주를 설치해 한강 이북의 전략적 비중을 강화했습니다. 북한산성 하면 떠오르는 곳은 조선 숙종대에 건설된 현재의 북한산성입니다. 기존 연구자들은 위에서 언급한 북한산성을 이곳으로 비정했습니다. 그런데 최근에 서울시 광진구의 아차산성에서 '북한(北漢)'이라 쓰여진 기와 명문이 나온 뒤로는 이곳이 삼국시대의 북한산성이라는 견해가 힘을 얻고 있습니다.

아차산성은 중랑천 방면을 방어하는 최고의 전략적 거점이었습니다. 하지만 한강 하구 방면에 대한 방어도 중요한 과제였습니다. 이에 행주산성은 북한산주를 중심으로 한강 하류를 방어하는 거점으로 이용되었을 것입니다. 『삼국사기』 지리지 고구려조에서 왕봉현이 북한산성 바로 뒤에 등장하는 것은 당시 이러한 연계성을 잘 보여줍니다.

행주산성은 삼국시대에 백제나 신라가 한강 이북을 방어하는 전략적 거점으로 중시되었습니다. 행주산성에서 발견된 석성은 이러한 역사를 실물로 말해주고 있습니다.

3) 통일신라와 행주산성

행주산성 석성은 통일신라에서도 사용되었습니다. 석성 아래 평탄지의 지하 구덩이에서 당시의 차관(수레바퀴 축), 철정, 가위 등이 발견되었기 때문입니다. 통일신라시대에는 이 주변에서 공방이 운영되었다고 합니다.

사실 예전에는 행주산성이 통일신라기에 만들어졌다고 알려져 있었습니다. 서울대학교에서 조사한 행주산성 문지에서 통일신라기에 흙을 돋우고서 건물을 지은 사실이 확인되었기 때문이지요. 이곳은 행주산성 매표소에서 정상으로 오르다가 좌측으로 토성길 표지판을 따라 들어가면 나오는 곳인데, 현재는 건물이 없습니다. 석성의 북서쪽 토성이 중간에 끊어져 있어 문지(門址)임을 짐작할 수 있을 뿐입니다.

행주산성의 토성 북문지. 안쪽의 왼편이 정상으로 올라가는 토성길과 통한다.

이곳에서 정상으로 갈 때에는 보통 동북쪽으로 돌아가는 토성길을 따라가게 됩니다. 그 중간의 별도 출입시설에서도 통일신라 토기가 조사되었습니다. 이곳은 〈사진〉의 문지에서 토성길을 따라 동북 방향으로 120m 정도 돌아 올라간 지점이며, 미약하나마 계곡 모양을 이루고 있습니다. 여기에 정면 7칸 측면 2칸의 지상 구조물이 있었다고 합니다. 흙을 다져 토성을 쌓는 과정에서 통일신라 토기와 기와편이 섞여들어간 곳도 있습니다. 이러한 토기들 중 일부는 행주산성 전시관에서 확인할 수 있습니다. 정상부의 삼국시대 석성을 보강하기 위해 북쪽으로 외성(外城)을 쌓은 것이지요. 이 외성은 덕양산의 북서쪽 계곡을 끼고서 돌아갑니다. 결과적으로 행주산성은 산 정상부와 계곡을 모두 포함하게 되었고, 이러한 형태를 포곡식 산성이라 합니다. 서울대학교박물관에서는 외성인 토성의 조성 시기를 7~8세기경으로 추정했습니다.

그런데 동북쪽으로 돌아 올라가는 토성벽 아래에서는 성벽이 축조되기 전에 조성된 지름 1m 이상, 깊이 1.2m의 저장용 구덩이가 발견되었습니다. 이 구덩이를 메우고서 통일신라의 성벽이 축조된 것이지요. 이는 행주산성의 운영과 관련되었을 가능성도 있습니다. 삼국시대 이후 통일신라에 걸쳐 행주산성이 지속적으로 이용되었을 가능성도 보여줍니다.

나당전쟁이 한참이던 673년에는 당군이 신라의 북쪽 변경을 거쳐 한강 하구로 진입했습니다. 이때 신라군은 호로하와 왕봉하(王逢河)의 전투에서 수없이 많은 당군을 수장시켰습니다. 호로하는 임진강이고, 왕봉하는 행주산성 주변의 한강입니다. 675년 9월에는 당군이 천성(泉城)을 침공하자 신라군이 격퇴했는데, 천성이 파주시 교하라는 견해도 있습니다. 나당전쟁에서 전선은 임진강을 중심으로 한강 선까지 오르내렸습니다. 이 과정에서 한강 하류의 성들은 당군을 북쪽으로 몰아내는 군사기지의 역할을 했습니다. 신라군이 왕봉하 전투에서 승리할 수 있었던 데에는 행주산성에서 적군을 내려다보며 얻은 정보가 중요한 역할을 했을 것입니다.

통일신라시대에 한강의 중하류 지역은 하남 이성산성에 위치한 한주(漢州) 관할이었습니다. 왕봉현은 서울시 종로구에 위치한 한양군(漢陽郡)의 관할을 받았습니다. 행주산성은 이제 한강 하류 일대를 행정적·군사적으로 통제하는 거점이 되었습니다. 관할 범위는 행주내동, 행주외동과 덕양구의 남부 지역으로 추정됩니다. 성내의 상황으로 보면 행주산성은 왕봉현의 치소였을 가능성이 큽니다.

행주내동, 행주외동 일대의 지표조사에 따르면, 최소한 고려~조선시대에 마을이 존재했습니다. 행주내동 고인돌과 연결시켜 보면 청동기시대부터 조선시대까지 마을이 연속된 것입니다. 고대에도 예외가 아니었을 것입니다. 이 일대와 덕양구 남부에 거주하는 주민들은 왕봉현을 운영하는 인적 자원이 되었습니다.

4

고대의 평지성인 성저토성에서

1) 성저토성 확인하기

이산포IC에서 성저마을 7단지로 들어오다 보면 왼쪽으로 고양종합운동장과 일산서구청, 농협하나로마트를 차례로 지납니다. 이 일대는 고대에 성저토성이 자리했던 곳입니다.

이 주변은 신도시 건설 과정에서 평탄화되어 과거의 지형을 알기 어렵습니다. 그런데 1989년 덕이동 쪽에서 이 일대를 향해 찍은 사진을 보면, 들판 너머로 좌우로 길게 얕으막한 산이 가로놓여 있습니다. 그 바로 앞으로는 대화천이 흐르고, 나머지 방향으로는 대체

성저토성의 현재 모습. 성벽은 운동장의 왼쪽 부분, 하나로마트와 오른쪽의 화훼공판장 사이, 화훼공판장과 그 뒤 CJ&M 사이로 지나갔다고 한다.

로 평지였습니다. 해발고도는 19.4m에 불과했지만, 이 야산은 주변에서는 꽤 두드러지게 보였습니다.

1989년 일산 신도시 개발계획이 발표되면서 성저토성 일대는 급작스런 조사를 거쳤습니다. 발굴조사에서는 삼한시대의 와질토기, 삼국시대의 경질토기, 조선시대의 자기편 등이 조사되었습니다. 삼한시대부터 조선시대까지 사람들이 계속 거주하거나 시설로 이용했다는 것이지요.

보고서에는 실리지 않았지만, 성벽도 확인되었습니다. 남아있던 높이는 1~4m이고 길이는 500m 정도입니다. 성벽은 현재의 고양종합운동장에서 일산서구청 주차장과 농협화훼공판장 서쪽을 거쳐 성저마을 7단지까지 이어졌습니다.

지금은 이 토성을 확인할 수 없고 성저마을이라는 이름만 남았습니다. 성저(城底)는 성 아래라는 뜻이기 때문이지요. 성의 이름은 사라졌고, 이 성 아래 동네라는 이름 자체가 성의 이름이 되어버린 것입니다.

2) 성저토성의 역할

19세기에 김정호가 쓴 『대동지지』에서는 고양군 사포면(蛇浦面)의 평야 중에 고토성(古土城)의 옛터가 있다고 했습니다. 이러한 풍경은 신도시 개발 이전의 성저토성 모습과 유사합니다. 오랫동안 사용되던 성저토성이 조선후기에는 흔적만 남았음을 알 수 있습니다.

성저토성 자리의 동남쪽으로는 6차선의 고양대로가 지나가고 주변이 모두 편탄화되어, 고대의 풍경을 상상하기가 쉽지 않습니다. 하지만 예전에는 성저토성에 올라서면 북쪽의 황룡산과 동북쪽의 고봉산, 동쪽의 정발산, 남쪽의 멱절산, 북서쪽의 심학산이 잘 보였습니다. 가까운 주변은 넓은 평지로 둘러싸여 있으니 평지성(城)이라 부를 만하지요.

고봉산성은 고구려인들에 의해 이용된 적이 있습니다. 멱절산성은 백제의 산성이었지요. 성저토성은 유물만으로는 주인공들의 국적을 확인하기가 곤란합니다. 다만 지형으로 보면 평지로 연결되는 동남쪽보다 북쪽과 서쪽의 대화천 방면을 방어하는 역할이 더 컸을 것입니다. 성저토성이 삼국시대부터 존재했다면, 고구려보다 백제가 북쪽을 방어하기 위해 사용했을 가능성이 더 커 보입니다. 성저토성은 시기에 따라 다른 성들과 연결해 주변 지역을 지켰을 것입니다.

한강에 자유로 제방이 조성되기 전까지는 이 주변까지 배가 출입했다고 하니, 고대에도 교통은 좋았을 것입니다. 이에 성저토성은 고구려가 진출하기 전부터 주변 세력과 주민들을 지키기 위한 시설로 활용되었을 가능성이 있습니다.

이 토성의 남쪽으로는 신석기~청동기시대의 볍씨가 조사된 가와지가 위치합니다. 가와지 볍씨 유적 안내판은 장성초등학교 남쪽 도로변에 있습니다. 이 볍씨가 벼농사의 수확물인지 야생벼인지는 아직 확실하지 않습니다. 하지만 하천과 습지를 끼고 있던 이곳에서 일찍부터 벼농사가 활발하게 이루어졌다는 점은 확실합니다. 이러한 환경은 주변에 마을이 형성되고 평지성을 구축하는 경제적 기반이 되었을 것입니다.

멱절산성에서 4세기 백제토기가 발견된 점으로 보아 인근의 성저토성 일대도 훨씬 이전부터 백제의 세력권에 편입되었을 것입니다. 475년 고구려가 한성을 점령한 뒤에는 고구려에 의해 장악되었습니다. 6세기 중엽 진흥왕대 이후에는 신라가 이 일대를 장악했습니다. 통일신라기에는 고봉현의 치소인 고봉산성의 휘하에서 지역의 중심지 역할을 했을 것입니다.

| 참고문헌 |

1. 백제시대의 군사기지인 법곶동 멱절산성

경기도박물관, 『고양 멱절산유적』, 2005.

권순진, 「고양 멱절산유적 출토 백제토기의 문양연구」 『백산학보』77, 2007.

오강석, 「백제 한성기 관방체계 검토」 『선사와 고대』26, 2007.

수원대학교박물관, 『고양멱절산유적 종합정비기본계획』, 2010.

중앙문화재연구원, 『고양 멱절산유적』-1차발굴조사-, 2014.

2. 고구려 안장왕과 한씨 미녀의 이야기가 서린 고봉산성

국립문화재연구소, 『남한의 고구려유적』, 2006.

단재신채호전집편찬위원회, 『단재신채호전집』1, 독립기념관 한국독립운동사연구소, 2007, 751~754쪽

황보경, 『역사자료로 본 삼국과 한강』, 주류성, 2016.

김지영, 「고구려의 혼속」 『역사와 현실』106, 2017.

3. 행주산성에 묻혀 있던 고대사의 비밀

서울대학교박물관, 『행주산성』, 1991.

양정석, 「고고학적 조사를 통해 본 행주대첩에 대한 재검토」 『향토서울』79, 2011.

고양시 · 불교문화재연구소, 『고양 행주산성 정비사업부지 내 유적 발굴(시굴)조사 2차 자문회의 자료집』, 2017.

한양문화재연구원, 『고양 행주산성 석성구역(1단계) 시발굴조사 약보고서』, 2019.

4. 고대의 평지성인 성저토성에서

한국선사문화연구소 외, 『일산지구문화유적 지표조사보고서』, 1989 : 『일산 새도시 개발지역 학술조사 보고』1, 1992.

정동일, 「경기북부지역의 성(城)에 대하여-고양, 파주 지역을 중심으로-」 『행주얼』 37, 2003.

Ⅲ. 고려의 고양시 문화유산

역사 개관

고봉과 덕양의 시대

고려시대에도 고양시에는 두 개의 현이 자리했습니다. 고봉동에서 대자동에 이르는 지역은 통일 신라시대에 이어 고봉현이었습니다. 『신증동국여지승람』 고양군조에 따르면 그 위치는 고봉산 동쪽 주변입니다. 최영장군이 고봉현으로 유배되었다가 대자동에 묻혔으니, 이 일대도 고봉현이었음을 알 수 있습니다.

행주내동과 행주외동 일대의 우왕현은 고려초에 이름이 행주(杏洲)로 바뀌었습니다. 행주서원과 고양시정연수원 주변에 살구나무(杏)가 많았기 때문이지요. 성종대부터는 덕양(德陽)이라고도 불렸습니다. 이것이 덕양구라는 이름의 시초입니다. 조선초기의 덕양현 관아는 기왓장 흔적을 근거로, 행주서원 서쪽의 강마루 식당 주변이라 추정되고 있습니다. 고려시대에도 이 일대부터 행주나루에 이르는 지역이 중시되었을 것입니다. 그런데 행주산성에서는 삼국시대의 석성에 덧붙여 쌓은 고려시대 토성이 발견되었습니다. 행주산성이 여전히 군사기지로 활용된 것이지요. 아마도 행주산성과 행주나루를 연결하는 일대가 덕양현의 중심지로서 중시되었을 것입니다.

고려시대에 고봉과 덕양은 양주(서울 종로구)의 속현이었습니다. 지방관이 파견되지 않고 지역의 향리를 매개로 양주의 관할을 받은 것이지요. 향리가 관리하는 치소가 관아의 역할을 대신했을 것입니다.

행주기씨 집안에서는 드라마 이름으로 유명한 기황후의 출생지를 행주산성 북문의 동북쪽으로 지목하여 기념하고 있습니다. 이곳 행주내동 일대는 행주산성의 입구부터 덕양산 정상, 그리고 북쪽 능선에 이르는 산줄기로 둘러싸여 있어 행주나루 쪽보다 더 좋은 주거지였을 가능성이 있습니다.

덕양구의 북한산성 일대에는 고려시대에 중흥산성이 있었습니다. 중흥산성은 기록으로만 전해왔는데, 최근에 조선 숙종대의 북한산성 아래에서 고려시대에 쌓은 성벽이 발견되었습니다. 고려는 북방민족의 침공에 대비해 개경(개성)의 후방에 안전한 방어기지를 필요로 했습니다. 이 때문에 북한산성 일대에 대규모 성을 쌓았던 것입니다. 당시에 이곳은 양주에 속했지만, 고양시 역사에서 중요한 공간으로 등장하게 되었습니다.

1

고려청자 탄생의 요람
원흥동 가마터

1) 건지산 동쪽 산자락의 청자 가마터

원당역에서 구파발로 향하다가 성사IC에서 서오릉로를 타고 가다 보면 작은 고개를 넘게 됩니다. 건지산 줄기인 이곳을 지나 오른쪽으로 빠져 서오릉로 아래로 좌회전하면 원흥동 나무드머리 마을에 도착합니다. 마을 초입에서 서오릉로 716번길을 따라가다가 갈림길이 나오면 좌회전하여 200m쯤 갑니다. 그러면 왼쪽으로 파란 철책 안에 '원흥동 신라말 고려초기 청자요' 안내판이 서 있습니다. 원흥역에서 권율대로를 타고 남쪽으로 오다가 흥도4동 마을회관

원흥동 청자 가마터 전경

에서 우회전해도 위 갈림길과 만나게 됩니다.

'나무드머리'라는 말은 나무가 드문 동네라는 뜻입니다. 지금은 건지산에 숲이 우거져 있지만, 과거에는 나무가 드물었다고 합니다. 청자 굽는 데 필요한 연료로 사용하기 위해 나무를 너무 많이 베어 냈기 때문입니다. 이곳은 건지산의 동쪽 자락입니다. 숲을 끼고서 청자 도요지, 즉 가마터가 들어선 것은 자연스런 현상입니다. 원흥 신도시가 들어서기 전에 이곳은 외진 동네였고, 지금도 한적한 느낌을 줍니다. 하지만 우리가 자랑스럽게 생각하는 고려청자의 역사에서 커다란 역할을 했던 곳입니다.

2) 청자를 구웠던 가마의 흔적

내부를 둘러보면 낙엽이 두껍게 쌓여 가마터인지 뭔지 알아보기가 어렵게 되어 있습니다. 하지만 조금만 자세히 살펴보면 질그릇 조각처럼 보이는 것들이 수없이 흩어져 있습니다. 실제로는 이런 조각이 사방에 켜켜이 쌓여 있습니다.

이러한 조각들의 대부분은 갈색이나 진회색을 띠고 있습니다. 매끈하지도 않고 청자 같아 보이지도 않습니다. 이런 것은 갑발(匣鉢) 조각입니다. 갑발은 청자를 구울 때 잡티가 묻지 않도록 씌웠던 덮개로 상품이나 중품의 도자기를 제작할 때 사용합니다. 제작 과정에서 깨진 청자의 조각들도 있습니다. 전국의 청자 가마터에는 보

원흥동 청자 가마터에 흩어져 있는 질그릇 조각. 청자를 구울 때 씌웠던 갑발의 조각들로 보인다.

통 이러한 조각들이 많이 흩어져 있습니다. 하지만 원흥동 가마터는 이러한 조각이 가장 두텁게 쌓여 있기로 유명합니다. 그 만큼 오랫동안 청자를 만들었다는 것이지요.

청자를 굽기 위해서는 가마가 필요합니다. 선사시대에는 지면 위에 불을 피우고 토기를 구웠습니다. 간편한 방법이긴 하지만 온도를 아주 높게 올릴 수 없어 토기가 단단하지 못했습니다. 기원후 1~3세기 즉 원삼국시대부터는 경사면에 기다란 방을 만들어 토기를 굽는 등요(登窯)가 생겼습니다. 등요는 가마의 불이 경사면을 타고 올라가게 만들었다는 의미입니다. 굽는 온도가 800도로 높아지면서 토기가 단단해졌고, 삼국시대부터는 토기 겉에 자연적인 유리질이 조금씩 흐르기 시작했습니다. 고려가 후삼국을 통일한 10세기 초부

원흥동 청자 가마터 전경(동북에서 서남으로). 미세하게 올록볼록한 모양은 가마가 있었던 흔적이다.

터는 가마의 규모가 커지고 효율성이 높아지면서 열을 1,200도 이상으로 올리기 시작했습니다. 이것이 청자를 만들어낸 동력입니다.

원흥동 가마터를 동북쪽에서 바라보면 경사면이 약간 올록볼록하게 되어 있습니다. 이것은 바로 등요를 만들었던 흔적입니다. 등요는 원래 흙과 돌을 쌓아 만들었습니다. 동쪽 아래에서 불을 지펴 열기가 서쪽으로 올라가면서 가마 안의 청자에 골고루 퍼지도록 했습니다.

토기를 한번 굽고 나면, 이를 꺼내기 위해 가마를 헐고서 다시 만들어야 했습니다. 그런데 이 유적에서는 벽돌들이 확인되고 있습니다. 벽돌로 가마를 만들면 흙과 돌에 비해 비용이 훨씬 많이 들었겠지요. 하지만 벽돌 가마는 재활용이 가능했습니다. 초기 비용을 감수하고서 생산의 효율성을 도모한 것입니다. 이곳에서 벽돌만으로 등요를 만들었는지는 알 수 없습니다. 전면적인 발굴을 한 적이 없기 때문입니다. 하지만 고려시대에 와서 등요를 재활용하는 기술은 많이 발전했다고 합니다.

1979년부터 1980년까지 한국정신문화연구원에서 이곳을 지표조사 했습니다. 그 결과를 보면 이곳 원흥리 일대에 청자 가마터군(群) 5개소가 분포했다고 합니다. 이를 원흥리 윗말에 모두 스케치 형식의 점으로 찍어 놓았습니다. 그림만으로 보면 현재의 '원흥동 신라말 고려초기 청자요'보다 더 넓었을 가능성도 있습니다.

3) 10세기 고려청자 탄생의 현장

이곳에서 만든 청자는 대접, 사발, 접시, 잔, 다완(茶盌) 등입니다.

원흥동 초기청자 전시모습. 가운데에는 갑발 위에 청자 대접이 엎어져 있다. 왼쪽은 갑발이고, 오른쪽은 갑발에 청자편이 붙은 것이다(심준용, 『기네스북 북한산에서 세계유산 조선왕릉까지』, 고양시, 2013).

바닥에 해무리굽을 둔 경우가 많습니다. 해무리는 태양 주변에 둥글게 보이는 테를 말하는데, 청자 바닥에 특징적으로 나타납니다. 색깔은 녹청색, 암녹색, 녹갈색 등입니다.

청자 와당(瓦當)도 있습니다. 기와지붕에서 아래로 깔리는 부분을 암키와라 하고, 그 사이를 덮으며 내려오는 기와를 수키와라고 합니다. 그 끝에서 마감하는 둥근 단면을 와당이라고 합니다. 기와를 청자로 만들 만큼 대규모 생산이 이루어진 것입니다.

고려시대 청자 하면 떠오르는 비취색은 12세기경에 완성되었습니다. 원흥동 가마터에서 나온 청자들은 기종이나 색깔 면에서 이와 거리가 있습니다. 이는 원흥동 가마터가 고려초인 10세기에 운영되었기 때문입니다.

삼국시대의 경질토기는 통일신라를 거치면서 표면에 유약이 많이 흐르는 도기(陶器) 수준으로 발전했습니다. 표면에는 인화문(印

花紋) 즉 표면에 양각이나 음각으로 무늬가 새겨진 도장을 눌러 찍어 무늬를 새겼습니다. 통일신라 말에 당나라에 다녀온 유학생들, 스님들은 당나라의 자기에 관심이 많았습니다. 선종불교의 스님들은 참선하면서 차를 마시기 위해 도자기 다기(茶器)를 선호했습니다. 다완은 모든 사람들이 선망하는 대상이었습니다. 장보고로 대표되는 상인들은 이를 더욱 열심히 수입했습니다. 신라말 중앙정부의 힘이 약화될수록 지방 호족들은 이러한 도자기를 더욱 많이 소비하게 되었습니다.

936년 후삼국을 통일한 고려 왕실은, 당나라가 멸망한 뒤 절강성 일대를 차지한 오월(吳越)에서 청자를 들여와 소비하고 귀족들에게도 하사했습니다. 오월이 멸망하면서 그곳의 도공들이 고려로 적지 않게 들어왔습니다. 그 과정에서 고려는 독자적으로 청자를 만들기 시작했습니다. 이런 시기에 청자를 선도적으로 만들었던 대표적인 장소가 바로 원흥동 청자 가마터입니다.

청자를 만들기 위해서는 원료가 되는 백토(고령토), 연료, 기술이 필요합니다. 인근 도래울마을에서 도로공사로 생겨난 절개지에서 백토가 나왔다고 하니, 이를 조달하는 데에도 문제는 없었을 것입니다. 원흥동의 건지산 일대에는 야산이 많아 나무를 얻기도 쉬웠습니다.

기술의 핵심은 효과적인 환원소성과 유약의 사용에 있었습니다. 환원(還元)은 점토 속의 성분이 산소를 버리고 원래 성질로 돌아가는 것입니다. 이를 위해서는 가마를 밀폐시키고 자기를 구워야 했습니다. 사실 이러한 방법은 이미 삼국시대 토기에서도 사용되었습니다. 밀폐된 가마 속에서 토기를 구우면 산소가 사라지면서 점토 속의 규사질이 녹으며, 자연유가 흘러나왔습니다. 이후에는 처음부터 잿물 또는 회유(灰釉)를 발라서 표면에 윤이 반질반질하게 나기 시작했습니다. 이러한 기술은 통일신라를 거치면서 점점 발전했고, 청자를 제작하는 단계에서는 오늘날에 유약이라고 부르는 것에 가까워졌습니다.

이러한 능력을 갖춘 기술자들을 모으는 데에는 수도인 개경과의 접근성이 크게 작용했습니다. 이곳에서 남쪽으로 7km 정도만 내려가면 행주나루가 있었고, 여기서 한강 하구를 통해 개경으로 쉽게 갈 수 있었기 때문입니다.

당시에 만들어진 청자에는 녹청색이 많아 이를 녹청자라고도 부릅니다. 우리가 알고 있는 전형적인 청자에 비해서는 수준이 조금 떨어집니다. 하지만 이곳에서 나온 다양한 색깔의 청자들은 통일신라의 도기가 일종의 순수청자로 발전해 가는 과정을 보여줍니다. 우리가 알고 있는 12세기 이후의 전형적인 비취색 청자와 상감청자의 아버지뻘이 됩니다.

12세기 이후 청자 생산이 확대되면서 고려 정부는 전라도 강진, 부안 일대의 가마터를 적극적으로 지원했습니다. 반대로 원흥동 가마터는 쇠퇴하게 되었고, 오랫동안 방치된 채 오늘에 이르고 있습니다. 향후에 정밀한 조사가 이루어지면 가마의 구조나 제품의 실상에 대해 훨씬 자세한 설명이 가능할 것입니다.

2

북한산의 고려시대 중흥사와 중흥산성

1) 중흥사 둘러보기

북한산성 하면 떠오르는 시기는 조선 숙종대입니다. 1711년에 북한산성을 대대적으로 쌓았기 때문입니다. 그런데 북한산은 고려시대에도 중시되었습니다. 인수봉과 백운대, 만경대가 뿔 3개처럼 보여 삼각산이라 불렸습니다. 고려시대 북한산에는 중흥사를 비롯해 사찰도 여러 곳 있었고, 중흥산성도 있었습니다. 이처럼 북한산성은 고려시대 고양시의 역사에서 매우 중요한 곳인데도, 이 사실은 널리 알려지지 않았습니다.

북한산성의 나한봉에서 바라본 삼각산. 왼쪽부터 백운대, 인수봉, 만경대이다.

북한산성 매표소에서 대서문과 중성문, 산영루를 지나 조금만 더 걸으면 왼쪽으로 중흥사가 있습니다. 중흥사는 조선 숙종대 이후 북한산성에서 승군을 운영하는 지휘소였습니다. 1915년에는 대홍수로 폐허가 되었는데, 2011년부터 복원이 이루어져 1915년 직전과 거의 비슷하게 되었습니다.

1902년에 일본의 학자 세키노 타다시가 중흥사 사진을 많이 찍었습니다. 이 사진들은 『한국건축조사보고』(1904)에 실려 중흥사를 복원하는 데 귀중한 자료가 되었습니다. 하지만 현재의 모습과 다른 점도 꽤 있습니다.

중흥사는 경사지에 위치하기 때문에 부지를 크게 3단 정도로 정비하여 조성되었습니다. 남쪽의 입구에는 맞배지붕을 올린 문루 건

1902년의 중흥사 전경. 세키노 타다시가 태고사 쪽에서 바라보았다.

물이 있습니다. 맞배지붕은 단순한 평면이 용마루에서 만나는 형태입니다. 이름은 원래 만세루(萬歲樓)였는데, 지금은 표시가 없습니다. 1902년 현재 이 건물의 상량문에는 도광 8년(1828)에 상량식을 가졌다고 적혀 있었습니다. 이 건물의 좌우로는 축대가 길게 만들어져 있습니다.

문루 바로 뒤의 대웅전은 석가모니를 모시는 법당입니다. 대웅(大雄)은 제일 뛰어난 존재라는 뜻이고, 전(展)은 건물입니다. 절에서는 가장 뛰어난 존재는 당연히 석가모니이지요. 그런데 1902년 사진에서는 '한북중흥사대웅보전(漢北重興寺大雄寶殿)'이라고 하여 차이가 있습니다. 당시에는 석가 3존을 모시고 있었습니다.

중흥사 대웅전은 전형적인 팔작지붕 건물입니다. 지붕의 정면과

나한봉에서 바라본 중흥사. 1902년 건물 배치가 당시와 유사하지만, 차이도 적지 않다.

뒷면이 양쪽 추녀 끝에서 살짝 올라가 입체감을 주고 있습니다. 좌우측 지붕은 경사도가 낮기 때문에 측면에서 보면 삼각형의 수직 단면이 생겼지요. 하늘에서 보면 정면과 측면이 만나는 모서리(귀마루)가 '八(팔)'자를 이루게 되어 팔작지붕이라고 합니다.

기둥과 서까래 사이에는 지붕의 무게를 지탱하기 위해 공포(栱包)를 두었습니다. 기둥 사이에 공포가 하나씩 더 있어서 다포(多包)식에 속합니다. 공포가 기둥보다 많다는 것이지요. 이런 형식은 고려후기부터 만들어졌습니다. 공포가 기둥 위에만 있으면 이를 주심포(柱心包)식이라 합니다. 1902년 대웅전 내에는 무자년(1828)에 중건했다고 기재한 현판이 있었습니다.

중앙계단은 1902년 당시보다 층계가 좀 더 많고 넓은 느낌입니

중흥사 대웅전

다. 나머지는 외형상으로 1902년과 최대한 똑같이 복원한 것 같습니다. 귀마루에 앉아있는 잡상(雜像) 모양과 숫자까지 같습니다.

대웅전 앞 서쪽에는 전륜전(轉輪殿)이 있었고, 그 동쪽에는 대웅전과 형식이 비슷한 극락보전(極樂寶殿)이 있었다고 세키노 타다시는 기록했습니다. 당시의 중흥사 사진을 보면 대웅전 왼쪽 앞에 대웅전과 거의 비슷한 모양의 법당이 보입니다. 이것이 전륜전입니다. 전륜은 바퀴를 굴린다는 뜻이지요. 인도 신화에서 전륜성왕은 정치라는 수레바퀴를 잘 굴려 세계를 잘 지배하는 왕입니다. 백제의 성왕도 여기서 딴 이름입니다. 석가모니와 우리 인간의 중간적 존재이니, 석가모니 앞에 도열하는 위치에 있는 것입니다.

하지만 대웅전의 동쪽에서는 극락보전이라고 볼 만한 건물을 찾을 수 없습니다. 당시 '극락보전' 현판 사진을 보면 건물 뒤에 나오는 다른 건물의 축대와 그 뒤로 보이는 경사면은 중흥사의 대웅전 주변 상황과 일치하지 않습니다. 세키노 타다시의 '극락보전' 사진은 서울 청량리의 청량사 극락전 사진을 잘못 실은 것이라는 주장이 있습니다. 저는 이 주장이 맞다고 봅니다. 현재는 전륜전 자리가 공터입니다.

2) 고려시대의 중흥사

『북한지』(1745)를 보면 중흥사는 조선 숙종대 이전에 30여 칸이었습니다. 건물 앞에서 보이는 기둥 숫자를 가지고 절의 규모를 나타낸 것입니다. 이러한 중흥사의 연원은 훨씬 더 위로 올라갑니다.

중흥사 동쪽에서 백운대 방향으로 오르다 보면 북한산대피소가 나타납니다. 바로 옆에는 9세기경으로 추정되는 용암사지 탑이 있습니다. 당시에 중흥사도 있었는지는 알 수 없지만, 중흥사는 북한산성 내의 중심지 역할을 하기 좋은 위치입니다. 고려시대에는 북한산에 다수의 사찰이 있었지만, 스님들은 일찍부터 이 자리를 점찍었을 것입니다.

용인의 호암미술관에 가면 1103년에 제작된 청동 반자(鈑子)가 있습니다. 반자는 금고(金鼓)라고도 하는데, 절에서 의식을 치르거나 사람들을 불러모을 때 사용하는 악기입니다. 형태는 농악에서 사용하는 징과 약간 유사합니다. 여기에 '삼각산(三角山) 중흥사(重

興寺) 반자'라고 새겨 놓았습니다. 이 반자를 제작하도록 추진한 승려는 승윤(承銃)이고, 대장(大匠) 노진(虜珎)이라는 사람도 적혀 있습니다. 중흥사의 승윤스님이 주관하여 유명한 장인에게 제작을 의뢰한 것입니다. 12세기 초에 이러한 악기를 사용할 정도로 중흥사가 번듯하게 운영되었다는 얘기지요. 중흥사는 적어도 12세기 이전에 지어졌다가 증축되었을 가능성이 있습니다.

고려의 중흥사(重興寺)라는 절 이름은 1154년 서경에서도 보이고, 지역을 언급하지 않은 중흥사(重興寺)는 1051년부터 나타납니다. 두 지역에 모두 중흥사가 보이니, 북한산성의 중흥사에는 쇠락한 절을 다시 부흥시킨다는 의미만 담지는 않은 것 같습니다. 중흥이 고려의 부흥을 소망하는 의미로 사용되었을 가능성도 있기 때문입니다. 어쨌든 중흥사는 늦어도 고려초에 설립된 것입니다.

1341년에는 태고 보우스님이 주지로 부임했습니다. 41세였던 그는 중흥사를 크게 증축했습니다. 그러자 스님들과 신도들이 구름처럼 모여들었습니다. 보우스님은 이곳에서는 제대로 수행을 할 수 없어서 동쪽 언덕에 태고암을 지어 거처를 옮겼다고 합니다.

서울시 삼성동의 봉은사에는 보물 제311호인 청동 향로가 있는데, '삼각산(三角山) 대전불(大殿佛)' 앞에 바친다고 새겨져 있습니다. 이 향로는 은입사 기법으로 만들어졌습니다. 무늬를 따라 홈을 파내고 은실을 넣어 고급스럽게 마감한 것이죠. 여기에 황제의 만수무강과 왕의 장수를 바라며 천하의 태평을 기원한다고 썼습니다. 황제는 원나라 순제이고, 왕은 고려 충목왕입니다. 지정 4년(1344)

5월에 첨의정승(僉議政承) 채하중 부부와 중랑장(中郎將) 김경 등이 헌납했습니다. 원나라 간섭기에 세력있는 인물이 시주할 정도로 중흥사는 위세가 당당했습니다. 당시 보우스님이 주지로 있었던 것은 결정적인 역할을 했습니다.

1346년 보우스님은 중흥사를 떠났지만, 그 위세는 줄어들지 않았습니다. 보우스님이 왕사에 이어 국사가 되었고 고려의 불교 운영을 좌우할 정도였기 때문입니다. 보우스님이 수행하던 태고암에 그의 부도와 탑비가 세워진 것으로도 충분히 짐작할 수 있습니다. 1392년 고려가 멸망하면서 중흥사의 위세는 점차 꺾였습니다. 숙종대인 18세기 초에는 30여 칸에 머물렀다는 것이 이를 말해 줍니다.

3) 중취봉과 부암동 암문 사이의 고려시대 중흥산성

북한산성은 조선 숙종대인 1711년에 조성되었습니다. 그런데 『삼국사기』에서는 백제가 2세기인 개루왕대에 북한산성을 쌓았다고 합니다. 백제의 초기 중심지는 천호대교 남쪽의 풍납토성이었습니다. 과연 당시의 백제가 북한산성 일대에 대규모 성곽을 쌓았는지는 의심스럽습니다. 하지만 이러한 기록이 생겨난 데에는 그럴 만한 이유가 있었겠지요.

이를 확인하려면 중성문에서 중흥사를 향해 오르다가 용학사 갈림길에서 오른쪽으로 들어가야 합니다. 의상능선을 만나는 갈림길에서는 왼쪽으로 부암동 암문을 향해 갑니다. 중간에 북한산성 성벽

고려시대 중흥산성의 현재 모습. 무너진 부분과 큰 나무 사이의 경사면 아래에 고려시대 중흥산성의 성벽이 지난다.

이 직각으로 꺾여 작은 계곡을 중심으로 빙 도는 곳이 있습니다. 부암동 암문에서 서북쪽으로 100m 정도 되는 곳입니다.

여기서 정연하게 보이는 성벽은 물론 1711년에 쌓은 것입니다. 그런데 〈사진〉 왼쪽의 무너진 부분과 휘어들어간 안쪽 사이의 성벽 아래에서는 이와 관계 없는 별도의 성벽이 깔려 있었습니다.

발굴 당시의 사진을 보면 1711년의 성돌은 정연한 네모인데, 아래 깔린 성돌은 앞에서 보면 납작한 돌과 작은 돌들로 채워졌습니다. 맨아래는 대형돌을 깔아 튼튼하게 했습니다. 성벽이 지나가는 선도 30도나 어긋나기 때문에 아래 성벽은 1711년 이전의 어느 시점에 쌓은 것이 분명합니다. 조사된 중흥산성만 주욱 연결하면 최

중흥산성 옆의 성랑지. 이 아래에서 고려시대 기와들이 나왔다.

소한 12m가 넘었습니다. 이 부분에서는 어골(魚骨)무늬, 선(線)무늬 등의 기와가 나왔습니다. 어골무늬 기와는 뼈 모양이 굵게 묘사되어 고려후기 것이라 합니다. 선무늬 기와는 신라말~고려초의 것입니다.

이곳 성벽 안쪽의 등산로 바로 옆에는 조선시대 성랑지가 있습니다. 랑(廊)은 행랑이지요. 성랑지는 성을 수비하는 군사들이 무기도 보관하고 쉬어가기도 하는 간이 건물입니다. 그 아래에서도 조선시대 이전의 시설물이 깔려 있었습니다. 여기서도 어골무늬, 격자무늬, 집선(集線)무늬 등의 고려시대 기와가 많이 나왔습니다.

1387년 고려는 한양(남경)에 성을 쌓는 문제를 논의하면서 우인열과 홍징을 보내 중흥산성의 형세를 살피게 했습니다. 이미 이전부터 북한산에는 중흥산성이 존재했던 것입니다. 다음해에는 최영이 요동정벌을 논의하는 과정에서 군대를 보내 중흥산성을 쌓게 했습니다. 만약을 대비해 기존의 중흥산성을 수리했을 것입니다.

『조선왕조실록』에 따르면 중흥산성은 선조 29년(1596)까지 석축이 '완연'한 상태였습니다. 최영이 주둔하던 높은 봉우리 바위에 당시까지도 최영장군이 꽂았던 깃대의 구멍이 있었다고 합니다. 이 때문에 지금도 백운대 서쪽의 봉우리를 장군봉이라 부릅니다. 고려 말 중흥산성의 존재와 이후 최영장군에 대한 추모 분위기를 반영하는 것이지요.

원래 고려 정부는 북한산에 대한 관심이 많았습니다. 현종(991~1031)은 천추태후와 김치양에게 위협을 받아 북한산 신혈사로 피신해 있다가 왕으로 즉위했습니다. 이때 지은 시에 보면, 그곳은 백운대의 물이 흘러내리는 곳이라 했습니다. 이 물은 북한산성 내의 북한천일 가능성도 있습니다.

이후에 북한산으로 행차한 왕들도 많습니다. 이곳은 경치도 좋았지만, 다른 이유도 있었습니다. 10세기 말부터 현종대까지 3차에 걸친 거란의 침입으로 고려는 후방에 안전한 방어기지를 원했습니다. 그래서 오늘날의 서울을 남경(南京)으로 삼아 중시했고, 1099년에는 이곳에 궁궐을 짓기 시작해 5년 만에 완공했습니다. 이러한 분위기에서 피난성으로 중흥산성을 쌓았던 것입니다.

신라도 '북한산성'을 쌓았는데, 이 성은 아차산 일대로 추정됩니다. 하지만 신라인들도 오늘날의 북한산성 일대에 대한 관심이 컸던 것 같습니다. 9세기로 추정되는 용암사지 석탑은 그 증거입니다. 중흥산성 자리에서 신라말의 기와가 나온 이상, 신라도 이곳을 군사 기지로 삼았을 가능성을 무시할 수 없습니다. 하지만 북한산성에 대규모 성을 쌓았는지는 앞으로 풀어야 할 숙제입니다.

3
북한산 태고사와 원증국사의 발자취

1) 태고사 둘러보기

북한산 중흥사의 동쪽에는 귀암봉에서 내려오는 산자락이 버티고 있습니다. 그 아래 간이화장실 옆에는 백운대과 대남문으로 길이 갈라지는 곳이 있습니다. 여기서 왼쪽으로 백운대를 향해 오르면 오른쪽으로 태고사가 나옵니다.

태고사는 고려시대의 원증국사 태고 보우스님(1301~1382)이 세운 절입니다. 국사(國師)는 국가적인 스승이라는 말이지요. 고려시대 불교계의 최고 지도자로 왕에게 임명받은 것입니다. 원증(圓證)

태고사 대웅보전. 1968년 이 법당을 짓는 과정에서 지면을 많이 정비했다고 한다.

은 돌아가신 뒤에 왕으로부터 받은 시호입니다. 보우(普愚)는 스님이 되면서 쓴 법명입니다. 원래 보허였다가 바뀌었지요. 태고(太古)는 법호입니다. 법호는 스승에게 도를 깨우친 뒤에 받는 이름입니다. 보우스님의 호칭이 긴 것은 당시에 위상이 높았기 때문입니다. 지금부터는 원증국사로 통일하겠습니다.

태고사는 서쪽으로 중흥사를 굽어보고 있습니다. 스님들이 사용하는 요사채와 150년 넘은 귀룽나무 사이를 지나 계단을 오르면 정면에 대웅보전이 나타납니다. 대웅(大雄)은 석가모니이고, 보전(寶殿)은 보배로운 큰 집입니다. 이 법당 안에는 3존불을 모시고 있습니다.

대웅보전 오른쪽으로는 보물 제611호인 '태고사 원증국사탑비'가

태고사 원증국사탑비 전경. 비신을 받치는 귀부의 얼굴과 비신 위의 이수가 보인다.

비각 안에 있습니다. 탑비는 스님이 돌아가신 뒤 추모하는 의미에서 세우는 비석입니다. 비문의 맨 위에는 '원증국사탑명(圓證國師塔銘)'이라는 제액(題額)이 오른쪽에서 왼쪽으로 새겨져 있습니다. 제액은 비문의 제목입니다. 이 탑비는 원증국사가 돌아가신 3년 뒤인 1385년에 건립되었고, 이색이 글을 지었습니다.

비문을 새긴 돌을 비신(碑身)이라 합니다. 비신 아래를 귀부(龜趺)가 받치고 있고, 비신 위에는 이수(螭首)를 얹었습니다. 이수는 뿔이 없는 용 또는 용의 새끼를 새겨 비신의 머리에 얹은 것입니다. 우리 역사에서 이러한 형태의 비석은 통일신라시대부터 당나라의 영향으로 만들어졌습니다. 귀부에는 6각형의 귀갑(龜甲)무늬를 새겼는데, 새김이 미미한 편입니다. 경주 태종무열왕릉비에서는 실감

태고사 원증국사탑의 1918년(좌)과 현재 모습(우)

나게 생긴 거북 머리가 정면으로 치켜세워져 있는데, 여기서는 형식적인 얼굴에 목을 곧게 세우고 정면을 응시하고 있습니다. 이수에도 구름과 용의 묘사가 형식적입니다. 고려말에 와서 귀부와 이수의 묘사가 형식적으로 변화한 것입니다.

대웅보전 왼쪽의 계단을 오르면 산신각을 지나 보물 제749호인 '태고사 원증국사탑'이 있습니다. 원래 탑은 석가모니의 사리를 모신 기념물인데, 스님들의 사리를 모신 부도(浮圖)도 탑 혹은 승탑이라고 부릅니다. 역시 1385년 이전에 건립되었을 것으로 추정됩니다.

종처럼 생긴 가운데 부분이 승탑에서 가장 중요한 탑신입니다. 아래 지름이 좀 더 넓어 안정감을 주고 있습니다. 그 위에 8각형으로 덮인 부분을 옥개석이라 합니다. 건물의 지붕과 같은 것이죠. 지붕의 아래에는 돌아가면서 연꽃무늬 16개를 새겼습니다. 처마끝에 물이 흘러내리는 부분에는 각각 연꽃무늬 3개씩을 약간 길쭉하게 표현했습니다.

옥개석 위를 상륜부라고 합니다. 맨아래 약간 납작하게 둥근 부분은 보륜(寶輪)인데, 신들의 공간을 상징합니다. 그 위에 8각으로 덮인 것은 보개입니다. 보배스러운 덮개라는 것이죠. 그 위에 둥근 받침돌처럼 보이는 것은 복발(覆鉢)입니다. 스님의 밥그릇을 뒤집은 모양이라는 뜻인데, 천상의 돔(dome)을 상징합니다. 그런데 짙은 쑥색으로 되어 있어 다른 부분과 어울리지 않아 보입니다. 맨 꼭대기에는 보주(寶珠)를 올렸습니다. 보주는 보배로운 구슬이고, 탑의 위엄과 신령스러움을 나타냅니다. 네모난 큰 기둥 위에 네 개의 작은 기둥으로 감싸여 있습니다.

탑신 아래를 받치고 있는 것은 상대석입니다. 받침 부분인 대석 중에서 제일 위에 있다는 것이지요. 모서리마다 연꽃문이 2개씩 있고 그 안에 고사리무늬가 들어 있습니다. 그 아래 8각 기둥은 중대석입니다. 기둥의 모서리마다 둥근 단면의 기둥으로 표현했고, 각 면에는 십자형의 커다란 꽃무늬를 새겼습니다. 그 아래는 하대석인데, 8개의 연꽃을 엎어놓은 모양으로 장식했습니다. 지면과 만나는 4각형 부분을 지대석이라 합니다.

탑신과 비교하면 위아래 구조물은 지나치게 많은 느낌이 있습니다. 그 이유는 무엇일까요? 일본인들이 『조선고적도보』(1918)에 실은 사진을 보면 보주가 거의 깨져나갔고, 보개의 추녀 아래는 계단식으로 표현되어 있습니다. 복발은 현재보다 두툼한 느낌입니다. 보륜과 8각의 중대석도 없습니다. 현재의 보주는 비교적 완전한 형태로 말끔한 색깔입니다. 반면 1980년 복원 직전의 사진을 보면 옥개석 아래 보륜과 중대석처럼 보이는 것만 나란히 있어, 탑비가 전체적으로 납짝한 느낌을 줍니다. 이것은 탑비가 도굴되었기 때문입니다. 이런 상태를 복원 하는 과정에서 원래 부분을 찾아내기도 하고 본래의 짝이 아닌 것까지 합해 조립했을 가능성이 있습니다.

이 탑비는 일종의 8각 원당형입니다. 8각형의 지붕에 중심부가 원형이라는 것이지요. 이러한 것으로 가장 유명한 것은 역사 교과서에도 나오는 정토사 홍법국사 실상탑(1017)입니다. 이것은 탑신이 완전히 원형이고 옥개석의 추녀 곡선이 강하게 표현되었는데, 원증국사탑비는 탑신 모양이 종(鐘)에 가깝고 옥개석이 두텁게 되어 있습니다. 고려말에 와서 탑비의 형태가 변한 것인데, 원래 형태에 대해서는 앞으로 연구가 필요합니다.

2) 태고사와 원증국사의 인연

원증국사의 행적에 대해 가장 자세하게 얘기한 자료는 태고사 원증국사탑비입니다. 그의 어록을 정리한 『태고집』도 전하는데, 여기서는 태고사와 관련된 내용을 중심으로 이야기해 보겠습니다.

원증국사는 양근(양평) 출신인데, 13세 때 가지산에 들어가 스님이 되었습니다. 가지산은 선종 9산(山)의 일파입니다. 이후에는 교종 계통의 화엄종도 공부했고, 26세에 승과의 일종인 화엄선(華嚴選)에 합격했습니다. 41세이던 1341년에 삼각산 중흥사의 주지로 왔습니다.

그는 중흥사를 크게 다시 지었습니다. 이에 스님들과 신도들이 많이 모이자, 그는 조용히 참선할 장소가 필요했습니다. 그래서 동쪽의 소나무 언덕에 암자를 짓고 태고암이라 했습니다. 1346년까지 머물렀으니, 그가 태고암에서 지낸 기간은 5년입니다.

태고암에 머물 때 그는 유명한 태고암가를 지었습니다. 여기서 그는 태고암이 좁지만 조금도 옹색하지 않아 천자(天子)의 궁전보다 낫다고 했습니다. 모든 망상을 버리고 태고적부터 억겁의 세월을 감당할 만한 깨달음의 공간은 바로 이곳이라고 구구절절이 읊조렸습니다.

태고사 대웅보전에서는 이런 분위기를 느끼기 어려운 것 같습니다. 그런데 원증국사탑비 뒤로는 산봉우리의 능선을 오르는 길이

태고대. 보우스님이 참선했다고 전하는 바위다.

있습니다. 여기서 100여 m를 오르면 넓적한 바위가 있습니다. 이곳은 보우스님이 참선을 했다고 전하는 태고대입니다. 이곳에서는 행궁지를 비롯한 북한산성 안의 동남부가 훤히 내려다보이기 때문에 참선하기에 안성맞춤입니다. 태고암가는 여기서의 느낌을 읊었을 것입니다. 동북쪽으로 인접한 봉성암에서는 이곳을 천해대라 부르고 있습니다. 현재는 안전 때문에 원증국사탑비에서 오르는 길이 통제되고 있습니다.

3) 원증국사가 한국 불교에 남긴 발자취

1346년에 원증국사는 원나라의 초청을 받아 수도인 연경에 갔습니다. 여기서 만난 황제는 2차에 걸쳐 원증국사가 주관하는 법회를 열어주었습니다. 당시 원나라에는 선종의 일종인 임제종이 유행하고 있었습니다. 보우스님은 임제종의 최고 스님인 석옥청공(石屋淸珙)을 만나 스님의 옷인 가사와 지팡이를 선물로 받았습니다. 이는 불법(佛法)을 전수받는 상징이었습니다. 이를 통해 그는 임제종을 고려로 들여오게 되었습니다. 원증국사 탑비의 글을 쓴 이색은 원증국사가 임제종의 18대 법손이라 했습니다. 임제종의 정통 계승자라는 것이지요.

당시는 충목왕 2년이었고, 뒤에 공민왕이 된 세자는 연경에 있었습니다. 이때 만난 인연이 뒤에 큰 영향을 미쳤습니다. 그는 1348년 고려로 돌아와 미원(양평) 소설산에 머물렀습니다. 공민왕은 즉위

직후 친원파 조일신의 반란을 진압하면서 원증국사처럼 인연이 깊은 지도자에게 애착을 가지게 되었습니다.

다음해에 기황후의 아들이 원나라 황태자로 임명되자, 고려에서 기철 일파의 세력이 급격히 커졌습니다. 공민왕은 유학자들을 적극적으로 등용하여 이들을 견제했습니다. 동시에 원증국사를 우대해 1356년 4월에 왕사로 임명했습니다. 그를 중심으로 불교계를 통합해 왕권도 강화하고 자신의 반원정책을 안정적으로 추진하려 했던 것입니다. 그러자 사찰의 주지가 되기를 희망하는 자들은 모두 원증국사에게 간청을 했습니다. 공민왕은 이들에게 원증국사의 의견을 따르라고 말했습니다. 그를 따르는 승려들은 구름처럼 늘어났습니다.

이때쯤 원나라에서 홍건적이 발생해 정세가 혼란해지자, 원증국사는 공민왕에게 수도를 한양으로 옮기라고 건의했습니다. 성곽도 열심히 수리하라고 했지요. 이에 공민왕은 남경(한양)의 지세를 살피라고 명령했습니다. 원래 남경에는 고려 숙종 4년(1099)부터 궁궐이 지어져 있었는데, 공민왕은 이를 수리토록 했습니다. 왕 6년부터 9년까지는 아예 새로 짓도록 했지만, 홍건적의 침입으로 중단되었습니다. 원증국사는 천도를 통해 왕권도 안정시키면서 자신의 입지를 더욱 강화하려 했던 것 같습니다.

원증국사는 불교의 흐름에도 영향을 미쳤습니다. 고려시대의 불교계에는 불경을 중심으로 진리를 깨우치는 교종과 참선을 위주로 하는 선종 간의 대립이 심했습니다. 이 문제를 해결하려는 노력은

원증국사 탑비 비문. 원증국사의 행적을 가장 자세하게 전하는 자료이다.

예전부터 있었습니다. 11세기 말의 대각국사 의천은 교종의 영향이 큰 천태종을 중심으로 선종까지 포섭하려 했습니다. 12세기 말의 보조국사 지눌은 선종을 중심으로 통합하려 했습니다. 이러한 통합에는 정치적인 힘이 많이 작용했고, 13세기 말에는 종파 간의 대립이 다시 극심해졌습니다.

원증국사는 기본적으로는 참선과 불경을 모두 겸해서 닦자고 했습니다. 다만 임제종의 영향을 많이 받은 그는 간화선(看話禪)의 수행을 강조했습니다. 간화는 화두를 바라본다는 뜻이지요. 교(敎)라는 지적 이해를 배격하고 화두(話頭)를 통해 도를 깨닫자는 것입니다. 다시 말하면 불경의 이해보다 스승과 제자 사이에 이심전심(以心傳心)으로 불법을 전수하자고 주장한 것입니다. 지눌에 비해 선종의 비중을 훨씬 높였다고 볼 수 있지요.

그의 노력은 현실적인 힘을 발휘했습니다. 모든 종파의 단결을 꾀하기 위해 1356년 개경의 광명사에 원융부(圓融府)라는 정부기구까지 설치했습니다. 이는 실질적인 효과가 있었습니다. 교종과 선종을 가리지 않고 스님들이 수없이 모여들었습니다. 그의 탑비에 따르면 그의 제자는 1,003명이었습니다. 이들의 이름 뒤에는 이인임, 최영, 임견미, 이성계 등 웬만한 고관들이 모두 적혀 있으니, 당시 원증국사의 위세를 짐작할 수 있습니다.

1371년 공민왕은 그를 국사로 높여 임명했습니다. 보우스님은 이때 처음으로 국사가 되었습니다. 82세로 소설산 암자에서 돌아가실 때까지 원증국사는 고려 불교의 최고봉이었습니다.

하지만 그의 영향력에는 교리적인 설득력보다 공민왕과의 인연에서 생겨난 현실적인 힘이 많이 작용한 것 같습니다. 정치적으로는 고려를 개혁하려 했던 신진사대부보다 기득권 세력이었던 권문세력에 좀 더 가까웠습니다. 공민왕의 개혁정치를 주도했던 신돈에게 원증국사는 강하게 비난했습니다. 국가가 위태로우면 사악한 승려가 때를 만난다고 하여, 공민왕에게 신돈을 멀리 하도록 건의한 것입니다. 개혁정치를 중시하던 공민왕은 보우를 속리산으로 유배 보냈지만, 얼마 안 가 신돈을 죽이고 보우를 국사로 승진시켰던 것입니다. 이런 측면에서는 원증국사를 지지하기가 쉽지 않습니다.

반면 선종이 교종을 어떻게 포용할 것인가에 대한 노력은 사실 미약했습니다. 이러한 노력은 오히려 지눌로부터 혜심(慧諶)으로 계승되었습니다. 하지만 원증국사가 선종 중심의 전통을 강화한 것은 조선시대 이후 불교계가 선종을 중심으로 통합되어 오늘날의 조계종을 이루게 되는 데 큰 영향을 미쳤습니다. 태고사는 원증국사가 이러한 활동을 본격적으로 준비했던 곳이고 그를 추모하는 공간이라는 점에서 중요한 유적입니다.

4

요동정벌의 기개가 서린 대자동 최영장군묘

1) 대자산 자락의 최영장군묘 돌아보기

통일로 필리핀참전기념비에서 대자동 쪽으로 들어가면 3거리 회전교차로가 나옵니다. 여기서 좌회전하여 200m쯤 가다가 우회전하면 얼마 안 가 최영장군묘 주차장에 도착합니다. 주변 광장에는 “황금을 보기를 돌같이 하라”고 쓴 입석이 있습니다. 이는 2017년 후손들이 최영의 탄생 700주년을 기념해 세운 것입니다.

여기서 고양동누리길로 지정된 오솔길을 따라 10여 분만 걸으면, 최영장군묘로 올라가는 운치있는 계단이 맞이합니다. 계단 왼쪽으

최영장군묘 바로 아래의 표지석

로는 '최영장군묘소 입구'라고 한자로 쓰여진 표지석이 있습니다. 기단석으로 받치고 팔작지붕을 덮어 마치 신도비(神道碑) 같은 느낌입니다. 신도비는 왕이나 종 2품 이상의 벼슬을 한 사람들에게 내리는 비석으로 혼이 편하게 오도록 안내하고 사람들에게도 그의 업적을 알리는 역할을 합니다.

묘역에 올라서면 앞의 봉분은 최영장군(1316~1388)의 묘이고 뒤가 아버지 최원직(?~1333)의 묘입니다. 대자산 자락의 계곡을 남쪽으로 바라보며 자리잡았습니다.

요즘에는 무덤을 보통 동그랗게 만드는데, 이곳에서는 모두 네모나게 되어 있습니다. 고려시대 왕릉은 거의 동그랗게 만들었지만, 일반 지배층의 묘는 보통 이렇게 만들었습니다. 봉분의 테두리에는

최영장군묘 전경. 앞이 최영장군묘이고, 뒤는 아버지 최원직의 묘이다.

기다란 돌을 2단 높이로 둘렀는데, 이는 봉분의 흙이 흘러내리지 않도록 만든 호석(護石)입니다.

봉분 왼쪽 앞에는 팔작지붕을 얹은 묘비가 서 있습니다. 오른쪽부터 셋째줄까지는 최영장군이 고려에서 담당했던 관직이 나열되었고, 셋째줄 아래부터는 '동주(東州) 최공(崔公) 휘(諱) 영지묘(瑩之墓)'라고 했습니다. 동주(철원)최씨인 최영의 묘라는 것이지요. 맨왼쪽에는 '삼한국부인(三韓國夫人) 문화유씨(文化柳氏) 부좌(附左)'라고 했습니다. 최영의 부인 문화유씨가 왼쪽에 같이 묻혔다는 것입니다. 무덤에서 방향을 말할 때엔 묻힌 분을 기준으로 하기 때문에, 탐방객의 입장에서는 오른쪽에 부인이 묻힌 것이지요.

봉분 앞의 제삿상을 상석(床石)이라고 합니다. 상석 뒤에 놓인 4

각형 돌은 혼유석(魂遊石)입니다. 글자 그대로는 죽은 자의 혼이 노는 돌인데, 최영장군의 혼이 앉아서 상석에 차려진 음식을 드시라는 것이지요. 상석 앞의 향로석은 차례지낼 때 향불을 피우는 곳입니다.

상석 아래로는 계체석(階砌石)이라는 계단이 지나갑니다. 상석은 보통 이 계단 위로 걸치게 놓입니다. 이 계단을 눌러서 견고하게 고정시키는 효과가 있습니다. 무덤은 보통 경사지에 만들기 때문에 자연스럽게 계단을 두는데, 중요한 의미도 있습니다. 계단 위는 계절(階節) 즉 계단 때문에 생긴 구획이지요. 계절은 죽은 자를 위한 공간입니다. 그러니 이곳에서는 함부로 행동하면 안되겠지요. 계절 아래를 배계절(拜階節)이라 합니다. 배(拜)는 절하는 것이지요. 그러니 배계절은 살아있는 사람이 죽은 자를 위해 제사지내는 공간입니다.

상석 앞의 좌우에는 문인석이 경건한 자세로 최영장군을 모시고 있습니다. 문인석은 높은 관직을 했던 인물만 두는 것입니다. 세로 주름이 있는 모자를 썼는데, 이를 조관(朝冠)이라 합니다. 이는 관리들이 특별한 행사 때 쓰던 것입니다. 평상시에 쓰는 모자는 복두관입니다. 측면에서 봤을 때 각진 모양입니다.

얼굴은 매우 갸름하게 되어 있습니다. 고려말 조선초의 문인석 얼굴이 망부석처럼 추상화된 것과는 크게 다릅니다. 조선시대의 문인석 얼굴은 점차 도톰하고 풍만하게 변화다가 18세기부터는 형식화되어 갑니다. 최영장군묘의 문인석은 형식화가 한참 이루어진 모습입니다. 고려시대 것이 아니라는 애기지요. 왼쪽 문인석의 코가 거의 없는 것은 옛날에 불상이나 문인석의 코를 갈아서 먹으면 아

최원직의 묘

들이 생긴다는 믿음이 있었기 때문이지요.

문인석과 망주석(望柱石)은 모두 색깔이 밝아서 현대적인 느낌이 납니다. 망주석은 멀리서 잘 보이도록 세운 기둥입니다. 이곳에 최영장군묘가 있음을 빨리 알아보라는 것이지요. 사실 이곳의 문인석과 망주석은 1928년에 최영의 19대손인 최헌규가 묘역을 정비하면서 묘비와 함께 만든 것입니다. 묘비 뒷면에는 19대손이 세웠다는 내용이 보입니다. 최헌규는 3·1운동 때 독립선언문을 쓴 최남선의 아버지입니다.

최원직의 무덤 뒤로는 곡장(曲墻)을 둘렀습니다. 주택의 담장처럼 둘러싼 것이지요. 곡장이 없는 무덤에서는 흙을 쌓아 대신합니다. 봉분 앞 왼쪽에는 묘비가 있습니다. 앞면의 좌측 마지막에는 '최공묘(崔公墓)'라는 글자가 선명합니다. 이는 최원직의 묘라는 것입니다. 그 오른쪽은 모두 최원직의 관직을 나열한 것입니다. 뒷면에는 홍무(洪武) 19년(1386)에 영(瑩) 즉 아들 최영이 세웠다고 되어 있습니다. 아버지가 사망한 지 53년 만이었습니다.

2) 권문세족을 누르고 열었던 출세의 길

최영은 원래 문벌귀족 출신입니다. 아버지 최원직은 사헌규정(종6품)까지만 올라 크게 출세하진 못했습니다. 최영은 무관이 된 뒤 왜구를 토벌하는 데 공을 세우면서 점차 두각을 나타냈습니다. 그 직후에 왕의 경호부대에 들어가 우달치라는 직책을 맡았지요. 공민왕 8년(1359)에는 홍건적을 격퇴했고, 다음 해에는 서북면병마사가 되었습니다. 말하자면 평안도 지역 군사령관에 오른 것이지요. 이후에도 홍건적을 방어하고 김용의 난을 진압하면서 공민왕에게도 인정을 받았습니다.

공민왕 14년(1365) 신돈은 개혁정치를 주도하면서 최영의 군사력에 부담을 느꼈습니다. 당시에는 공민왕도 이러한 입장에 동조했습니다. 신돈은 마음대로 군사를 이끌고 다녔다는 이유로 최영을 계림윤(鷄林尹)으로 좌천시켰습니다. 공민왕 20년(1371) 신돈이 몰락한 다음에야 최영은 원래 자리로 복귀할 수 있었습니다.

1374년 공민왕이 시해를 당한 뒤 10세로 즉위한 우왕은 최영을 더욱 신임했습니다. 홍산에서 왜구를 무찌른 것은 그에 대한 신임을 더욱 굳게 했습니다. 최영은 왕을 경호하다가 도통사(都統使)라는 군사령관까지 올랐습니다. 당시 정권은 우왕을 추대하는 데 힘을 썼던 대표적인 권문세족인 이인임이 주도하고 있었습니다. 공민왕이 개혁정치를 통해 육성했던 관료들은 이인임과 대립했습니다. 최영은 이인임 정권을 지원하면서도 군사력에 바탕을 둔 자신의 지위를 유지해 나갔습니다.

하지만 우왕 8년(1382) 이인임 계열의 임견미와 염흥방 등이 강하게 견제하면서 최영은 일선에서 물러나게 됩니다. 이인임 등은 권력을 믿고 불법적으로 농지를 빼앗고 농민들을 강제로 동원해 잇속을 채웠습니다. 최영은 이들의 비리를 조사해 처벌하도록 우왕에게 강력하게 요구했습니다. 권문세족의 횡포에 내심 불만을 가지고 있던 우왕이 이를 받아들이면서 이인임 일파는 제거되었습니다.

최영은 전민변정도감(田民辨正都監)을 설치하여, 권문세족이 불법으로 빼앗은 토지와 노비를 몰수했습니다. 나아가 권문세족을 제거하고 시중(侍中)이 되면서 우왕대 최고의 집권자가 되었습니다. 1388년에는 자신의 딸을 우왕의 왕비로 들이면서 철원부원군이 되었습니다. 관직으로나 명예로나 더 이상 오를 데가 없었습니다.

3) 요동정벌을 둘러싼 갈등

당시 중국에서는 양자강 유역에서 일어난 명나라가 원나라를 몽골 고원으로 몰아내고 있었습니다. 상황이 유리해지자 우왕 13년

(1387) 명나라는 한반도 북부에 철령위(鐵嶺衛)를 설치하겠다고 통보해 왔습니다. 이곳은 공민왕이 원나라로부터 힘겹게 수복한 땅이었습니다. 철령은 북한강 유역에서 원산으로 넘어가는 고개입니다. 명은 그 이북을 내놓으라고 한 것이지요.

최영은 요동을 정벌하여 명나라의 요구를 묵살하자고 주장했습니다. 요동은 원나라가 지배력을 상실한 상태에서 명나라는 아직 장악하지 못했기 때문입니다. 명나라의 거듭된 물자 요구 때문에 고려인들의 불만도 쌓여 있었습니다. 명나라의 요구에 끌려가면 집권력이 약해질까 두려운 마음도 최영에게는 있었습니다.

반면 이성계 일파는 명나라와 타협하는 것이 현실적이라고 주장했습니다. 원래 이들은 권문세족인 염흥방, 임견미 일파를 제거할 때 최영에게 협조했었습니다. 하지만 함경도 지역 출신인 이성계는 동북면(東北面) 출신 군사들을 기반으로 삼았기 때문에 대외 문제에서는 최영과 입장이 달랐습니다. 일부 유학자 관료들은 우리의 정신적인 지주였던 중국과의 문제를 평화적으로 해결하기 위해 이성계를 지지했습니다. 최영과 이성계는 충돌을 피할 수 없었습니다.

우왕 14년(1388) 최영은 8도 도통사(都統使)로서 요동정벌을 추진했습니다. 조민수와 이성계는 각각 좌우군(左右軍)도통사가 되었습니다. 중앙군을 장악한 최영은 개경에 남았기 때문에, 조민수와 이성계가 이끌고 간 사람들은 대부분 지방의 농민군들이었습니다.

압록강의 위화도에 도착했던 음력 5월은 원래 농사철이 한창이었습니다. 농민군들은 요동정벌에 부담을 느낄 수밖에 없었고 도망하는 군사들도 늘어났습니다. 이를 근거로 이성계는 요동정벌 취소를 요구하는 상소를 올렸지만, 최영의 반대로 묵살되었습니다. 이성계는 위화도에서 회군을 단행했습니다. 명나라와의 평화를 원하는 일부 관료들의 지지가 하나의 동력이 되었습니다. 선제공격으로 명나라와의 갈등을 해결하고 국내를 안정시키려 했던 최영의 전략은 실패로 돌아갔습니다.

4) 최영장군묘에 풀이 나기까지

개경으로 들어온 이성계는 우왕을 몰아냈고, 최영을 고봉동~대자동 일대의 고봉현으로 유배시켰습니다. 다시 합포(마산), 충주로 옮겼는데, 요동을 정벌한 죄로 다시 개경으로 압송해 사형시켰습니다. 당시 나이 73세였습니다. 처형당할 때 최영은 말과 얼굴빛이 변하지 않았다고 합니다. 요동정벌을 단행한 것이 반역죄는 절대 아니라는 신념이 있었을 것입니다.

최영이 사형당하는 날 개경의 상가는 문을 닫았고, 길거리 사람들은 모두 눈물을 흘렸다고 합니다. 그가 나라를 지키는 데 크게 기여했고, 강직하고 청렴한 이미지가 널리 알려졌기 때문입니다. 이는 16살 때 아버지 최원직이 세상을 떠나면서 "황금을 보기를 돌 같이 하라"고 했다는 『고려사절요』의 기록에 잘 녹아 있습니다. 실제로 그는 최고위직에 있으면서도 검소하게 살았고, 우왕으로부터 포상으로 받은 농지도 반납한 적이 있습니다.

『신증동국여지승람』(1530)에는 최영장군묘가 고양 지역의 대표적인 무덤의 하나로 실려 있습니다. 최영을 죽이고 들어선 조선왕조는 그의 요동정벌 추진에 대해서는 적극적으로 비판했습니다. 하지만 세월이 흐른 뒤 그의 강직함, 그리고 홍건적과 왜구로부터 나라를 지켜낸 공로에 대해서는 어느 정도 인정한 것입니다. 당시 최영의 묘에는 아직도 풀이 나지 않았다고 했습니다. 여기에 실린 시에서 변계량(1369~1430)은 이렇게 읊었습니다.

"위엄을 떨쳐 나라를 구하느라 머리털이 하얗게 세었노라. 말 배우는 거리의 아이들도 모두 그의 이름을 아노라. 한조각 장한 마음만은 응당 죽지 않았으리. 천추(千秋)에 길이 대자산과 함께 우뚝하다."

최영은 나라를 구하려다가 억울하게 죽었고, 길 가의 아이들도 이러한 마음을 알아주었다는 것입니다. 최영장군의 죽음은 일반 백성들에게도 너무 억울하고 안타까운 일로 받아들여진 것입니다.

이긍익(1736~1806)의 『연려실기술』에 따르면 최영장군은 사형당하면서 "내가 평생에 탐욕의 마음이 있었으면 무덤 위에 풀이 날 것이고, 그렇지 않았다면 나지 않을 것"이라고 했습니다. 18세기에도 최영장군묘의 봉분은 풀이 없어 벌건 색깔이었다는 것입니다. 이는 평생 동안 소신을 지키며 살았고 죽음 앞에서도 초연했던 최영장군의 강직함을 나타냅니다. 한편으로는 조선왕조의 창업자에게 죽어가야 했던 인물의 묘가 거창하게 단장되기 어려웠던 현실도 반영하고 있습니다.

북한산성의 백운대 서쪽 봉우리가 장군봉으로 불린 것은 최영장군이 이 산 아래에서 군사훈련을 했기 때문이라 합니다. 요동정벌을 추진할 때 최영장군은 북한산에 중흥산성을 쌓았습니다. 원정을 추진하는 입장에서 만일을 대비해 기존의 성을 급히 보수한 것입니다. 또한 외적과의 싸움에서 언제나 승리했던 사실과 장군에 대한 추모의 분위기가 이러한 봉우리 이름을 만들어 냈을 겁니다.

최영장군은 조선시대 동안 많은 무당들에 의해 모셔졌습니다. 조선후기에 북벌(北伐)을 완수하지 못했던 임경업장군이 수많은 무당들의 신이 된 것과 비슷합니다. 고려가 망한 이후 백성들이 최영장군을 크게 추모하지 않았다면 이러한 현상은 나타나지 않았을 것입니다.

그럼에도 최영장군묘는 제대로 대우받지 못했습니다. 『고양군지』(1755)에 따르면 18세기 초중엽에 최영장군묘의 풀을 보수했다고 했지만, 19세기 말의 『고양군여지승람』에서는 최영장군묘에 아직 풀이 나지 않았다고 했습니다. 1928년에 와서야 묘 앞에 석물이 세워졌습니다. 그 주인공인 최헌규는 1879년부터 관상감(觀象監)에 근무했는데, 중국 상인들에게 약재를 받아 팔면서 큰돈을 벌었습니다. 이러한 재력으로 조상인 최영장군의 묘를 단장했습니다. 이때부터 최영장군묘에는 풀이 풍성하게 자라게 되었습니다.

1992년부터 최영장군묘와 필리핀참전기념비 일대에서는 최영장군 위령굿이 이루어지고 있습니다. 최영장군의 억울함은 이제 어느 정도 풀렸을 겁니다.

5

고려 500년의 한이 서린 공양왕릉

1) 공양왕릉 둘러보기

고양시 하면 떠오르는 왕릉은 조선시대의 서삼릉과 서오릉입니다. 그런데 고려의 마지막 왕릉도 고양시 원릉동에 있습니다. 고양시청 앞 교차로에서 벽제교 쪽으로 3km쯤 가다 보면 좌측으로 공양왕릉으로 들어가는 표지판이 있습니다. 여기서 1.3km 정도 들어가면 나지막한 산자락 아래 공양왕릉이 남쪽을 바라보고 있습니다. 식사동 뒤편 견달산 정상에서는 동남쪽으로 2km 떨어져 있지만, 조선시대에는 이곳도 견달산이라 했습니다.

공양왕릉 전경. 가운데 묘표는 1867년에 세워졌다고 한다. 좌우 봉분 앞의 것은 1416년에 세웠다고 추정된다.

묘역에는 봉분이 좌우로 나란히 위치하고 있습니다. 왼쪽은 공양왕의 것이고, 오른쪽은 순비(順妃) 노씨(盧氏)의 것입니다. 공양왕 봉분 앞의 묘비에는 맨위의 '고(高)'자가 잘 보이고 그 아래 려(麗)자는 흔적만 보입니다. 원래 부러졌던 것을 6·25전쟁 직후에 이은만씨가 붙여놓았고, 뒤에 문화재청이 다시 보수했습니다. 왕비의 묘비도 글자가 희미한데 '고려왕비(高麗王妃)~'라고 새긴듯합니다. 윗부분은 연꽃을 엎어놓은 것처럼 둥글게 처리했는데, 이는 조선초기에 유행한 양식입니다. 봉분 사이의 묘표에는 '고려공양왕고릉(高麗恭讓王高陵)'이라고 되어 있는데, 고릉은 공양왕릉의 호칭입니다.

공양왕릉의 문인석

묘표 앞에는 작은 장명등을 세웠습니다. 장명등은 글자 그대로는 길게 만든 등불이지요. 죽은 자의 혼을 저승으로 밝게 인도하고 사악한 잡귀를 물리치기 위한 것입니다. 불빛이 밖으로 나가도록 중앙부가 앞뒤로 뚫려 있습니다. 기둥을 매우 짧고 가늘게 만든 것은 조선초기에 보이는 특징입니다. 중기 이후 것들은 좀 더 길고 다부지면서 장식을 많이 새겼습니다. 조선시대에는 원래 종2품 이상의 관직을 지낸 사람만 장명등을 세울 수 있었습니다. 이 무덤이 조성된 1416년 당시에 조선은 공양왕에게 형식적으로나마 그 이상의 대우를 해준 셈입니다.

장명등의 좌우로는 문인석이 2명씩 서 있습니다. 원래 왕릉에서는 봉분 가까이에 문인석이, 그 아래로 무인석이 서야 합니다. 하지만 공양왕릉에서는 모두 관리들이 평상시에 착용하는 복두관모을 썼고, 허리띠도 둘렀습니다. 양쪽 모두 문인석인 것입니다. 다만 봉분 쪽 문인석이 더 작고, 먼 쪽은 크며 홀(笏)을 들고 있습니다. 홀은 조회시에 왕의 말씀을 받아적겠다는 상징물입니다. 공양왕을 고려의 왕으로 인정하면서도 군사권을 인정하지 않겠다는 조선왕조의 의중이 담겨 있지요. 다만 아래쪽 문인석을 조금 크게 만들어 무인석의 기능을 대신한 것 같습니다.

원래 왕릉 아래에는 정자각(丁字閣)을 두어 제사공간으로 삼습니다. 하지만 공양왕릉에는 이런 것도 없고 봉분부터 석물까지 크기와 격이 크게 떨어집니다. 공양왕을 대우하면서도 고려왕조의 품격을 무시했던 분위기가 고스란히 느껴집니다.

2) 고려의 왕으로 살아가기

공양왕은 이름이 요(瑤)입니다. 정원부원군(定原府院君)의 아들이고 제20대 신종의 7대손으로 전합니다. 제33대 창왕의 뒤를 이어 왕이 되었지만, 창왕과의 정확한 친척관계는 알 수 없습니다. 창왕은 신종의 형제인 제19대 명종의 9대손입니다. 항렬로는 공양왕이 창왕의 할아버지뻘이죠. 촌수를 계산하려면 아마 두 손가락을 모두 사용해도 모자랄 것입니다.

1388년에 위화도회군을 일으킨 이성계 일파는 요동정벌을 추진한 최영을 죽이고 우왕을 폐위시켰습니다. 내부적으로는 이성계가 왕이 되어야 한다는 의견도 있었지만, 그럴 만한 명분이 없었습니다. 이에 우왕의 어린 아들 창왕을 추대했습니다.

군사권은 이성계 일파가 장악했지만, 나라의 경제력은 권문세족이 차지하고 있었습니다. 당시의 경제력은 농지에 대한 세금 징수권(수조권)과 소유권에 좌우되었습니다. 특히 관리들을 자기편으로 끌어들이기 위해서는 수조권을 확보하는 것이 중요했습니다.

수조권을 관리 개인이 행사는 토지를 사전(私田)이라 합니다. 이성계를 지지하는 개혁파 사대부(관리)들은 사전의 개혁을 줄기차게 요구했습니다. 정도전, 조준 등이 대표적입니다. 온건개혁파 사대부였던 이색 등은 반대했습니다. 창왕도 사전 개혁에는 미온적이었습니다.

사전 개혁이 지체되자, 이성계 일파는 이야기를 꾸며냈습니다. 창왕의 아버지 우왕이 태조 왕건의 후손이 아니고 신돈의 자식이라고 했습니다. 원래 왕이 될 수 없었으니, 창왕을 다른 왕으로 바꿔야 한다는 것입니다. 그 중에서 신종의 7대손인 왕요가 기존 왕과 친족관계가 가까우니 왕이 되어야 한다고 주장했습니다. 왕요는 이종사촌이 이성계의 일곱째 아들 방번의 부인이었으니, 이성계와 인척관계였습니다. 왕으로서 자질이 부족하다는 의견이 이성계 일파 내에서도 나왔지만, 이성계는 자신의 집권에 방해가 되지 않을 인물이 왕이 되기를 원했습니다. 결국 이성계 일파는 창왕을 몰아내고 왕요를 제34대 왕으로 추대했던 것입니다.

왕이 될 당시 공양왕은 45세였습니다. 당시로서는 완연한 중년이었지만, 왕의 자리를 기대하지도 않았고 준비도 되어 있지 않았습니다. 성품은 대체로 우유부단했습니다. 이런 인물을 왕으로 추대한 것은 고려를 이성계 중심으로 개편하는 데 목적이 있었습니다. 2년 만인 1391년에 이성계는 사전 개혁을 추진해 과전법(科田法)을 시행했습니다. 수조권은 이성계 휘하의 군인들과 그와 협조한 관료들에게 돌아갔습니다. 기존 토지문서는 소각되었습니다. 이를 바라보면서 공양왕은 고려 사전의 법이 무너졌다고 한탄하며 눈물을 흘렸습니다. 온건개혁파였던 이색 등은 유배를 갔습니다. 강릉으로 유배갔던 우왕과 강화도로 유배갔던 창왕은 죽임을 당했습니다.

이러한 과정을 지켜보면서 공양왕은 고려왕조와 자신의 생명을 지켜내려 나름대로 노력했습니다. 유배에서 풀려나 장단에 은거하던 이색이 와서 인사를 하자, 공양왕은 그를 판문하부사로 임명하면서 자신을 도와달라고 호소했습니다. 하지만 이성계가 군사권을 모두 장악한 상태에서는 불가능한 일이었습니다. 압력에 못이긴 공양왕은 이성계를 문하시중(門下侍中) 즉 총리로 임명해야 했습니다. 이렇게 되자 지금까지 협조적이었던 정몽주가 이성계와 충돌하게 되었습니다. 공양왕은 정몽주를 수시중으로 임명해 이성계를 견제토록 했습니다. 정몽주가 반대파의 핵으로 떠오르자, 이성계 일파는 선죽교에서 정몽주를 살해했습니다. 이색은 다시 귀양길에 올라야 했습니다.

이제 공양왕은 팔도 다리도 잘린 가련한 신세가 되었습니다. 이성계 일파는 1392년 7월 왕대비의 명령이라는 형식을 비어 공양왕을 몰아냈습니다. 조준, 정도전이 이성계에게 몰려가 왕이 되어달라고 간청하자, 이성계는 마지못해 하는 것처럼 왕위에 올랐습니다. 『고려사』에 의하면 공양왕은 이성계에게 왕위를 맡아달라고 여러 번 간청을 했다고 하지만, 아마 이를 쓴 사람도 그대로 믿지 않았을 것입니다.

3) 삽살개 전설의 주인공

왕위에서 물러난 공양왕은 강원도 원주로 추방되었습니다. 다시 간성군으로 쫓겨나고 공양군(恭讓君)으로 강등되었습니다. 3년 뒤에는 또 다시 삼척으로 밀려났고, 태조 3년(1394) 50세를 일기로 이성계 일파에게 죽임을 당했습니다.

그는 삼척시 근덕면 궁촌리의 '공양왕릉'에 묻혔다가 태종 16년(1416) 이곳으로 안장되었습니다. 조선왕조가 어느 정도 자리를 잡으면서, 고려의 마지막 왕을 개경 주변으로 이장해도 무방하다는 판단이 섰기 때문입니다. 고려가 멸망한 지 24년 만이니, 고려왕조를 추모하는 분위기는 아직 남아 있었을 겁니다. 조선 정부는 이러한 불만을 달래고자 했습니다. 이때부터 공양군은 공양왕(恭讓王)으로 불리게 되었습니다.

이후에 고양시와 삼척시의 두 무덤이 모두 공양왕릉으로 불렸습니다. 이 중에서 고양시의 것이 진짜 공양왕릉입니다. 문화재관리국(현 문화재청)도 이 점을 중시해 고양시의 공양왕릉을 사적 제191호로 지정했습니다.

공양왕 부부와 삽살개. 군사들에게 쫓기던 공양왕과 왕비가 숨을 수 있도록 삽살개가 나뭇가지를 물어다 주고 있다. 화전동 벽화마을 '벽화향기동화길'에서.

이 지역의 전설에 따르면, 공양왕과 왕비는 이성계에 쫓겨 이곳에 머물다가 공양왕릉 앞의 호수에 뛰어들어 자살했다고 합니다. 이때 같이 지내던 삽살개가 어느 친척에게 이 사실을 알리고서 역시 호수에 빠져 죽었다고 합니다. 이를 기념해 봉분 앞에 삽살개 상을 세웠다는 것입니다. 봉분 앞의 작은 연못이 그 호수의 흔적이라 합니다.

전설을 증명이라도 하듯이 공양왕릉 앞에는 삽살개 모양의 석상이 앉아 있습니다. 그 앞에는 '요(凹)'자 모양의 돌이 있어 얼핏 보면 밥그릇처럼 보이기도 합니다. 그런데 통일신라부터 왕릉의 봉분 둘레에는 울타리처럼 돌로 난간을 둘렀습니다. 빙 둘러 세운 기둥의 구멍에는 동그란 막대 모양의 돌을 끼워 조립했지요. 고려시대부터

공양왕릉 앞의 호랑이상. 원래 공양왕릉을 지키기 위해 봉분 주변에 서 있었던 것이다.

는 이것이 관례가 되었고, 그 둘레에는 여러 마리의 호랑이, 양 등의 석상을 세워 지키도록 했습니다. 공양왕릉에 있는 삽살개(호랑이) 석상은 사실은 이러한 석상들 중의 하나였던 것입니다. 요(凹)자 모양 돌은 바로 돌 난간 기둥이 깨진 것입니다. 북한의 고려시대 왕릉인 랭정동 3릉에서도 이곳과 비슷한 모양의 호랑이 석상과 요(凹)자 모양 돌이 있는데, 그 숫자가 좀 많습니다.

공양왕은 삼척에서 죽었으니, 이곳에 피난 왔을 가능성은 희박합니다. 삽살개 전설은 아마도 봉분 앞의 석상과 공양왕의 비극을 연결해 지어졌을 것입니다. 오랜 세월 동안 관리가 소홀한 상태에서 석물이 깨지고 분실된 결과이기도 합니다.

공양왕릉 뒤로는 민묘처럼 보이는 묘들이 많이 있습니다. 왕릉에서는 원래 있을 수 없는 일이지만, 나름의 사정도 있었습니다. 공양왕의 외손녀인 단양 우씨는 송강 정철의 고조할아버지인 정연(1389~1444)과 결혼했는데, 공양왕의 능을 잘 돌봐달라는 유언을 자식들에게 남겼습니다. 정연의 손자인 정부는 신숙주의 사돈이 되었습니다. 이러한 인연으로 공양왕릉 뒤와 주변에는 정씨와 신씨의 무덤들이 많이 들어선 것입니다. 어색한 풍경 속에서도, 공양왕을 지켜내려는 애잔한 마음이 느껴집니다.

『고양군지』(1755)에 따르면 현종대(1659~1674)에 공양왕릉의 묘비가 쓰러져 진흙 속에 묻혔던 것을 조봉원이 찾아냈습니다. 이후 곡장을 개축하고 사방 50보에 출입을 금지시키고 관리했다고 합니다.

원하지도 않는 왕위에 올랐던 공양왕은 비극적으로 생을 마감해야 했고, 많은 왕씨들이 고려왕조의 부활을 예방하는 차원에서 개경으로부터 추방되었습니다. 이들의 대부분은 강화도와 김포반도 사이의 손돌목에서 몸에 매인 돌과 함께 수장되었습니다. 고려의 멸망을 가슴 아파하는 사람들은 돼지고기 중에서도 잘 씹히지 않는 비계부분을 '성계육'이라 부르며 잘근잘근 씹으며 분을 삭혔습니다.

고려의 멸망은 권문세족으로 상징되는 사회모순을 해결하고 양반사대부가 주도하는, 일반 백성들의 생활이 다소나마 개선된 새 시대를 여는 계기가 되었습니다. 하지만 공양왕과 일부 사람들에게는 감당할 수 없는 비극이 되었음을 공양왕릉은 보여주고 있습니다.

| 참고문헌 |

1. 고려청자 탄생의 요람 원흥동 가마터

한국정신문화연구원, 『한국청자도요지』, 1982.

2. 북한산의 고려시대 중흥사와 중흥산성

경기문화재단 외, 『북한산성 성랑지 및 성벽 학술 발굴조사 보고서』, 2015.

경기문화재연구원, 『사적 제162호 북한산성 성벽 및 부속시설 3차 발굴조사』, 2018.

3. 북한산 태고사와 원증국사의 발자취

설서, 『태고집』, 세계사, 1991.

이영무, 「태고 보우국사의 인물과 사상」 『태고 보우국사 논총』, 대륜불교문화연구원, 1997.

이상선, 「공민왕과 보우」, 『태고 보우국사 논총』, 대륜불교문화연구원, 1997.

최병헌, 「태고 보우의 불교사적 위치」, 『태고 보우국사 논총』, 대륜불교문화연구원, 1997.

4. 요동정벌의 기개가 서린 대자동 최영장군묘

유창규, 「고려말 최영 세력의 형성과 요동공략」 『역사학보』143, 1994.

고양문화원 고양학연구소, 『고양의 최영장군 이야기』, 2017.

국사편찬위원회, 『한국사』19-고려 후기의 정치와 경제-, 1996.

5. 고려 500년의 한이 서린 공양왕릉

박제우, 고려 공양왕대 관제개혁과 권력구조, 『진단학보』81, 1996.

장경희, 『고려왕릉』, 예맥, 2013.

Ⅳ. 조선시대 고양시의 정치·군사적 문화유산

역사 개관

고양의 탄생

창릉천 유역의 덕양현과 공릉천 유역의 고봉현은 원래 별도의 생활권이었습니다. 1413년 조선 태종은 고봉현의 '고'와 덕양현의 '양'을 따서 고양현으로 합쳤습니다. '고양'은 이렇게 탄생했습니다. 성종 2년(1471)에는 덕종(성종의 아버지)의 무덤인 경릉과 예종의 창릉이 있다 하여 고양현을 군으로 승격시켰습니다. 연산군 10년(1504)에는 고양군을 폐지하고 왕의 사냥터로 삼았고, 1506년 중종이 즉위하면서 고양군을 복구했습니다.

고양현이 탄생할 당시에 관아는 서삼릉의 희릉 일대였습니다. 하지만 이곳이 현재 희릉 자리인지, 이 능역에 포함된 서삼릉 주변의 어느 곳인지는 확실하지 않습니다. 서삼릉의 완성, 일제강점기 능역의 훼손과 새로운 묘역의 조성, 박정희 정권기 능역 주변의 훼손 등으로 인해 15세기 당시의 실상을 파악하기가 매우 어렵기 때문입니다. 희릉 앞에 서면, 서쪽의 효창원 주변부터 시작된 낮은 산줄기가 북쪽의 소경원 일대를 거쳐 동쪽의 경마아카데미 주변을 거쳐 서삼릉 입구 남쪽까지 휘감고 있어 아늑한 느낌을 받습니다. 그 내부에는 소하천인 원당천이 동쪽에서 서쪽으로 흐릅니다. 이러한 조건은 관아지로서도 손색이 없지만, 희릉 자리가 바로 관아였다는 증거는 알려지지 않았습니다.

이 때문에 서삼릉 입구 서쪽의 농협 젖소개량사업소 일대가 최초의 고양 관아라는 주장도 있습니다. 그 서남쪽 논밭 안에 동그란 섬 같은 것이 있는데, 이 주변이 관아 아래 연지(蓮池)였다는 것입니다. 이것도 상당한 가능성이 있지만, 아직은 좀 더 구체적인 증거가 필요한 상황입니다.

1544년에는 희릉을 조성하기 위해 고양 관아를 대자동 고읍마을로 옮겼습니다. 임진왜란을 겪으면서 이곳 관아는 큰 피해를 입었습니다. 이 때문에 1625년 고양 관아는 다시 고양동으로 옮겼습니다. 이곳은 벽제관지의 서북쪽인데, 현재는 청구아파트 일대입니다. 이후 고양군의 관아는 변동이 없었습니다. 당시 관아는 지역의 상징이었고, 모든 기록의 기준이었습니다. 그 만큼 관아의 이동은 조선시대 고양의 상황을 이해하는 데 중요합니다.

1

임진왜란의 전세를 뒤바꾼 격전의 현장 행주산성

1) 행주산성이 중요했던 이유

서울에서 자유로를 타고 고양시로 오다 보면 행주대교 동쪽으로 산 하나가 버티고 있습니다. 이 산은 덕양구라는 이름을 낳은 덕양산입니다. 그 위에는 임진왜란 당시에 치열한 격전이 벌어졌던 행주산성이 자리잡고 있습니다.

이곳은 한강 하구와 서울을 연결하는 관문입니다. 남쪽으로는 한강을 끼고 가파른 절벽을 이루며, 동쪽으로는 창릉천이 한강을 향해 흘러들며 급경사를 이룹니다. 성에 올라서면 덕양구와 김포 일대는

행주산성 원경. 행주대첩 당시 경사가 완만한 왼쪽에서 치열한 전투가 벌어졌다.

물론 한강 하구 방면과 서울이 잘 내려다보입니다. 북쪽과 서쪽은 경사가 비교적 완만한 편이지만 예전에는 거의 저습지로 둘러싸여 있어 성곽을 구축하기에 좋은 조건을 갖추었습니다. 한강 하류에서 물자와 사람이 동서남북으로 움직이는 것을 통제할 수 있으니, 그야말로 전략적 요충지인 셈이지요. 삼국시대부터 덕양산의 정상부에 석성이 건립되고 통일신라, 고려를 거쳐 조선시대까지 계속 이용된 이유가 여기에 있습니다.

2) 행주산성 둘러보기

행주산성으로는 행주고가 4거리나 자유로 서울방향 또는 일산방향에서 행주대교로 향하다가 우회전하여 들어올 수 있습니다. 행주 내동에서 행주산성로를 따라 곧장 들어올 수도 있습니다. 85-1번, 011번 버스를 타면 행주산성 바로 앞에 도착합니다.

행주산성 출입구인 대첩문은 산성 일대에서 경사가 가장 완만한 곳입니다. 대첩문에 들어서면 오른쪽으로 권율장군 동상이 서 있는데, 이는 1986년 경기도에서 건립한 것입니다. 투구, 갑옷, 무기는 임진왜란 이전의 형태로 제작되었습니다.

산성으로 오르다 보면 왼쪽으로는 토성길로, 앞으로는 정상으로, 오른쪽으로는 충장사로 길이 갈라집니다. 충장(忠莊)은 권율장군이

권율장군 동상

사망한 뒤에 받은 시호이니, 충장사는 그를 추모하는 사당이지요. 안에는 권율장군의 표준영정이 모셔져 있습니다. 표준영정은 초상화가 전하지 않는 역사적 인물을 상상으로 그려 국가로부터 공인받은 것입니다. 권율장군은 갑옷과 투구를 쓰고서 매서운 눈매로 앞을 응시하고 있습니다. 이 그림은 원래 화가 장우성의 작품입니다. 그는 일제강점기에 징병제 실시를 기념하는 미술대전에 응모해 입선하는 등 친일행적으로 문제가 되고 있습니다. 호국 영웅의 표준영정을 친일행위자가 그렸다는 것은 우리 역사에 하나의 상처가 되고 있습니다. 이 영정은 예전에 도난을 당했고, 그 이전에 찍어놓은 사진으로 대치되어 있습니다.

다시 산성으로 오르면, 임진왜란 당시 토성의 서북쪽 성벽 자리

행주대첩비. 이 기념비는 1963년에 건립되었다.

를 가로지르게 됩니다. 하지만 겉으로는 눈에 띄지 않습니다. 조금 더 오르면 오른쪽으로 대첩기념관이 있습니다. 여기에는 1991년 서울대학교박물관이 행주산성 내에서 발굴한 삼국시대~통일신라~조선중기의 기와와 토기, 자기가 전시되어 있습니다. 다연발 화살 발사대인 화차 등의 무기 외에 행주대첩 기록화도 볼 수 있습니다.

다시 정상을 향해 오르면 팔각정인 덕양정을 지나 오른쪽으로 대첩비각과 덕양산 정상의 행주대첩비가 우뚝합니다. 지금까지 말한 덕양정, 충장사, 대첩문는 모두 1970년에 행주산성 정화사업으로 지어졌습니다. 외형은 말끔해 졌는데, 문화재 발굴조사를 생략한 상태에서 대대적인 공사를 벌인 점이 큰 문제입니다.

대첩비각 안의 대첩비는 권율장군이 돌아가신 다음해인 1602년

대첩비각

에 세운 구비(舊碑)입니다. 글씨는 잘 보이지 않습니다. 이 때문에 1845년에 내용을 보완해 대첩비를 다시 세웠습니다. 이 신비(新碑)는 현재 행주서원 안에 있습니다. 행주대첩 이야기의 골격은 이 비문의 서술을 바탕으로 하고 있습니다.

행주대첩비 북쪽의 교육관인 충의정 뒤로는 토성을 따라 내려가는 길이 있습니다. 처음에는 나무계단으로 내려가다가 토성 밟기가 시작됩니다. 토성길은 북쪽을 향하다가 서쪽으로 꺾여 북문까지 이어집니다. 탐방객의 입장에서는 그저 호젓한 산길처럼 보일 수도 있습니다. 하지만 원래 적군의 공격으로부터 아군을 보호하기 위한 시설이 설치되었을 것입니다.

북문은 원래 행주산성의 정문입니다. 이곳은 충장사 입구의 갈림

정상에서 북문으로 내려오는 토성길

길과 통합니다. 성벽은 북문에서 위 갈림길 주변과 충장사·대첩기념관의 아래를 지납니다. 이어 덕양정으로 오르는 길 아래에서 행주대첩비 동쪽과 충의정 동편 화장실 주변을 돌아 충의정 북쪽의 토성길로 이어집니다. 지금 말한 구간은 출입이 불가능합니다. 정상부 주위에는 삼국시대에 쌓은 석성도 있었는데, 이에 대해서는 이 책의 고대편을 보시면 됩니다.

고려시대에는 정상부의 석성에 다시 토성을 쌓았습니다. 그런데 『신증동국여지승람』(1530) 고양군에서는 이곳을 행주고성(古城)이라 했습니다. 1413년에 행주(덕양현)가 폐지되고 오늘날의 서삼릉에 고양현이 설치되면서, 행주산성은 군사적 역할을 거의 상실하게 되었습니다. 그래서 행주산성은 어느덧 옛성이 되어버린 것이지요. 그 생명을 되살린 것은 임진왜란이었습니다.

3) 행주대첩과 권율장군

1592년 조선은 임진왜란으로 한양을 잃었고, 선조 임금은 의주까지 피난을 가야 했습니다. 하지만 이듬해 1월 초에는 조선군이 명군과 연합해 평양성을 회복하고 남하를 계속했습니다. 평안도와 함경도에 있던 일본군은 한양으로 모여들어 재기를 노리고 있었습니다. 조선·명 연합군은 벽제관전투에서 성급하게 일본군을 공격하다 패배해 고양동의 혜음령 이북으로 후퇴했습니다. 이여송이 이끄는 명군은 평양성에 눌러앉아 일본군과 협상할 기회를 엿보기 시작했습니다. 일본군이 한양을 안정된 기지로 확보하면서 조선군은 다시 위기에 빠졌습니다.

이에 돌파구를 마련한 주인공은 전라도 감사 겸 순찰사(巡察使)였던 권율장군입니다. 권율은 전주에서 1만여 명의 군사를 이끌고 북상해 평양 이남의 허리 부분을 끊으려는 전략을 세웠습니다. 이에 맞선 왜군을 금산 이치전투와 수원 독산성전투에서 격파한 그는 한강 이북에서 전략적 요충지를 확보해 한양을 탈환하기 위한 발판으로 삼으려 했습니다. 이에 일부 군대를 한양 남쪽으로 보내 왜군의 관심을 끌었고, 자신은 2,300명의 군사를 거느리고 한강을 건너 행주산성에 진을 쳤습니다. 경사가 완만한 행주산성 서북쪽에는 이중으로 목책(木柵)을 설치하고 만반의 준비를 갖췄습니다.

왜군은 이러한 움직임이 명군의 한양 공격에 필요한 군량미를 지원하려는 준비라고 보았고, 행주산성을 급히 제압하려 했습니다. 1593년 2월 12일 새벽 6시경 우키다 히데이에가 이끄는 왜군은 3만 군사를 동원해 공격을 개시했습니다. 공격이 가능한 쪽은 경사가 완만한 북서쪽이었기 때문에 왜군은 합동공격이 불가능했습니다. 이들의 공격은 덕양산의 주능선인 현재의 행주산성 정문과 북문쪽 계곡, 권율장군 동상 서쪽 계곡으로 집중되었습니다. 7개 부대가 번갈아가며 9차례에 걸쳐 총공격을 퍼부었습니다.

조선군은 화살과 화차 등 모든 무기를 총동원해 왜군의 공격을 막아냈습니다. 왜군은 일시적으로 목책을 넘어오기도 했습니다. 우리 군은 적군에게 가마솥의 끓는 물을 퍼부었고, 돌멩이를 던지기도

행주대첩 기록화. 용산 전쟁기념관에 전시되어 있다.

했습니다. 왜군이 바람을 등지고 화공작전을 벌이면, 젖은 수건으로 얼굴을 감싸고 재가 들어있는 주머니를 터뜨리거나 솥에 준비한 물을 뿌려 불을 껐습니다. 화살이 떨어지자 경기수사 이빈이 한강을 통해 급히 보급해 주어 위기를 막았습니다. 적군이 성내로 침입하면 필사의 백병전으로 막아냈습니다. 저녁 6시가 되자 왜군은 전사자들을 모아 불태우고서 퇴각하기 시작했습니다.

행주산성과 한강 하류 방면의 여기저기에 근거지를 확보한 조선군은 한강을 봉쇄하고 일본군의 한양 외곽 지역 진출도 막았습니다. 왜군은 더 이상 북상할 수도 버틸 수도 없게 되었습니다. 결국 왜군은 2월 29일부터 한양을 버리고 한강 이남으로 철수했습니다.

행주대첩은 벽제관 전투의 패배로 위기에 처한 전쟁의 국면을 뒤바꾸고 왜군을 한강 이남으로 밀어내는 큰 성과를 거둔 것입니다.

4) 빛나는 승리의 주역들

행주산성에서 조선군은 왜군의 1/10도 안되는 병력으로 빛나는 승리를 거뒀습니다. 이는 우연한 행운이 아니었습니다.

승리를 이끈 주역은 역시 권율장군입니다. 아군이 불리한 상황에서도 적군의 상황을 면밀히 파악한 뒤 이들을 효과적으로 압박할 수 있는 공격지점을 선정했고 아군의 자원을 적절히 배분한 것이 승리의 일차적 조건이 되었습니다.

산성 주변의 지형을 파악하고 준비한 무기들도 큰 힘이 되었습니다. 왜군의 공격이 집중된 서북쪽을 신속하게 방어할 수 있는 무기가 절실했습니다. 화차는 많은 수의 화살을 다연발로 쏘아 적군을 압박했습니다. 화차의 숫자가 300대나 되었다고 하니, 그 위력을 짐작할 수 있습니다. 일종의 총기류인 승자총통(勝字銃筒), 일종의 대포인 지자(地字)포, 화약의 힘으로 파편을 날려 적을 죽이는 진천뢰(震天雷), 투석기인 수차석포(水車石砲)가 큰 힘을 발휘했습니다. 돌을 던지는 부분이 물레방아처럼 회전해서 수차라는 이름이 붙었습니다.

조선군과 함께 싸운 백성들의 눈물겨운 투쟁도 무시할 수 없습니다. 당시 부녀자들은 긴 치마를 짧게 잘라 허리에 매고서 돌을 날라

행주치마로 돌을 나르는 부녀자들. 권율장군 동상 뒤편에 설치된 청동 부조의 일부이다.

일본군을 공격하는 데 사용했습니다. 이 때문에 부엌에서 사용하는 행주치마라는 말이 생겨났습니다. 행주(幸州)는 원래 살구나무가 많은 고을이라는 뜻인데, 의미가 완전히 바뀐 것이지요.

행주산성 주변의 완만한 구릉과 계곡에는 조선시대 질그릇 조각 등이 많이 발견됩니다. 당시에도 이 일대는 백성들의 생활터전이었던 것이죠. 주변 백성들은 신분 고하를 막론하고 곤장과 도끼, 농기구를 들고 싸웠고, 부녀자들은 주먹밥을 마련하여 군사들을 도왔습니다. 이러한 열정은 왜군을 몰아내는 데 큰 힘이 되었습니다.

일부 왜군이 성 안으로 넘어왔을 때 목숨을 부지하기 위해 도망친 사람들도 있었습니다. 권율은 이러한 사람의 목을 베어 보이면서 기강을 잡았습니다. 매우 잔인한 행위이지만 이렇게 하지 않으면 전투를 승리로 이끌 수 없었을 겁니다.

행주대첩은 그야말로 민관군의 일치단결이 가져온 대성과였습니다. 위기상황에서 지도자의 현명한 판단이 매우 중요하다는 것도 보여주었습니다. 대내외적으로 커다란 위기에 직면한 오늘날의 한국사회에도 큰 교훈이 되고 있습니다.

2

권율장군을 기리는 조선후기의 사립학교 행주서원

1) 행주서원 둘러보기

행주대첩의 현장이 행주산성이라면, 그 주인공인 권율장군을 기리는 공간은 원래 행주서원이었습니다. 행주산성 내의 충장사는 1970년에 인위적으로 만들어졌지만, 행주서원은 178년의 역사를 가지고 있기 때문입니다.

행주산성을 나와 왼쪽 아래로 꺾은 뒤 600m쯤 가면 왼쪽에 식당 강나루와 유림가든 사이로 행주서원으로 들어가는 길이 있습니다. 여기서 80m만 가면 행주서원이 나옵니다.

행주서원 전경

행주서원의 입구인 솟을대문은 좌우에 행랑채를 거느리고 있습니다. 정면의 '해주서원' 현판은 신헌(申櫶)이 썼습니다. 강화도조약에서 조선정부를 대표한 사람이지요. 이곳에 걸린 것은 복제품이고, 진품은 고양시청에서 따로 관리하고 있습니다.

입구에 들어서면 강당이 맞이합니다. 강당의 의미는 요즘과 같은데, 당시에는 원장(院長)이나 훈장이 학생들과 유학을 공부하던 곳입니다. 시원한 계절에는 건물 중앙의 마루에서 공부를 했습니다. 추운 계절에는 좌우에 마련된 온돌방에서 공부했겠지요. 방문 앞으로는 건물 전체에 기둥을 한 줄 더 두었습니다. 그래서 생긴 공간을 전퇴(前退)라고 합니다. 기둥 안쪽으로 방을 물러나게(退) 했다는 것이죠. 뜨거운 햇빛과 비바람으로부터 방문을 보호하고 사람이 많

행주서원 현판

을 때 대기하는 공간입니다.

강당 바로 뒤로 올라가면 계단과 삼문, 즉 세 개의 문이 있습니다. 가운데는 권율장군의 혼이 다니는 길입니다. 관람객은 오른쪽으로 올라갔다가 왼쪽으로 내려와야 합니다.

문을 들어가면 기공사(紀功祠)가 맞이합니다. 기공사는 공적을 기념하는 사당이라는 뜻입니다. 조선시대의 학교는 위대한 인물에 대한 제사와 학생 교육을 겸했습니다. 공립학교인 향교가 기본적으로 공자를 제사한 데 비해, 서원은 위대한 개인을 제사했습니다. 행주서원은 1842년 권율을 제사하기 위해 세운 기공사가 서원으로 발전한 것입니다.

기공사 왼쪽으로는 행주대첩비 중건비가 있습니다. 1602년에 행

기공사. 권율장군의 공적을 기리고 제사지내기 위해서 세운 사당이다.

주산성 정상에 세웠던 비의 글씨가 지워져서 1845년에 다시 세운 것입니다. 이 중건비는 조인영이 짓고 이유원이 썼습니다. 조인영은 헌종대의 세도가문이었던 풍양조씨의 대표적인 인물입니다.

조선시대에 유명한 비석은 대개 팔작지붕을 얹었습니다. 이곳 비석은 지붕 위가 평평합니다. 이러한 형태를 평옥개석(平屋蓋石)이라 하는데, 18세기부터 본격적으로 나타납니다. 비문을 보호하면서도 제작의 실용성을 꾀한 것이지요.

기공사 오른쪽에는 관세위(盥洗位)가 있습니다. 관(盥)은 대야입니다. 제사를 주관하는 헌관과 참가자들이 행사 전에 경건한 마음으로 손을 씻는 곳이지요. 관세위 하나에 수조 2개가 마련되어 있습

행주대첩비 중건비. 1970년 행주산성 충장사로 옮겨졌다가 2015년에 원래 자리로 돌아왔다.

니다. 기공사 왼쪽에는 망료위(望燎位)가 있습니다. 료(燎)는 횃불을 가리킵니다. 그러니까 제사를 지낸 후 축문을 불사르는 곳이지요.

행주서원의 건물은 모두 맞배지붕을 올렸습니다. 맞배는 경사진 평면이 등을 맞대듯이 지붕을 올린 것입니다. 서원들 중에는 팔작지붕을 올린 경우도 있는데, 행주서원에서는 비교적 작은 공간에 어울리도록 만들었습니다.

2) 행주대첩 이후의 권율장군과 기공사

행주대첩이 있었던 1593년 2월 왜군의 상당수는 아직도 한양에 머물고 있었습니다. 권율은 이들을 몰아낼 계획이었지만, 전열의 재정비를 위해 주력부대를 파주에 있는 산성으로 옮겼습니다. 행주산성에서 쓰라린 패배를 경험했던 왜군은 더 이상 권율장군 주변을 침범하지 못했습니다.

명군의 사령관인 이여송은 권율의 행주대첩을 대단하게 치켜세우면서도 4월에는 왜군과 평화협상을 벌였습니다. 이 틈에 왜군은 한강 이남으로 철수를 개시했습니다. 권율은 이들을 섬멸하기 위해 달려갔으나, 명군이 나루의 배들을 모두 걷어버려 추격이 불가능했습니다. 하지만 왜군이 서울을 떠난 것은 사실상 행주대첩의 성과였습니다.

이후 권율은 1597년 겨울에는 울산전투에서, 1598년 가을에는 순천전투에서 왜군에 대항해 싸웠습니다. 이는 명나라의 제독(提督)과 함께 이루어졌기 때문에 독자적인 전투 운영이 곤란했습니다. 권율은 적극적인 공격을 원했지만, 명군은 상대적으로 소극적으로 임했기 때문입니다. 이 기간 동안 권율장군은 행주대첩 같은 성과를 내진 못했습니다. 1597년에는 통제사 원균이 왜군과 적극적으로 싸우지 않는다고 권율이 불러다 곤장을 때린 것은 칠전량 해전에서 조선군이 참패하는 결과를 가져오기도 했습니다.

임진왜란이 끝난 이듬해인 1599년 권율은 병으로 벼슬을 그만두었고, 고향인 강화에서 생활하다가 7월 6일 서울의 임시 거처에서 63세로 사망했습니다. 그의 무덤은 양주시 장흥유원지 주변에 있습니다. 그는 아들이 없어 둘째 형의 아들인 권익경을 양자로 삼았습니다. 권익경은 병자호란 때 강화에서 청나라 군대와 싸우다가 순절했습니다. 나라를 구한 인물의 아들이 전쟁으로 희생되었으니 참으로 안타까운 일입니다.

1841년 헌종 임금이 서삼릉으로 왔다가 고양을 지나게 되었습니다. 이때 영의정 조인영의 건의로 왕은 권율의 공을 기리는 사당을 짓도록 했습니다. 다음해 4월 29일에 이 건물이 완공되면서 기공사라는 이름을 갖게 되었습니다. 기공사는 바로 사액(賜額)을 받았습니다. 사액이란 왕으로부터 간판을 수여받는다는 의미입니다. 보통은 그 운영에 필요한 책과 토지, 노비 등을 함께 받기 때문에 큰 혜택으로 여겨졌습니다. 이후 언젠가부터 이곳은 행주서원으로 불리게 되었습니다.

기공사 안에는 권율장군의 위패와 영정을 모시는데, 그 좌우로는 전투에 함께 참여했던 인물들도 함께 모시고 있습니다. 그 중에서

기공사 내의 권율장군 영정과 위패. 영정은 충장사의 사진과 같은 것이다. 왼쪽의 작은 양 미닫이 문 안에 위패가 모셔져 있다.

도 경기수사 이빈은 행주대첩 당시에 화살이 떨어졌을 때 한강을 통해 급히 운반해 왔습니다. 변이중, 조경, 선거이, 정걸, 처영 등도 큰 공을 세워 함께 모셔져 있습니다.

3) 행주서원 되살리기

1863년에 고종의 즉위와 함께 정권을 잡은 흥선대원군은 백성들에게 원성의 대상이 되었던 서원들을 철폐하고 47개소만 남겼습니다. 다행히 행주서원은 살아남았습니다. 이곳의 양반세력이 크지 않았던 것도 이유가 되었지요.

조선이 멸망하면서 행주서원은 제대로 운영되지 않았습니다. 건물이 무너지는 일까지 생기고 담장도 붕괴되었습니다. 1930년대에 지역의 유지들이 힘을 합쳐 행주서원을 다시 복원했습니다. 하지만 6·25전쟁 때 행주서원은 불에 타버려 문간채와 강당만 남았습니다. 1970년에 기공사 옆의 행주대첩 중건비가 충장사로 옮겨간 것은 행주서원으로서는 가슴아픈 일이었을 겁니다. 다행히 1999년에 기공사가 다시 지어졌고, 2011년까지 복원을 끝낼 수 있었습니다.

어려운 점도 있었습니다. 기공사에 원래 사용했던 초석은 아래는 네모나고 위는 기둥에 맞춰 둥글고 크게 만들어졌습니다. 그런데 이 초석에 맞는 기둥 목재를 구하는 것이 불가능해, 기존 초석을 들어내고 목재에 맞춰 작은 초석을 새로 만들어 넣었습니다. 원래 초석은 기공사 옆에 있다가 서원 밖으로 나온 상태입니다.

3
부처님의 몸으로 의주로를 지킨 동산동 밥할머니 석상

1) 밥할머니공원 석상 둘러보기

통일로의 동산동·삼송동 구간은 조선시대에 한양과 의주를 연결하는 관서대로였습니다. 벽제관에서 하룻밤 쉬고서 한양으로 들어가는 중국 사신들과 중국으로 가는 조선의 사신들이 지나는 길이었지요. 장사꾼들과 주변의 일반 백성들도 수없이 오고갔을 것입니다. 이 때문에 생겨난 고양시의 문화재가 밥할머니공원의 밥할머니 석상입니다.

삼송역 3번출구에서 남쪽으로 조금 내려오면 농협 하나로마트가

밥할머니 석상. 밥할머니공원에서 동쪽을 향해 서있다.

있습니다. 그 남쪽으로 밥할머니공원에 들어서면 밥할머니 석상이 있습니다. 밥을 많이 해서 베푼 할머니라는 것이지요.

가장 먼저 눈에 띄는 것은 머리가 없다는 점입니다. 원래는 있었는데, 일제강점기에 사라졌다고 합니다. 목 부분의 면이 고르지 못한 점으로 보아 비정상적인 과정으로 잘려나간 것 같습니다. 다리를 보면 허벅지 중간 아래는 없습니다. 아랫면은 평평한 대좌 위에 비교적 잘 밀착되어 있습니다. 처음 제작시에는 아랫부분을 별도로 만들고 현재의 밥할머니 석상을 올렸는데, 언젠가 아랫부분이 사라졌을 것입니다.

오른손은 손바닥을 펴서 바깥을 향하고 있습니다. 불상에서 이러한 손의 자세 즉 수인(手印)을 시무외인(施無畏印)이라 합니다. '시'

는 베푸는 것이고 '무외'는 두려움을 없애는 것이지요. 중생들의 두려움을 없애주는 자세입니다. 왼손은 손바닥을 하늘로 향하고서 그 위에 둥그런 물체를 올려놓았습니다. 이 물체는 일종의 약병이거나 약을 넣는 함으로 보입니다. 일반 사람들에게 가장 두려운 것은 단연 질병이었습니다. 그러니 부처님의 이름으로 질병을 방지하고 치유하는 것은 절실한 문제였습니다. 여기까지 보면 이 석상은 일종의 약사불 입상(立像) 즉 서있는 불상이었던 것이지요. 공주 갑사에 있는 고려 중기의 약사여래입상과 수인과 분위기가 비슷합니다.

표현된 모양의 굴곡은 완만한 편이고, 옷주름도 희미합니다. 이는 재료로 사용된 돌이 비교적 납작하게 생긴 것과도 관계가 있습니다. 측면에서 석상을 보면 원래 석재가 약간 납작하고 휜 형태였던 것 같습니다. 이러한 불상의 형태와 밥할머니 사이에 어떤 관계가 있는지 궁금해집니다.

2) 밥할머니 전설과 석상의 인연

밥할머니 석상에는 전설이 전해 옵니다. 1593년 1월 초 평양성을 탈환한 조선 · 명 연합군은 여세를 몰아 한양도 탈환하고자 했습니다. 그러다가 1월 27일 고양시 삼송동의 숫돌고개(여석령)에서 일본군에 크게 패했습니다. 이곳은 고양동의 벽제관에 가까워 벽제관전투라는 이름이 생겨났습니다. 이때 조선 · 명 연합군이 왜군을 피해 북한산으로 들어가면서 이야기가 시작됩니다.

이곳의 본부에서 명군의 사령관인 이여송은 절망적인 상황에 대해 낙담을 했다고 합니다. 조선군의 도원수인 김명원은 총반격으로 수치를 씻든가, 적의 포위를 돌파하여 흩어진 병력을 재정비하자고 했습니다. 김명원 장군이 이야기를 마치고 본부를 나왔을 때, 숯돌고개 남쪽 진거리에서 떡장수 할머니가 다가왔습니다. 할머니는 김명원 장군에게 묘책을 말하고 사라졌습니다. 이 말에 따라 김명원장군은 군사들에게 노적봉 겉을 벼 짚단으로 빙 둘러 쌓게 했습니다.

얼마 후 진거리 앞에서는 왜군들이 덕수천(창릉천)의 물이 뿌옇게 변한 것을 보면서 의아해하고 있었습니다. 마침 옆을 지나던 떡장수 할머니에게 이렇게 된 이유를 왜군들이 묻자, 할머니는 북한산의 조선군이 군량미가 남아돌아 쌀을 많이 씻어서 그렇다고 했습니다. 북한산 산봉우리에 짚단이 수북히 쌓인 것도 이 때문이라는 것입니다. 이 말을 들은 왜군들은 조선 · 명 연합군의 군량미가 충분하니 도저히 이길 수 없다고 여겨 후퇴했다고 합니다.

노적봉은 북한산 백운대와 중흥사 사이에 있는 해발 716m의 바위 봉우리입니다. 이 정도 높이의 산봉우리에 볏단을 빙 둘러 쌓는다는 것은 현실적으로 불가능합니다. 그런데 이 봉우리의 정상은 둥글고 뭉툭하여 마치 볏단을 쌓은 노적가리처럼 생겼습니다. 옛날에 볏단을 쌓은 것을 보면 기와집의 맞배지붕처럼 만들기도 했는데, 둥그렇게 쌓아 올리면 꼭대기가 둥그렇게 마무리되었습니다. 이 중에서 두 번째가 노적봉의 형태와 비슷합니다. 그러니까 산봉우리에 볏단을 쌓고나서 노적봉이라는 이름이 생겨난 것이 아니라, 이러한

북한산 노적봉 전경. 정상이 벼 낫가리처럼 약간 둥그렇게 생겼다.

봉우리 모양에서 노적봉이라는 이름과 위와 같은 이야기가 나왔을 겁니다. 북한산에서 나온 물이 창릉천으로 흘러내리는 점과 조선·명 연합군이 숯돌고개 전투에서 패배한 사실, 그리고 그 뒤 왜군이 한양으로 집결한 사실이 함께 이야기에 녹아들어갔습니다.

밥할머니는 해주오씨 또는 밀양박씨라고 하는데, 임진왜란 당시에 고양시와 양주시, 서울시 은평구 일대에서 우리 관군과 의병들에게 밥을 지어주고 부상병을 치료해 주었다고 합니다. 행주대첩에서 행주치마 부대의 의병장이라는 견해도 있습니다. 전쟁에 기여한 공로로 인조 임금은 밥할머니에게 정경부인(貞敬夫人)의 칭호를 주었었다고 합니다. 정경부인은 1품 이상의 관리 부인에게 수여하는 칭호이니, 명예가 대단했습니다. 이러한 분위기에서 의주로 주변의 약

행주대첩에서 돌을 나르는 밥할머니. 화전동 벽화마을 '벽화향기 동화길'에서.

사불은 주변 지역의 수호신 역할을 했을 겁니다.

이러한 이야기는 행주산성 일대뿐만 아니라 고양군 전체로 퍼져 나갔습니다. 그 전설이 의주로에 있는 약사불에 투영되면서 밥할머니 석상이 탄생했을 것입니다. 이야기가 기록된 것으로는 『고양군지』(1987)가 최초입니다. 하지만 지역민들은 밥할머니 이야기를 살아있는 역사로 여기고 있습니다.

3) 고양 덕수자씨교비와 선정비

불상의 오른쪽으로는 비석 3기가 나란히 남쪽의 고양대로를 보고 있습니다. 이 중에서 가운데가 덕수자씨교비입니다. 앞면 맨 위에

'고양 덕수자씨교비명(高陽德水慈氏橋碑銘)'이라고 새겼습니다. 덕수(德水)는 창릉천을 가리키지요. 1498년 서오릉에 조선 제8대 예종의 무덤인 창릉(昌陵)이 들어서면서 덕수천은 창릉천이 되었습니다. 하지만 조선후기에도 지역에서는 예전처럼 덕수천이라고 많이 불렀습니다. 자씨(慈氏)는 자비를 베푸는 분이니 부처님을 가리킵니다. 교(橋)는 다리이고, 비명은 비문을 새겼다는 것이지요. 덕수자씨교비는 1660년 7월 부처님의 자비로 고양군의 덕수천을 건너는 다리를 완공했다는 의미로 세운 기념비입니다. 이 다리는 원래 통일로 덕수교에서 동쪽으로 200m쯤 올라간 지점에 있었습니다. 통일로의 덕수교는 일제강점기에 처음 건설되었다고 합니다.

밥할머니공원 내 비석. 왼쪽으로부터 오정일 청덕휼민 선정비, 고양 덕수자씨교비, 고양군수 엄찬 선정비다.

비석의 옥개석 즉 지붕은 팔작지붕으로 만들었습니다. 이 때문에 비(雨)를 덜 맞게 되어 비 표면이 비교적 양호합니다. 덕수교를 만들게 된 내력과 참여자 명단을 상세하게 기록했습니다.

오른쪽 비석에는 '방백(方伯) 오후정일(吳侯挺一) 청덕(淸德) 휼민(恤民) 선정비(善政碑)'라고 크게 쓰여 있습니다. 방백은 지방관이고 오후정일은 덕수자씨교를 만들 당시 경기도관찰사였던 오정일을 가리킵니다. 그가 맑은 덕으로 백성들을 아껴 좋은 정치를 했다는 것이지요. 왼쪽 비석에는 '고양군수 엄찬(嚴纘) 선정비'라고 쓰여 있습니다. 엄찬은 1690년부터 1691년까지 고양군수를 지냈습니다.

이 비석들은 원래 동산동 3거리 모퉁이에 있었습니다. 조선시대에 경기도 감영은 서대문에 있었는데, 의주로의 중요성 때문에 경기도관찰사의 선정비가 이 주변에 세워진 것 같습니다. 고양군의 관아는 고양동에 있었는데, 고양군수 선정비가 이곳에 세워진 이유도 같을 것입니다.

1990년에 동산동 고가차도가 생기면서 위 비석들은 오금동과 삼송동 사이의 숯골고개 통일로변으로 이동했습니다. 당시에는 오른쪽부터 밥할머니 석상, 엄찬 선정비, 덕수자씨교비, 오후정일 청덕휼민 선정비의 순서로 있었습니다. 2004년에는 동산동3거리의 모퉁이공원으로 옮겨졌고, 2013년에 밥할머니공원이 조성되면서 현재의 위치로 오게 되었습니다.

4

군사정보 네트워크의 기지국인 독산봉수와 봉대산봉수

1) 독산봉수 둘러보기

고양시는 의주에서 한양으로 들어오는 관서대로의 길목이기도 했지만, 국경으로부터 위급한 일이 생기면 한양으로 연락하는 정보의 통로이기도 했습니다. 그래서 생겨난 것이 봉수대입니다.

고양 지역에는 고봉산, 독산, 봉대산 등에 봉수대가 있었습니다. 이 중에서 고봉산봉수는 군사지역이기 때문에 답사가 불가능합니다. 독산봉수는 접근성도 좋고 과거의 흔적을 상당히 남기고 있어 주목됩니다.

고봉로의 성석 3거리에서 벽제교로 가다가 보면 문봉 4거리가 나옵니다. 여기서 좌회전하여 고봉동 행정복지센터 뒤쪽으로 400m를 가면 왼쪽으로 독산봉수대 표지판이 나옵니다. 이를 따라 200m를 올라가면 배수지 왼쪽으로 계단이 있습니다. 여기서 조금만 올라가면 해발 133.8m인 현달산 정상의 독산봉수에 도착합니다.

독산봉수는 소질달산봉수, 문봉봉수라고도 불렸습니다. 평면 모양은 모서리가 둥근 네모처럼 보입니다. 사방으로 축대를 쌓아 올렸는데, 이는 맹수의 침입을 막고 봉수대의 불이 주변 산으로 붙는 것을 막기 위한 것입니다. 실제로는 현재보다 훨씬 높았을 것입니다. 둘레는 74.6m입니다. 봉수대에 따라서는 그 둘레를 도랑처럼 깊게 판 경우도 있습니다. 그 바깥과의 차단 효과를 노린 것이지요.

독산봉수 내부 모습

사방으로 난 계단으로 들어가면 평평한 공터가 나옵니다. 이 공간에는 봉수대에 필요한 각종 물품을 보관하고 봉수군들이 근무하기 위한 간이건물이 있었을 것입니다.

봉수대에서 가장 중요한 부분은 봉홧불을 피워 올리는 연대(烟臺)입니다. 여기서는 동남쪽에 약간 높고 길게 쌓은 부분입니다. 주변에 돌들이 많은 것으로 보아 돌과 흙을 섞어서 쌓았던 것으로 보입니다. 그 위에는 불을 지펴 올리는 연소실이 있었습니다. 조선시대에는 일반적으로 연소실을 5개씩 설치했는데, 지금은 무너져내린 상태입니다.

북쪽에는 넓은 구덩이를 만들고서 내부를 돌로 쌓은 곳이 있습니다. 그 오른쪽으로는 약간 움푹 꺼진 곳이 두 군데 있습니다. 이것

독산봉수의 연대 흔적. 동그란 돌무더기는 6·25전쟁 이후 마을 주민들이 쌓아올린 것이라 한다.

독산봉수의 연조 시설. 비상시에 불을 피우기 위해 연대 주위에 설치한 것으로 보인다.

들은 봉홧불을 피우는 연대는 아닌 것 같습니다. 방향이 전체적으로 동북쪽을 향하고 있으니, 독산봉수대가 신호를 받았던 서북쪽의 파주 대산봉수와는 방향이 다르기 때문입니다. 이 시설은 연조(烟竈) 즉 불을 피우기 위한 아궁이로 생각됩니다. 비상시에 불을 피우거나 연대에서 불을 피우는 데 도움을 주기 위한 시설이지요. 산불감시원의 말씀에 따르면 봉수대 남쪽 바로 아래에는 불씨를 관리하는 터도 있었다고 합니다.

2) 독산봉수의 운영

조선시대의 봉수망은 변경에서 한양에 이르는 5로(路)의 직봉(直

烽) 간선망이 중심이었습니다. 간선망 중간에 뻗어나간 짧은 봉수망은 간봉(間烽)이라 불렸지요. 독산봉수가 속한 봉수망은 압록강 상류인 강계의 만포진 여둔대에서 출발하는 직봉 제3로였습니다. 제3거라고도 하는데, 거(炬)는 횃불을 가리킵니다. 여둔대는 세종대에 개척했던 북서 4군의 하나인 자성군과 가깝습니다. 여기서 보낸 신호는 삭주-안주-평양-황주와 파주 도라산-대산을 거쳐 독산봉수에 도착했습니다.

16세기까지는 독산봉수가 이 정보를 연세대학교 뒷산인 서울 모악산(안산)봉수로 보내면, 종착지인 한양의 목멱산(남산)봉수로 이어졌습니다. 18세기 이후에는 독산봉수가 강매역 남쪽의 봉대산으로 보내면 모악산과 목멱산봉수로 이어졌습니다. 대체로 같은 방향의 중간에 보완적으로 이용하는 봉수대 하나를 더 둔 것입니다.

원래 봉(烽)은 횃불이고 수(燧)는 연기입니다. 밤에는 횃불로, 낮에는 연기로 긴급한 정보를 전달한 것이지요. 연료는 풀, 싸릿가지, 솔잎, 말똥, 소똥, 쑥대, 겨 등으로 다양했습니다. 『경국대전』에 따르면, 평상시에는 연대 위에 횃불이나 연기를 한 개, 적이 출현하면 두 개, 국경에 접근하면 3개, 국경을 침범하면 4개, 전투가 벌어지면 5개를 피워올렸습니다.

눈비가 오거나 안개가 끼면 신호 전달이 불가능했지요. 봉수대 사이의 거리가 가까운 지역에서는 대포를 쏘거나 뿔피리를 불어 봉화를 대신했습니다. 그것도 불가능할 땐 봉수군이 직접 뛰어가서 다음 봉수대로 전달했습니다. 경우에 따라 역(驛)의 파발마도 이용했습니다. 보통 사람이 걸으면 시간당 10리를 가는데, 봉화의 평균 속도는 시간당 110km였다고 하니 꽤 신속한 전달체계였지요.

이를 위해 봉수군은 높은 전망대에서 보초를 서고 불이나 연기를 피울 뿐만 아니라 주변 산에서 나무를 해야 했습니다. 힘들고 피곤한 일이었기 때문에 일반 백성들은 기피하는 임무였지요. 이를 맡은 사람들이 노비는 아니었지만, 천한 역할로 여겨졌습니다. 신분은 양인지만 맡은 역할이 천하다고 해서 이런 사람들을 신량역천(身良役賤)이라 불렀습니다.

독산봉수처럼 후방에 위치한 경우에는 오장(伍長) 2명, 봉수군 6명 내외가 배치되었습니다. 임무가 밤낮으로 이어졌기 때문에 이들은 보통 2~3일을 주기로 교대근무를 했습니다. 봉화 신호를 놓치면 지역의 수령도 곤장 80대를 맞을 정도로 중형에 처했기 때문에, 봉수대 근무는 긴장된 일이었습니다. 대신 다른 부역을 대체로 면제받았지요. 봉수대 근무 때문에 생활이 곤란할 경우에는 동네의 다른 사람들이 군역을 면제받고서 봉수군의 생활비를 보태도록 했습니다. 이러한 사람들을 봉족이라 합니다.

3) 봉대산봉수에 올라

독산봉수와 밀접히 연결된 곳이 봉대산봉수입니다. 강매역 2번출구에서 철길을 넘어가는 육교를 지나면, 왼쪽으로 봉대산에 올라가는 표지판이 있습니다. 여기부터 행주누리길을 따라 1.2km쯤 올라

봉대산봉수의 현재 모습. 팔각정 오른쪽으로 체력단련시설이 보인다.

가면 해발 96m의 봉대산 정상에 도착합니다. 이곳은 봉대산봉수가 있었던 곳입니다. 이곳은 남쪽으로 강고산마을의 해포나루를 끼고 있어 해포봉수라고도 불렸습니다. 서쪽의 강매1리나 남쪽의 제2자유로 아래 굴다리 부근에서도 오를 수 있습니다. 산의 동쪽에서도 오를 수 있지만, 서울-문산 고속도로 때문에 길이 복잡해졌습니다.

정상에 오르면 이곳이 해포봉수대였다는 안내판이 있을 뿐, 봉수대 시설은 보이지 않습니다. 현재는 체력단련장과 팔각정이 있어 공원으로 이용되고 있습니다. 다만 주변에 오래 된 기와조각이 흩어져 있어 이곳이 봉수대였다는 사실을 알려줍니다.

16세기까지 이곳은 고봉산봉수에서 신호를 받아 서울 모악산봉수로 전했습니다. 앞에서 말한 독산봉수와 달리 직봉 제4로에 속했던 것이지요. 직봉 제4로는 의주에서 서해안과 연평도를 거쳐 한양으로 통하는 간선 봉수망입니다. 18세기 이후에는 봉대산봉수의 소속이 직봉 제3로로 바뀌었습니다. 앞서 말한 대로 독산봉수에서 신호를 받아 모악산으로 전한 것이지요.

이곳에서는 지금도 동쪽으로 모악산(안산)이 남산타워 왼쪽으로 잘 바라보입니다. 고봉산은 수풀이 우거진 계절에는 잘 보이지 않습니다. 하지만 봉수대를 운영할 당시에는 정상에 나무를 베어 전망이 좋았을 것입니다. 서남쪽으로는 행주산성과 한강이 잘 내려다 보입니다. 남쪽으로는 제2자유로에 무심한 자동차들이 끝없이 내달립니다. 정상 바로 동쪽으로는 서울-문산 고속도로가 산을 동서로 완전히 가르며 지나가려 합니다. 남쪽으로는 이 도로와 인천국제공항고속도로의 연결도로가 건설되고 있습니다. 경제적 효율성 때문에 지역 문화유산이 사방으로 압박을 당하는 느낌입니다.

5

한양의 출입국 관문 벽제관지
–일본으로 강탈당한 육각정–

1) 벽제관지 둘러보기

고양시 고양동 주변은 의주에서 한양으로 통하는 관서대로의 길목이었습니다. 이 때문에 벽제관이라는 사신의 숙박소 겸 객사(客舍)가 생겨났습니다. 우선 통일로의 대자 3거리에서 의정부 방향으로 3km 정도 가다가 고양 1교 앞 교차로에서 좌회전합니다. 10시 방향으로 길을 따라 500m쯤 가면 오른쪽 정면에 벽제관지가 있습니다.

초입에 2줄로 늘어선 8개의 주춧돌은 벽제관의 정문이었습니다.

높이 솟은 중앙문과 좌우의 쪽문으로 구성되었습니다. 1960년경까지 남아있다가 무너진 상태입니다.

여기서 25m쯤 더 들어가면 장대석으로 한 단을 높인 위에 주춧돌이 3줄로 늘어서 있습니다. 이는 벽제관의 본관입니다. 1911년 사진을 보면, 기둥이 3줄로 되어 있어 현재의 주춧돌과 잘 들어맞습니다. 좌우 측면에서 보면 팔작지붕 모양인데, 중앙 부분은 지붕이 위로 조금 솟아 있습니다. 이 부분만 떼어놓고 보면 일종의 맞배지붕처럼 생긴 것이지요. 다른 지역의 객사에서도 많이 보이는 모양입니다. 함께 찍은 사진을 보면 공포와 기둥의 윗부분을 연결하는 창방이 잘 보입니다.

가운데 정면에는 나무창살 같은 것이 보이고 한가운데는 열려있

벽제관 본관의 주춧돌

1911년경의 벽제관. 『조선고적도보』(1931)에 그대로 실렸다.

습니다. 이러한 건물 가운데 부분을 정청(正廳)이라고 합니다. 벽제관에서 가장 상징적인 공간이지요. 중국 황제가 조선왕에게 보내는 조서를 일시적으로 보관하는 곳입니다. 그 앞에서 중국 사신과 마중나온 관리들이 예(禮)를 갖췄습니다. 출장나온 관리들은 원칙적으로 왕의 명령을 받은 사람들이기 때문에, 객사에는 왕을 상징하는 패(牌)를 모셔놓았습니다. 이곳은 명절 때 지방관이 왕에 대한 예를 행하는 장소이기도 했습니다.

정중앙의 좌우 뒷칸으로는 원래 온돌방을 들였을 것입니다. 정청의 좌우에 딸려 있다고 해서 익실(翼室)이라고 불렀습니다. 사신이나 출장 온 관리들이 잠을 청하는 곳이지요. 이런 경우에는 굴뚝을 건물 뒤로 빼서 높이 올렸습니다. 지붕의 가운데 바로 아래 벽에는 '벽제관'이라는 현판이 있어야 하는데, 사진상으로는 보이지 않네요.

벽제관의 이용이 사실상 중단되고 조선이 멸망하면서 건물이 변형된 것입니다.

이 중에서 좌측과 우측의 세 칸은 오늘날 건물의 필로티 공간처럼 기둥과 지붕만 있고 벽이 없습니다. 이곳은 정청에 딸린 행랑의 일종인 무랑(廡廊)입니다. 벽제관은 일제강점기에 일부가 헐렸고, 6·25전쟁 때 폭격으로 무너졌다고 합니다.

2) 벽제관의 운영

벽제관은 원래 고려시대에 개경으로부터 혜음령을 넘어 남경(한양)으로 통하는 길목의 역이었습니다. 당시에는 벽지역(碧池驛)이라 불렸지요. 조선시대에는 한양으로부터 의주로 통하는 길목의 역으로 운영되었습니다. 이름이 벽제역(碧蹄驛)으로 바뀌면서 건물 이름도 벽제관이 되었지요.

더 중요한 변화도 있었습니다. 태조 이성계의 왕비인 신의왕후의 묘는 개성 부근에 있었습니다. 왕이 한양에서 그곳으로 성묘를 가려면 벽제역을 거쳐야 했지요. 이때 왕이 묵어가는 중요한 곳이 되었고, 사신이나 관리들이 의주 방면으로 갈 때에도 이용하게 되었습니다.

실질적으로 중요한 역할은 중국에서 온 사신이 한양에 오기 하루 전에 묵어가는 것이었습니다. 명나라 사신이었던 기순(祈順)이 남긴 시에 따르면, 자신이 도착했을 때 벽제역의 인부들이 분주하게 움직여 구름을 모으는 것 같았고, 밤에는 횃불이 줄지어 늘어섰다고 합니다. 명나라 사신을 대접하는 일은 국가의 중대사였으니, 이에 최선을 다하려 했던 조선왕조의 의중이 잘 드러납니다. 중국 사신이 오면 고위급 인사가 이곳에 와서 맞이하고 배웅도 하는 것이 관례였습니다. 다만 고양군 관아가 대자동 고읍마을에 있었을 땐 벽제역이 그 남쪽 2리에 있었습니다. 그 이전 벽제관의 위치는 알 수 없지만, 기순이 묘사한 대상은 현재의 벽제관이 아닐 것입니다.

중국 사신을 접대하는 비용은 고양군에서 부담했기 때문에 지역 백성들의 세금을 가중시켰습니다. 1625년에는 고양군의 관아가 대자동 고읍마을로부터 이곳 고양동으로 옮겨왔습니다. 현재의 벽제관은 이후부터 정착되었을 것입니다. 1755년경 이 역에는 역리(驛吏) 31명, 통인(通引) 14명, 사령(使令) 21명, 노비 60명이 소속되어 있었습니다. 이들이 움직이는 풍경은 꽤나 부산해 보였을 것입니다.

3) 일제의 벽제관 역사왜곡과 육각정 강탈

벽제관지에서 남쪽으로 50m쯤 내려오면 고양초등학교 맞은편에 '육각정'터를 알리는 안내판이 서있습니다. 이 주변의 연못에 육각정이 있었다고 추정한 것이지요. 중국 사신들이나 우리 관리들이 벽제관에서 묵다가 이 정자에서 쉬었다는 것입니다.

1918년 조선의 제2대 총독이었던 하세가와는 육각정을 자신의 고

모미지타니공원의 육각정 전경과 들보 부분. 일본식 서까래가 전체적으로는 눈꽃 형태를 띠고 있다(고양문화원, 『벽제관 육각정 바로알리기 성과보고회』, 2019.11.25).

향인 야마구치현 이와쿠니시의 모미지타니공원으로 옮겼습니다. 그는 이를 '벽제관전투'에서 조선·명 연합군에게 승리한 일본군의 전리품이라고 여겼습니다. 이와쿠니시는 이 전투에 참가한 왜군 장수 깃카와 히로이에의 고향이었고, 제1대 조선총독인 데라우치와 아베 전 총리의 고향이기도 합니다.

모미지타니공원의 육각정은 연못 한쪽의 산책길 옆에 위치하고 있습니다. 〈사진〉을 보면, 평면 형태뿐만 아니라 기둥도 6각형으로 다듬었습니다. 6각형으로 올라가는 지붕을 6모지붕이라고 하는데, 경복궁의 향원정에서도 사용되었습니다. 기둥을 연결하는 단면 4각의 창방 위에 단면 원형의 들보가 지붕을 받치고 있습니다. 이는 한국식 건축의 특징을 보존한 것입니다. 마루, 주초석 상부, 기와 일부 등도 원래 것을 유지하고 있습니다. 반면 기와의 대부분, 꼭대기인 상륜부 장식, 서까래와 외형 등은 일본식으로 수리되었습니다.

일제는 1910년 조선을 강탈할 때부터 벽제관에 대해 관심이 많았습니다. 1911년에는 벽제관보존회라는 단체도 만들었습니다. 하지만 이것은 일반적인 문화재 보존운동과는 차원을 달리했습니다. 일제는 고양동 청구아파트와 벽제관지 사이에 무단통치의 상징인 헌병파견소를 세웠는데, 조선의 역사를 지키기 위해 문화재 보존운동을 벌일 리가 없었습니다. 임진왜란 당시 그들이 조선·명 연합군에게 승리했던 여석령(숫돌고개)전투를 북쪽으로 5km 떨어진 벽제관에 억지로 연결시킨 것이지요.

1922년 일본인 학자 와타나베 무라오(渡邊村男)는 여석령전투를 별다른 근거 없이 벽제관전투라고 이름을 바꿨습니다. 명나라와 조선의 연합군을 일본군이 격파했다는 전승의 증거물로 벽제관을 내세운 것이지요. '벽제관전투'는 실제 공간을 중시해 벽제전투로 불러야 한다는 주장도 있습니다. 좀 더 정확하게 말하면 여석령전투 또는 숫돌고개전투라고 해야겠지요.

이미 2012년부터 고양시는 이를 돌려받기 위한 노력을 기울였으나, 육각정은 아직 돌아오지 않고 있습니다. 더욱 어려운 점은 육각정의 원래 위치가 아직도 정확히 확인되지 않았다는 사실입니다. 앞서 말한 안내판과 달리, 뒷면 〈사진〉에서 벽제관의 오른쪽 뒤를 보면 언덕 위에 정자 같은 것이 보입니다. 이를 근거로 육각정이 벽제관 뒤 언덕에 있었다는 주장도 있습니다. 하지만 기둥 부위가 매우 가늘어 육각정과는 큰 차이가 있습니다.

이보다 먼저 촬영된 사진에서는 벽제관 뒤의 언덕에 육각정이 보이지 않습니다. 우리나라에서 육각정은 대체로 연못에서 사용되었

벽제관 전경. 『일본지리풍속대계』 16권(1930)에 실렸다.

고, 고양초등학교 앞으로는 연못이 있었다고 합니다. 일본에서 육각정을 강탈하여 연못에 설치한 것은 기존에도 연못에 존재했을 가능성을 보여줍니다. 현재까지의 근거로 보면 육각정은 고양초등학교 앞일 가능성이 좀 더 큰 것 같습니다.

6

조선시대의 공립학교인 고양향교

1) 고양향교 둘러보기

조선왕조는 유교정치를 내세웠습니다. 이에 지역의 수령은 유교의 창시자인 공자를 제사하고 유교를 공부하는 학교를 만들어야 했습니다. 지방에 있는 학교라고 해서 이를 향교라고 불렀습니다. 한양의 성균관이 국립대학교라면 향교는 일종의 공립 중고등학교에 해당합니다. 향교는 고려시대부터 있었고, 조선시대에는 더욱 강화되었습니다. 고양 관아가 위치했던 고양동에는 고양향교가 있습니다.

고양향교의 정문인 대성문

고양동의 벽제관지 앞에서 서쪽으로 길을 가면 작은 고개를 넘으면서 길이 왼쪽으로 휘게 됩니다. 여기서 조금 더 가면 오른쪽으로 100m 정도 거리에 고양향교가 보입니다.

고양향교의 입구에는 '대성문(大成門)'이라는 현판이 걸려 있습니다. '대성전'으로 들어가는 문이라는 뜻이지요. 가운데가 높은 3문으로 되어 있습니다. 바깥에 위치해 있어서 이를 외삼문(外三門)이라 합니다. 가운데 문에는 '신도(神道)'라는 안내표지가 있습니다. 공자님과 이곳에 모신 성현의 영혼이 드나드는 곳이지요. 관람객은 오른쪽으로 들어갔다가 왼쪽으로 나와야 합니다.

외삼문으로 들어가면 정면에 '명륜당(明倫堂)'이 있습니다. 유교

고양향교의 명륜당

적 윤리를 밝히는 건물이라는 뜻이지요. 향교의 훈도(訓導) 즉 선생님이 학생들과 유교 경전을 공부하는 곳입니다. 대개 건물 가운데 마루에서 공부를 했고, 좌우의 온돌방은 훈도가 쉬는 공간입니다. 추운 계절에는 온돌방에서도 공부를 했겠지요.

명륜당은 팔작지붕을 올렸고, 지붕과 기둥 사이의 서까래가 한 줄로 되어 있습니다. 이를 홑처마라고 합니다. 명륜당의 동·서쪽에는 동재(東齋)와 서재가 있습니다. 이 건물은 학생들의 기숙사입니다. 고양군 내에서도 거리가 먼 곳에 사는 학생들이 생활하는 공간입니다.

명륜당 뒤로 돌아가면 대성전(大成殿)으로 들어가는 내삼문(內三門)

고양향교의 대성전

이 있습니다. 명륜당이 학습 공간이라면, 대성전은 제사 공간입니다. '대성전'은 유학을 크게 이룬 분, 즉 공자를 위한 건물이라는 뜻이지요.

대성전은 맞배지붕을 올렸고, 측면에는 방풍판을 댔습니다. 목조 건물에 비바람을 막기 위한 장치입니다. 방풍판이 낡게 되면 비교적 손쉽게 갈아끼울 수 있습니다. 명륜당과 달리 대성전의 서까래 위로는 단면이 4각형인 부연(附椽)을 덧대었습니다 이를 겹처마라고 하는데, 지붕을 넓게 빼기 위한 장치입니다. 건물 전면(前面)의 한 칸은 빈 공간이지요. 이는 제사의식을 위해 비워놓은 것입니다.

대성전 좌우에는 동무(東廡)와 서무가 있습니다. '무'는 곁에 딸린 건물을 가리킵니다. 대성전의 제사기능을 보완하는 역할을 합니다.

내삼문 서쪽의 전사청(典祀廳)이 제사를 준비하기 위한 건물입니다.

고양향교는 6·25전쟁 때 불탔다가 1980년대부터 복원되어 현재 모습을 갖췄습니다. 다만 전사청은 좀 더 오래 전에 지어졌다고 합니다.

2) 대성전과 동무 · 서무에 성현들을 모신 이유

대성전 안에는 유교가 탄생하는 데 중요한 역할을 한 성현들의 위패를 모시고 있습니다. 위패는 죽은 사람의 이름표 같은 것이지요. 그 사람의 영혼이 모셔져 있다는 상징물로서, 나무로 만들었습니다.

제일 중앙에는 공자의 위패가 있는데, 그 겉에는 '대성(大成) 지성(至聖) 문선왕(文宣王)'이라 써놓았습니다. 대성과 지성은 모두 공자의 업적을 중시해 붙인 칭호입니다. 문선왕은 당나라 현종이 공자에게 올린 칭호이지요. 그래서 대성전을 문묘(文廟)라고도 부릅니다. 문묘는 문성왕을 모시는 사당이라는 뜻이지요. 고지도에서는 향교 자체를 문묘라고 표시한 경우도 많습니다. 결국 대성전은 유교의 역사에서 최고의 위상을 지닌 분을 모시고 제사하기 위한 공간입니다. 그래서 제삿상 위에 위패를 모시고 그 아래에는 향로를 놓았습니다.

그 오른쪽으로는 공자의 학문을 계승한 맹자가 모셔져 있습니다.

고양향교 대성전의 공자 위패. 중앙의 위패 위에 공자의 초상화를 걸어놓았다.

유학에서 공자 다음으로 중요한 인물이지요. 그 오른쪽의 증자는 공자의 학문을 받아서 맹자에게 전했습니다. 공자 왼쪽의 자사(子思)는 공자의 손자이며 증자(曾子)를 스승으로 모셨습니다. 자사 왼쪽의 안자(顏子) 즉 안회는 공자의 제자인데, 가난하면서도 열심히 공부해 공자가 제일 아꼈습니다. 32세의 젊은 나이에 죽자, 공자는 하늘이 나를 버렸다며 탄식했습니다. 그러니까 대성전은 공자-증자-자사-맹자를 거쳐 유교가 탄생했음을 강조하면서 공자가 아낀 안자를 합쳐 5성(聖)을 모신 곳이지요.

동무와 서무에는 등급이 한 단계 낮은 인물들을 20명이나 모시고 있습니다. 동무에는 설총, 정이, 안향, 김굉필, 조광조, 이황, 이이, 김장생, 김집, 송준길이 있고, 서무에는 최치원, 주희, 문충공, 정몽

동무. 유학과 성리학의 발전에 기여한 10명의 위패가 모셔져 있다.

주, 정여창, 이언적, 김인후, 성혼, 조헌, 송시열, 박세채가 있습니다. 조선이 성리학 사회로 발전하는 과정에서 의미있는 인물들을 모아 놓은 것입니다.

중국 북송의 정이(程頤)는 이(理)철학을 발전시켜 성리학이 탄생하는 바탕을 마련했습니다. 남송의 주희는 우주의 원리와 인간의 본성을 중시하는 성리학을 만들었지요.

나머지 18명은 우리의 성현들입니다. 신라의 설총은 우리의 고유한 발음을 한자를 빌어 표기하는 이두를 만들었습니다. 하지만 유학을 본격적으로 발전시킨 인물은 최치원이지요. 고려말에 안향은 원나라로부터 성리학을 처음 들여왔습니다. 정몽주는 온건개혁을 추구하면서 고려왕조에 대한 충성을 지키려다 이방원에 의해 죽임을 당했지요. 그는 소위 온건파 사대부를 대표합니다. 이들을 계승한 사림(士林)은 조선 성종대부터 정계에 진출하기 시작했습니다. 김종직이 대표적인 인물이지요. 이들의 성리학 전통은 김굉필, 정여창, 조광조로 이어졌습니다.

성리학이 발달하면서 눈에 보이는 현상인 기(氣)와 현상을 지배하는 원리인 이(理) 중에 무엇이 중요한가를 놓고 논쟁이 벌어졌습니다. 이(理)를 강조하는 주리론은 이언적과 이황으로 이어졌습니다. 이황의 제자인 성혼은 이와 기가 공존하며 한꺼번에 일어난다고 보아 양쪽의 주장을 절충했습니다. 성혼의 제자인 조헌은 1591년 일본이 명나라 원정을 위해 길을 빌려 달라고 하자, 일본 사신의 목을 베자고 왕에게 상소한 것으로 유명합니다. 임진왜란 때 의병을 일으켰다가 금산전투에서 전사했지요.

기(氣)를 강조하는 주기론은 이이로 대표되는데, 현실개혁에 관심이 많았습니다. 이러한 주장은 김집, 송시열 등으로 이어졌습니다. 송시열은 주자학의 명분론인 삼강오륜을 사회운영의 원리로 삼아야 한다고 특별히 강조했고, 병자호란 때 조선을 굴복시킨 청에 대한 복수를 주장했습니다. 이는 북벌론의 근거가 되었습니다. 이외에도 김인후(金麟厚)는 만물의 근원인 태극(太極)과 여기서 파생된 음양(陰陽)의 위상에 대한 의견을 밝혔습니다.

성리학적 명분을 중시한 사림들은 예(禮)을 학문의 수준으로 발전시켰습니다. 예학은 김장생과 그 아들 김집, 김집의 제자 송준길로 이어졌습니다. 박세채는 예학의 구체적인 실천방법을 확립했습니다.

이처럼 향교에 모셔신 인물들은 성리학적 윤리의 형성과 발전에 공로가 큰 사람들입니다. 이는 성리학 사회를 지탱하는 명분과 밀접히 관련되었기 때문입니다. 우리 대한민국이 독립운동이나 건국, 국가발전에 크게 기여한 인물을 중시하는 것과 같은 현상입니다. 누구를 최고로 내세울 것인가에 대해서는 지금도 논쟁이 있지요. 성리학은 명분을 중시했기 때문에 이 문제가 국가적으로 크게 중시되었습니다. 현재의 우리나라 18현(賢)은 조선시대까지 전해오던 18현을 바탕으로 1961년 유림대회에서 결정되었습니다. 다른 지역의 향교에서도 같은 인물들을 모시고 있습니다.

3) 고양향교의 운영

고양향교는 이사를 많이 했습니다. 고양군의 관아가 두 번이나 옮겼기 때문입니다. 고양향교는 1428년 서삼릉 희릉 동쪽 1리에 건립되었습니다. 당시에 고양현의 관아가 희릉에 있었기 때문이지요. 1544년 고양군이 대자동 고읍마을로 이동하면서 향교도 옮겨갔습니다. 1625년 고양군 관아가 고양동 청구아파트 자리로 옮겨오면서 고양향교도 현재의 자리로 오게 되었습니다.

향교의 학생인 교생은 50명이 기준이었고 가감이 있었습니다. 나이는 대체로 10대부터 30대까지였습니다. 처음에는 양반과 평민을 가리지 않고 유교적 학식이 높은 사람들이 입학했는데, 점차 양반 교생이 평민 교생을 차별하기 시작했습니다. 양반 교생은 동재에서, 평민 교생은 서재에서 머무는 식이었지요.

교생의 명단을 향교안(鄕校案)이라고 불렀습니다. '안'은 문서라는 뜻이지요. 청금록(靑衿錄)이라고도 불렀는데, 청금 즉 푸른 소매는 유생들을 상징합니다. 청금록의 표지는 대개 파란색으로 만들었습니다. 과거시험을 보기 위해서는 향교안에 등록되어야 했기 때문에 향교안은 양반의 증표이기도 했습니다. 조선후기에는 그 지위가 양반들이 군역을 면제받는 수단으로 악용되기도 했습니다.

향교의 선생님인 교관이나 훈도는 과거합격자가 담당하기도 했지만, 지역 출신의 생원이나 진사 또는 유교적 학식이 많은 사람이 맡았습니다. 가르치는 내용은 글짓기인 사장((詞章) 즉 시와 문장, 그리고 유교 경전이었습니다. 이는 과거시험 과목에 맞춘 것이기도 하지요. 『소학』부터 공부를 시작해 좀 더 어려운 책으로 올라가며 가르쳤다고 보면 됩니다.

향교를 운영하기 위해서는 대성전의 제사, 훈도의 급료, 건물의 보수, 수업 경비 등 많은 예산이 필요했지요. 그래서 향교에는 토지를 지급하여 여기서 거두는 세금으로 운영케 했습니다. 이를 향교전(鄕校田)이라 불렀습니다. 18세기 『속대전』에 따르면 고양군의 향교는 5결을 지급받았습니다. 자신의 토지가 학전으로 편성된 농민들은 세금을 관아에 바치는 대신 향교에 바쳤습니다. 향교에는 노비도 지급되어 궂은 일을 맡았습니다. 고양군수가 위와 같이 책임지고 운영했습니다.

1894년 갑오개혁으로 과거제가 폐지되면서 향교의 교육기능은 정지되었습니다. 현재 고양향교는 음력 8월 27일 공자의 탄신일에 행하는 제사인 석전대제(釋奠大祭)를 통해 유교문화의 중심역할을 수행하고 있습니다.

7

한양 수호의 의지와 백성들의 피땀이 스며있는 북한산성

1) 북한산성을 쌓기까지

임진왜란 당시에 조선은 한양을 왜군에게 내어주는 고통을 겪었습니다. 이에 인조대까지 강화도의 성곽을 보수하고 남한산성을 건설하여 피난처로 삼았습니다. 하지만 병자호란으로 강화도는 청나라 군사들에게 차단당했고, 남한산성은 청군의 포위와 식량 부족으로 힘없이 무너졌습니다.

그 직후에 청나라는 강화도의 성곽을 무너뜨리고 조선이 더 이상 번듯한 성곽을 쌓지 못하도록 통제했습니다. 하지만 조선으로서는 도성 가까운 곳에 좀 더 안전한 피난처가 절실했습니다. 그래서 북한산에 성을 쌓자는 주장이 나왔습니다. 1675년 숙종은 김만기 등에게 북한산을 답사해 지형을 살피도록 했습니다. 하지만 막대한 비용과 붕당정치로 인한 정치적 혼란 때문에 이를 실행에 옮기지 못했습니다.

1710년에 청나라가 뜻밖의 소식을 전해왔습니다. 자기 나라의 해적이 출몰할 수 있으니 해안지역의 방비를 강화하라는 것이었습니다. 어찌보면 조선은 다른 나라 눈치를 안 보고 튼튼한 성곽을 건설할 기회를 맞이하게 되었습니다. 이후에도 북한산에 성을 쌓을지에 대해 지루한 논쟁이 이어졌지만, 1711년 2월 숙종이 단호하게 명령을 내리면서 북한산성 건설이 시작되었습니다.

공사는 4월 3일부터 시작되었습니다. 5군영의 하나인 훈련도감이 북한천 수문부터 북쪽으로 백운대를 돌아 용암문까지 2,292보(步)를 맡았습니다. 금위영은 용암문부터 보현봉까지 2,821보를, 어영청은 보현봉부터 북한천 수문까지 2,507보를 맡았습니다. 모두 합하면 12.7km에 이릅니다. 성벽을 쌓지 않은 바위절벽을 제외하더라도 8.4km가 됩니다.

이를 위해 조선은 국가총력전을 벌였습니다. 한양에서는 집집마다 식구수에 따라 부역을 나와야 했습니다. 수고비는 물론 식사도 제공되지 않았습니다. 다만 석공, 대장장이, 기와제작 기술자 등에게는 쌀 9말 등을 보수로 지급했습니다. 성벽공사는 불과 5개월 만인 9월에 완료되었습니다. 당시 정부가 이를 얼마나 강력하게 추진

『북한지』의 북한도. 북한산성 북한동역사관에 전시되어 있는 북한산성 그림이다.

했는지 알 수 있습니다. 험한 지형에서 공사를 벌이다가 죽고 다친 사람들이 부지기수였음을 충분히 짐작할 수 있습니다.

1712년 4월 숙종은 수문을 거쳐 동장대와 대동문 사이의 시단봉에 올랐습니다. 여기서 그는 시를 지어 도성의 백성들을 끝까지 지키겠다는 의지를 다졌습니다. 이때 북한산성의 서쪽 출입구가 공격에 취약하다는 의견이 나왔습니다. 그래서 다음달부터 노적사와 법용사 사이의 북한천 계곡을 가로막는 중성(重城)을 쌓기 시작해 1714년에 완성했습니다. 이로써 우리가 알고있는 북한산성이 탄생하게 되었습니다.

2) 북한산성에 주둔한 부대들

『북한지』(1745)와 『만기요람』(1808)에 따르면 훈련도감은 대서문부터 북쪽으로 돌아 백운대 일대까지 지켰습니다. 대서문에서 중성문을 지나 200여 m쯤 가다가 좌측으로 올라가면, 노적사를 왼쪽으로 돌아 바로 훈련도감 유영지 즉 주둔지가 나옵니다. 이곳은 등산금지구역이기 때문에 탐방객들은 들어갈 수 없습니다. 하지만 의상능선의 용혈봉에 올라서면 1시 방향으로 노적사와 그 서쪽의 훈련도감 유영지를 내려다볼 수 있습니다.

금위영은 용암문부터 대성문까지 지켰습니다. 원래 대동문 옆에 자리했는데, 지대가 너무 높아 비바람에 무너질 수 있다고 지적되었

금위영 이건비. 사진 중앙의 이건비에서 금위영이 대동문 옆으로부터 어영청 아래로 옮겨온 과정을 설명했다.

어영청지

습니다. 그래서 1715년 금위영은 대남문에서 중흥사로 내려오는 길목으로 옮겼습니다. 이를 기념하는 비석이 현지에 있고, 주변의 건물터와 축대를 통해 여러 건물이 있었음을 알 수 있습니다.

어영청은 대남문부터 대서문까지 맡았습니다. 어영청 자리는 금위영에서 대남문 쪽으로 이웃했는데, 현재는 대성암 구역으로 되어 있습니다.

3) 대서문에서 중성문까지

북한산성을 처음 방문하는 사람들이 가장 많이 찾는 코스는 대서문에서 중흥사까지입니다. 북한산성 제2주차장 옆의 공원 출입구에

대서문. 길이 오른쪽으로 꺾이는 곳에 위치한다. 적군이 문을 공격하지 못하도록 장소를 선택한 것이다.

들어서면 마지막 상가를 지나면서 왼쪽으로 북한천을 따라가는 길과 정면으로 대서문을 향하는 길이 갈라집니다. 북한천을 따라가면 북한동역사관까지 물소리도 들어가며 지름길로 갈 수 있지만, 계단이 좀 많습니다.

공원 출입구에서 곧장 앞으로 1km 정도 가면 북한산성의 정문인 대서문이 나옵니다. 원래 건물이 허물어져 있었는데 1958년에 수리했습니다. 현판의 "대서문"은 이때 이승만대통령이 썼다고 합니다.

문루에는 우진각(宇鎭閣) 지붕을 올렸습니다. 우진각이란 지붕의 앞뒷면이 용마루에서 직선적으로 만나고, 지붕의 좌우면이 측면에서 볼 때 삼각형을 이루는 형태입니다. 문루의 여장(女墻)은 한 칸을 하나의 돌판으로 세웠습니다. 여러 개의 돌로 쌓는 일반적인 여장에 비해 훨씬 공을 많이 들인 것입니다. 여장은 성벽 위에서 적을 공격하기 위한 엄폐 시설입니다. 여장의 구멍은 바깥으로 경사지게 뚫려 있는데, 이를 근총안(近銃眼)이라 합니다. 근접한 적을 공격하기 위한 것이지요. 출입구 아치의 양쪽 위에는 용머리가 입을 벌리고 있습니다. 이를 누혈(漏穴)이라 하는데, 문루의 빗물을 흘려보내기 위한 장치입니다.

이상은 1902년에 세키노 타다시가 찍은 모습과 거의 유사합니다. 다만 취두(용마루 끝)에 올린 잡상(雜像)은 위 사진에서 보이지 않습니다. 잡상은 나쁜 기운을 내쫓고 화재를 예방하기 위해 설치하는 상징적인 조형물입니다. 문 아래로 들어서면 뒤쪽 좌우 중간에

대서문 내부

네모난 구멍이 뚫려 있습니다. 이는 큰 문의 빗장인 장군목을 고정시키기 위한 장치입니다. 〈사진〉을 보면 그 아래로는 문짝을 달았던 구멍인 지도릿돌이 있습니다. 그런데 위에는 이런 구멍이 없어 문제가 있습니다.

문을 원형대로 복원하지 않은 것은 통행 환경과 관계가 깊습니다. 원래 공원 입구부터 대서문에 이르는 길은 오솔길에 가까웠습니다. 그런데 1958년 이승만 대통령이 올 때 고양시 삼송동의 미군부대가 와서 길을 만들어주었다고 합니다. 대서문에서 700m쯤 더 올라가면 왼쪽으로 보리사가 있습니다. 보리사는 대서문 진입로를 넓히면서 만든 일종의 별장이었습니다. 당시에는 등운각이라 불렸습니다. 당시에 이승만 대통령도 이용했고, 경기도지사도 이곳을 외빈 접대용으로 썼다고 합니다. 지금은 북한산성 북문으로 오르내리는 등산객의 쉼터 시설이 있습니다. 대서문에는 지금까지 60여 년간 차량이 드나들었으니 문짝을 제대로 복원할 만한 환경이 아니었겠지요.

대서문에서 보면 서북쪽으로 수문까지 성벽을 길게 복원해 놓았는데, 성벽 위로 여장이 없습니다. 이는 1902년 세키노 타다시의 사진에서 여장이 있던 것과 차이가 있습니다.

보리사 입구 주변의 평평한 쉼터는 예전에 식당골목이었습니다. 국립공원으로서 바람직한 모습이 아니었기 때문에, 2009년부터 모두 145동의 건물을 철거해 쾌적한 공간으로 만들었습니다. 바로 옆의 북한동역사관에서는 이러한 내력을 자세하게 전시하고

북한동역사관. 이곳은 북한산성의 군량미 등을 보관하는 하창이었다.

있습니다.

그런데 이곳은 하창(下倉)이 있던 자리입니다. 북한산성을 운영하기 위한 곡식과 무기 등을 보관하던 '아래 창고'지요. 중창(中倉)은 중흥사 앞에 있었습니다. 상창(上倉)은 중흥사에서 대남문 올라가는 길에 있었습니다.

하창 자리에서 850m쯤 올라가면 중성문이 나옵니다. 중성문도 길이 오른쪽으로 꺾여 올라가는 곳에 들어섰습니다. 동북쪽의 노적봉과 서남쪽의 중취봉 사이에 협곡을 차단하는 성벽과 함께 만들어졌습니다. 중성문의 안쪽은 일종의 내성(內城)이고 바깥쪽은 외성입니다.

중성문은 대서문보다 40년 늦은 1998년에 복원되었습니다. 이곳

중성문. 누혈에 특별한 형상을 디자인 하지 않고 빗물만 잘 빠지도록 했다.

도 문 위의 여장을 하나의 석재로 만들었는데, 총안(銃眼)이 수평입니다. 이는 비교적 멀리 있는 적을 공격하기 위한 것입니다. 문 왼쪽으로는 시구문(屍軀門)이 있습니다. 성 안에서 죽은 자가 생기면 나가는 통로이지요. 그 왼쪽의 북한천 물길에는 수문이 있었는데, 흔적만 남아 있습니다. 견고하게 만들기 위해 바위 경사면을 계단식으로 깎아내고 성돌을 쌓았지만, 1745년 이전에 떠내려갔다고 합니다.

4) 산영루에서 중흥사까지

중성문에서 600m 정도 올라가면 오른쪽으로 산영루가 있습니다. 이곳은 태고사 북쪽 계곡과 남쪽 계곡이 합쳐지는 지점이기 때문에

산영루. 철(凸)자형 평면에 겹처마와 팔작지붕을 올렸다.

북한천 계곡에서도 전망이 가장 수려합니다. 산영(山映)은 산의 투명한 빛이라는 뜻이니, 물가에 비친 북한산의 수려한 풍경을 감상하기 좋은 장소라는 것이지요.

산영루는 적어도 조선전기에 지어졌고, 쓸려내려가고 재건축하기를 반복했습니다. 원래 산영루는 중흥동 계곡을 건너는 작은 다리 위에 누각을 씌운 형태였고, 재건축할 때마다 위치와 모양이 바뀌었습니다. 『북한지』(1755)에는 산영루가 나오지 않지만, 1833년에 재건축된 이후에는 1925년 을축년 대홍수로 떠내려가기까지 현재와 유사한 형태로 있었습니다.

이곳은 성내 지휘관들이나 성밖 유명인사들이 모여 모임도 갖고 유흥도 즐기는 장소가 되었습니다. 이익, 이중환, 이덕무, 정약용,

김정희 등 이름만 들어도 알 수 있는 유명한 인물들이 이곳에서 유람하고 글을 남겼습니다.

얼마 전까지 산영루에는 길쭉한 초석들만 솟아 있었습니다. 2013년 600주년을 맞이한 고양시가 복원을 추진하여 다음해에 현재의 모습을 갖추었습니다. 초석은 계곡물에 밀려내려가지 않도록 암반을 깎아내고서 설치했습니다. 이 건물은 19세기 말~20세기 초에 촬영된 사진을 기준으로 복원한 것입니다.

이곳은 북한산성 내에서 접근도가 제일 좋은 곳이기 때문에, 산영루 앞에는 선정비(善政碑)들이 28기나 세워졌습니다. 총융청의 책임자였던 총융사를 기리는 비가 가장 많은데, 이는 1747년부터 북한산성의 관리를 총융사가 맡았기 때문입니다. 선정비는 임기 동안 통치를 잘했음을 칭송하는 기념비입니다.

산영루 맞은편에는 김문근의 선정비가 있습니다. 그는 철종의 장인으로서 영은부원군이 되었고 금위대장, 총융사, 훈련대장을 맡았던 안동김씨 세도가문의 대표적 인물입니다. 그 왼쪽 '북한승도절목'의 왼쪽 경사면 중간에는 총융사 김병기의 선정비가 있습니다. 김병기도 안동김씨 세도가문의 인물로 이조판서, 호조판서, 어영대장을 맡았습니다.

선정비에서 왼쪽으로 옛날 등산길을 따라 내려가면 제일 끝에는 신헌의 선정비가 있습니다. 그는 1876년에 일본과 강화도조약을 맺었습니다. 산영루 동쪽 길의 아래 계곡 쪽으로는 성능스님의 영세불망비(永世不忘碑)가 있습니다. 그는 북한산성 건설 이후 30년간

선정비군. 맨 앞의 것이 총융사 김문근 청덕(淸德)선정비다. 김문근을 '김공문근'(金公汶根)이라고 새겨놓았다.

이곳에 머물면서 370명 내외의 승군을 통솔하는 총섭(總攝)을 맡았습니다. 조선후기에는 선정비를 예의상 형식적으로 세워주는 경우도 많았습니다.

위에서 말한 '북한승도절목(北漢僧徒節目)'은 북한산성의 승병들을 운영하는 규정입니다. 제목은 좌우로 긴 네모칸의 맨 오른쪽에 있습니다. 1855년에 와서 사찰의 운영이 문란해지고 승병들이 흩어져 문제가 되었습니다. 이에 승병대장인 총섭의 임명을 공정하게 할 것을 제시하고 있습니다. 성 밖의 스님이 총섭이 되기를 시도하면 성내 기관에 알려서 규정을 지킬 것을 강조했습니다. 사찰 운영의 폐단도 바로잡도록 하고 있습니다. 북한산성이 건설된 지 150년 가까이 지난 상황에서 승병들의 운영이 해이해졌음을 보여줍니다.

산영루에서 조금만 동쪽으로 가면 왼쪽으로 중흥사가 있습니다. 이곳은 총섭의 집무소였습니다. 북한산성은 구역이 넓어 3군영(軍營)만으로는 수비하는 군인이 부족했습니다. 그래서 전국의 사찰에서 교대로 스님 372명을 동원하여 수비를 맡겼습니다. 이들을 총지휘하는 총섭이 중흥사에 승영(僧營)을 두고 근무한 것입니다. 이를 위해 30여 칸이었던 중흥사를 숙종대에 136칸으로 증축했습니다. 총섭의 휘하에는 북한산성 내 11개 사찰별로 승장(僧將)과 다수의 승병들이 소속되었습니다. 이것이 현재 북한산성 내에 사찰이 23개소에 이르게 된 배경입니다. 중흥사 답사기는 고려시대 편을 참고해 주세요.

5) 행궁지 둘러보기

북한산성은 유사시 조정의 피난처였고, 왕의 임시 거처인 행궁은 그 상징이었습니다. 행궁은 원래 중흥사 일대로 정해졌는데, 산사태의 우려가 있다고 하여 지금 자리로 변경되었습니다. 상원봉 아래인 이곳은 원래 상원암 자리였습니다. 성벽 공사가 완료된 다음해인 1712년 6월에 완공되었습니다.

중흥사에서 동남쪽 행궁지 방향으로 오르다가 호조창지를 지나면서 갈림길이 나옵니다. 여기서 오른쪽 청수동암문 방향으로 올라가다 보면 왼쪽에 행궁지가 있습니다. 이곳은 1915년 수해로 건물

1902년의 행궁(『건축조사보고』)과 현재의 행궁지. 위로부터 내전지, 외전지, 외행각으로 구성되었다.

이 무너져내렸습니다. 그 뒤 방치되다가 2012년부터 2014년까지 경기문화재연구원이 조사하여 대체적인 윤곽을 확인할 수 있게 되었습니다.

행궁지는 크게 3단으로 구분하여 위로부터 내전(內殿), 외전(外殿), 외행각으로 구성되었습니다. 등산로에서 행궁지 아래로 들어서면 장대석과 흙이 약간 어지럽게 얽혀 있습니다. 이 중에서 제일 끝의 가운데 부분은 행궁 출입구인 외(外)대문의 흔적입니다. 이곳 중앙에는 삼문(三間) 즉 문짝이 3개인 대문이 있었고, 그 좌우로는 행랑채가 'ㄷ'자로 연결되어 있었습니다.

외대문을 들어서면 얼마 안 가 축대 같은 것이 보입니다. 이곳은 왕의 집무실인 외전으로 들어가는 대문 자리입니다. 좌우로는 역시 행랑채가 'ㄷ'자로 늘어서 있었습니다. 이곳을 들어서면 중앙부에 계단까지 땅이 약간 도드라져 보이는데, 이는 왕이 다니는 길인 어도입니다. 계단을 올라가면 초석들이 많이 보이는데, 이곳이 외전 건물입니다. 그 안에는 긴 네모꼴로 불룩 나온 곳이 좌우로 있습니

행궁지의 내전 터. 좌우로 솟은 부분이 온돌방의 흔적이다.

다. 이것은 외전 내에 각각 들인 온돌방입니다.

외전을 왼쪽으로 돌아 들어가면 다시 계단 위로 긴 초석들이 있습니다. 이것은 왕과 가족의 침소인 내전으로 통하는 대문입니다. 그 옆으로도 행랑채가 'ㄷ'자로 늘어서 있었습니다. 대문을 들어서면 어도를 통해 내전 건물로 가게 되어 있습니다. 내전에도 좌우로 온돌방이 설치되었습니다.

1906~1907년 사진을 보면 내전과 외전은 모두 팔작지붕으로 지어졌습니다. 외전은 지붕의 뒷면과 측면을 연결하는 귀마루에 잡상을 올렸습니다. 1910년대의 내전 사진도 이와 유사합니다. 다만 건물의 중앙에 마루가 있고 좌우에 방이 있었습니다. 내전의 오른쪽 뒤에 있는 건물지는 왕조실록의 사본이나 왕실 관련 문서를 보관하

는 보각(寶閣)으로 추정되고 있습니다.

1910년 조선왕조가 멸망하면서 행궁지는 관리가 소홀해졌습니다. 1912년부터 1915년까지는 영국 성공회가 임대해 휴양지로 사용했습니다. 이때 찍은 사진을 보면 내전지 마루 위로는 영국 국기가 걸려 있고, 영국인 신부들과 수녀들이 쉬고 있는 모습이 선명합니다. 발굴조사 당시에 프랑스제 램프가 발견되어 위 사실을 증명했습니다.

북한산성 행궁은 나라가 위급할 때 왕실의 안전을 위해 조성되었지만, 조선이 망하는 순간에는 제 기능을 할 수 없었습니다. 외국인들이 별장처럼 사용했다는 것도 가슴아픈 일입니다. 행궁을 다시 복원한다면 이러한 아픔을 치유하는 데에도 도움이 될 것입니다.

6) 북한산성 성벽 답사

북한산성은 경사가 급한 산봉우리와 기암절벽을 이어가며 12km나 뻗어 있습니다. 성벽과 여장 중에서 원래 형태를 고스란히 남긴 부분은 일부에 불과합니다. 상당한 구간은 표준화된 형태로 복원되었는데, 방식이 다른 구간도 있습니다. 복원되지 않은 구간은 원형에 가까운 곳부터 원형을 반쯤 남긴 곳과 거의 붕괴된 곳까지 다양합니다. 그러면 이를 고려하면서 대표적인 구간을 답사해 보겠습니다.

- 원효봉 서암문에서 북문까지 -

북한산성에서 가장 쉬운 성벽답사 코스는 원효봉 등산로입니다. 우선 공원 입구의 상가를 지나면서 왼쪽으로 들어갑니다. 여기서 둘레교를 건너 원효봉 서쪽으로 돌다가 '원효봉' 표지판에 따라 오른쪽으로 등산을 시작합니다. 여기서 600m 정도 올라가면 서암문부터 성벽답사가 시작됩니다.

서암문은 수문에서 올라온 성벽이 만나는 곳입니다. 암문(暗門)은 몰래 다니는 문이라는 뜻입니다. 유사시에 아군을 이동시키고 필요한 물품을 통과시키기 위한 것이지요. 등산로가 위치한 창릉천 쪽을 방비하기 위한 목적도 있습니다. 이곳처럼 암문은 원래 누각

밖에서 본 서암문. 북한천 수문으로 연결되는 오른쪽 성벽과 원효봉으로 연결되는 왼쪽이 'ㄱ'자로 연결된 곳에 조성되었다.

을 올리지 않습니다. 서암문도 성 안에서 발생한 시신을 옮긴다고 해서 시구문이라고도 불렸습니다.

문의 통로는 안팎에서 보면 아치 모양으로 만들었고, 안에 들어서면 평천장으로 되어 있습니다. 문 내부의 측면에는 장군목을 고정시키기 위한 6각형 구멍이 뚫려 있습니다. 문짝을 달았던 구멍인 지도릿돌은 위에만 있고 아래에는 없으니, 원래 모습과 차이가 있습니다.

정상으로 향하는 등산로는 성벽을 왼쪽으로 보면서 회곽로를 따라 올라갑니다. 회곽로는 성벽을 순찰하고 방어하기 위해 바로 안쪽으로 낸 길입니다. 과거에 성을 지키던 군인들이 수없이 오르내리던 길이지요. 성벽에 쌓았던 돌들을 등산로 정비에 많이 사용했

원효봉의 성곽길. 회곽로가 계단식 등산로로 변했다.

습니다.

성벽의 높이는 안에서 보면 1m 내외인 곳이 많지만, 밖에서 보면 3m가 넘는 곳도 있습니다. 성돌이 많이 무너져 원래 높이보다 약간 낮아졌다고 보면 됩니다. 성벽이 'ㄱ'자로 꺾어진 곳도 있는데, 이를 치(雉)라고 합니다. 꿩의 머리처럼 튀어나와 적을 양쪽에서 공격할 수 있는 곳입니다.

여장은 거의 무너졌지만, 부분적으로 남은 곳도 있고, 원형에 가까운 곳도 일부 있습니다. 여장 사이의 공간은 타구(垛口)라고 하는데, 적을 향해 공격할 수 있도록 공간을 비워둔 곳이지요. 이런 구분은 일부 여장에서만 확인할 수 있습니다.

원효봉 성곽길의 여장. 왼쪽 총안(銃眼)은 아래로 약간 경사지게, 가운데 총안은 거의 수평으로 만들었다.

원효봉 성곽길의 36번 성랑지. 주변에는 성랑 건물에 사용된 기와조각이 약간 흩어져 있다.

성벽을 돌다 보면 안쪽으로 조그맣게 네모난 평지가 보입니다. 이곳에는 '성랑지'라는 기둥모양 팻말이 있고, 주변에는 아이 머리만한 돌들과 기와조각이 흩어져 있습니다. 성랑은 성에 소속된 행랑이라는 뜻이지요. 군사들이 순찰을 돌다가 쉬거나 무기와 물품을 보관하는 건물입니다. 북한산성에는 성랑지가 143개소가 있었는데, 그 터가 대부분 정비되어 있습니다.

원효암 주변의 바위절벽에서는 성돌을 쌓지 않은 곳도 있습니다. 원효암의 축대에도 성돌과 비슷한 돌들이 많이 사용되었습니다.

정상의 200여 m 전부터는 성벽이 복원되었습니다. 여장마다 근총안 1개, 원총안 2개, 2단 덮개돌, 여장 사이의 타구 등을 정연하게 만들어 놓았습니다. 이러한 성벽은 원효봉 정상까지 이어집니다.

북한산성 북문. 누각이 불타 천장이 뚫려 보인다.

정상에 올라서면 남쪽으로는 대서문 동남쪽의 의상봉이 보입니다. 한국 불교에서 제일 유명한 분이 원효와 의상입니다. 전국의 사찰 중에서 두 분이 열었다는 곳이 차고 넘칩니다. 이러한 분들의 이름을 대서문의 왼쪽과 오른쪽 봉우리에 나란히 붙여놓은 것입니다. 의상봉 왼쪽으로는 문수봉을 지나 시단봉, 동장대, 용암봉, 만경대, 백운대, 염초봉까지 한눈에 들어옵니다. 이 스카이라인은 성벽 라인과 일치합니다.

원효봉에서 동쪽의 염초봉 쪽으로 내려가면 북문이 나옵니다. 북문은 원효봉과 염초봉 사이에 움푹 들어간 부분에 조성되었습니다. 안팎으로 아치를 만들었고, 문짝을 달았던 흔적이 남아 있습니다. 원래 누각이 있었는데, 1764년 훈련도감 군인의 방화로 문루가 불타버렸다고 합니다.

북문에서 동쪽으로 나아가면 염초봉, 장군봉을 거쳐 백운대까지 이어집니다. 바위절벽이 아닌 부분을 중심으로 성벽을 쌓았습니다. 이 구간은 안전 문제로 일반인의 등산이 통제됩니다. 전문적인 장비를 갖춘 사람들만 들어갈 수 있습니다. 일반 등산객은 북문에서 오른쪽으로 내려와 대동사 입구, 보리사를 지나 북한동전시관에 도착하게 됩니다.

- 용암문에서 백운대까지 -

북한산의 정상인 백운대 등산길은 성벽답사 코스이기도 합니다. 지름길로는 보리사에서 백운대로 갈 수 있지만, 성벽답사를 위해서

용암문. 여장의 가운데 총안을 길쭉하게 복원했다.

백운대 암문. 안에서 바깥으로 바라보았다.

는 중성문-중흥사를 거쳐야 합니다.

중흥사 앞에서 태고사 쪽으로 올라간 뒤, 북한산대피소를 지나 왼쪽으로 향합니다. 얼마를 가다가 성벽이 보이면 용암문이 가까워진 것입니다. 문 좌우의 기둥돌과 그 위의 문인방 즉 가로돌이 하나의 돌로 튼튼하게 만들어졌습니다. 문인방과 기둥이 직각인 성문을 평거식(平拒式)이라 합니다. 천정도 장대석 하나로 평천장을 만들었습니다. 문의 바깥쪽으로는 문짝을 달았던 흔적이 있습니다.

여기서 북쪽의 용암봉까지 성벽이 복원되어 있지만, 백운대로 향하는 등산로와는 떨어져서 달립니다. 만경대와 용암봉 사이에는 기존 성벽이 있지만 역시 만날 수 없습니다. 노적봉 입구를 지나 백운대를 올라가다 보면 백운대 암문을 만나게 됩니다. 이곳은 만경대와

백운대 정상 부근의 성벽

백운대 사이의 성벽에 설치되었고, 북한산성에서 제일 높은 곳에 자리한 문입니다. 기둥돌은 여러 개이지만 천정돌은 하나로 얹었습니다. 암문 주변의 성벽은 주변 바위를 최대한 이용해 쌓았습니다.

성벽 바깥으로 백운대 정상을 향하는 길이 있습니다. 이곳에도 성벽을 복원해 놓았는데, 여장이 없어 계단처럼 보이기도 합니다. 백운대 정상에 올라서면 북한산성을 연결하는 봉우리들이 대부분 한눈에 들어옵니다. 1919년에 정재용선생이 3·1운동을 기념해 새겨놓은 암각문도 있습니다.

- 가사당암문에서 대남문까지 -

북한산성 성벽길에서 원형을 가장 잘 간직하고 풍광도 제일 뛰어난 곳은 의상봉에서 대남문까지 이어지는 서남벽 코스입니다. 고양시가 훤히 내려다 보이는 곳도 제일 많습니다.

대서문에서 보면 동남쪽의 의상봉으로 올라가는 성벽이 보이지만, 이쪽에는 등산코스가 없습니다. 다만 대서문으로 향하다가 용암사 입구로 들어가면 의상봉의 서쪽 등산로를 오를 수 있습니다. 하지만 북한산성의 정문은 대서문이니, 이곳과 북한동역사관을 지나 법용사 입구에서 가사당암문까지 올라가도 좋습니다.

가사당암문은 의상봉과 용출봉 사이에서 백화사 쪽을 통제하기 위해 만들었습니다. 그 아래의 국녕사 때문에 국녕문이라고도 불립니다. 출입구 기둥과 천정은 직각으로 되어 있고, 성문 위로 여장을

가사당암문. 성문을 달았던 위아래 지도릿돌과 성문을 열어 고정시키는 장군목을 위한 좌우 구멍이 보인다.

복원했습니다.

남쪽의 용출봉 방향으로는 3개의 총안에 2겹의 덮개돌을 올린 여장들이 복원되어 있습니다. 그러다가 여장이 거의 그대로 남아 있거나 일부가 무너진 곳, 여장의 흔적만 있는 곳, 여장 아래만 남은 곳 등이 연속됩니다. 불완전하지만 1711년 당시의 원형에 가까워 정겨운 느낌이 듭니다.

용출봉에 올라서면 문수봉 방향의 봉우리들과 문수봉에서 뻗어 내린 승가봉과 비봉이 한눈에 들어옵니다. 비봉의 진흥왕순수비는 육안으로 잘 보이지 않지만, 망원경으로 보면 봉우리 정상에 가까운 우측 경사면에 살짝 비어져나온 비석 윗부분이 보입니다. 줌카메라

가사당암문과 용출봉 사이 성벽의 여장. 원래 총안 위로 납작한 돌을 3단 이상 올린 것으로 보인다.

로 찍어서 확대하면 쉽게 알 수 있습니다. 비봉에 직접 올라가 본 분은 금방 알아차릴 것입니다.

용출봉에서 용혈봉 사이에는 성벽이 무너져 얕은 담장이나 성벽의 기초처럼 보이는 곳이 많습니다. 용혈봉과 중취봉 사이도 마찬가지입니다. 이들 봉우리에서는 노적봉 서남쪽의 훈련도감 터, 노적봉 남쪽의 태고사가 잘 내려다보입니다.

중취봉에서 부왕동암문으로 향하다 보면 1711년 당시의 여장들이 가장 잘 보존된 구간이 나옵니다. 이를 보면 총안 위로 덮개돌이 덮인 점은 공통적인데, 사용된 돌의 모양은 제각각입니다. 주변에서 구할 수 있는 돌을 상황에 맞게 최대한 활용했음을 알 수 있습니

부왕동 암문에서 중취봉 방향의 여장. 숙종대에 만든 여장의 대표적인 사례다.

다. 총안 위의 덮개돌은 대체로 여러 장을 겹쳐 올렸습니다. 여장 사이의 빈 공간인 타구는 없는 경우도 많았던 것 같습니다.

부왕동 암문 직전에 성곽이 'ㄱ'자로 꺾이는 부분은 고려시대 중흥산성 위로 구축되었습니다. 이 구간에도 본래 모습의 여장들이 많이 보입니다.

중취봉과 나월봉 사이에는 부왕동암문이 설치되었습니다. 이 문은 중흥사와 삼천사 계곡 사이를 통제하기 위한 것입니다. 문의 바깥쪽 위는 아치로 만들었고, 안쪽은 평천장으로 만들었습니다. 문밖의 아치 위로는 '남소문(南小門)'이라고 새겨져 있습니다. 문 위로는 기존 성돌을 활용해 여장을 복원했습니다. 부왕동암문 동남쪽으로는 나월봉과 나한봉이 이어집니다. 이 부근에서는 삼각산 즉, 백운

나한봉 치성. 치성 위로 삼송동 지축동 일대와 창릉천이 보이고 있다.

대, 인수봉, 만경대가 나란히 바라보입니다.

나월봉을 지나서 나한봉-청수동암문-문수봉 일대에는 여장을 올리지 않고 복원한 성벽들이 여러 군데 이어집니다. 그 중에서 나한봉 치성은 주변이 절벽으로 둘러싸여 조망이 좋습니다. 한강 일대뿐 아니라 날이 좋으면 강화도 일대까지 보이니까요. 이곳에서는 기와들이 많이 나와서, 원래 건물이 있었음을 알려줍니다.

나한봉과 문수봉 사이에는 청수동암문이 있습니다. 이 문은 탕춘대성과 비봉 방면을 통제하기 위해 만들었습니다. 앞뒤로 평천장을 올렸고, 위에는 여장 없는 성벽으로 복원했습니다. 문수봉 주변의 암벽 사이에도 꼼꼼하게 성벽을 쌓았습니다. 대남문에 가까워지면 여장까지 복원한 성벽이 나타나 멀리 용암문 일대까지 이어집니다.

가사당암문에서 대남문에 이르는 코스는 가장 다양한 모양의 성벽을 보여줍니다. 1711년 당시의 성벽이 어떤 모양이었는지에 대해서도 많은 생각을 던져줍니다. 기암절벽을 오르내리며 돌을 나르고 쌓았던 사람들이 아래를 내려다보며 무슨 생각을 했을지 궁금해집니다.

| 참고문헌 |

1. 임진왜란의 전세를 뒤바꾼 격전의 현장 행주산성

강성문, 「행주대첩에서의 권율의 전략과 전술」『임진왜란과 권율장군』, 전쟁기념관, 1999.

양정석, 「고고학적 조사를 통해 본 행주대첩에 대한 재검토」『향토서울』79, 2011.

전쟁기념관 외, 『420년을 넘어 다시 보는 임진왜란』, 2013.

2. 권율장군을 기리는 조선후기의 사립학교 행주서원

3. 부처님의 몸으로 의주로를 지킨 동산동 밥할머니 석상

4. 군사정보 네트워크의 기지국인 문봉동 독산봉수와 봉대산봉수

김주홍, 『조선시대의 연변봉수』, 한국학술정보, 2010.

육군본부, 『한국군사사』13-군사통신·무기-, 2012.

5. 한양의 출입국 관문 벽제관지

김경록, 「조선시대 벽제관의 군사, 외교적 의미」『군사』106, 2018.

고양시, 『고양 600년 벽제관 육각정 환수의 의미와 전략 학술세미나』, 2013.5.9.

고양문화원, 『벽제관 육각정 바로알리기 성과보고회』, 2019.11.25.

6. 조선시대의 공립학교인 고양향교

7. 한양 수호의 의지와 백성들의 피땀이 스며있는 북한산성

성능(원영환 역), 『북한지』, 서울특별시, 1994.

경기문화재단 외, 『고양 북한행궁지 2차 발굴조사 보고서』, 2015 : 고양 북한행궁지 3차 발굴조사 보고서, 2016.

경기문화재연구원, 고양 북한행궁지 4차 발굴조사 보고서 -상원암지-, 2017.

경기문화재연구원 외, 『북한산성 성랑지 및 성벽 학술 발굴조사 보고서』, 2015 : 『사적 제162호 북한산성 성벽 및 부속시설 1차 발굴조사』, 2016 : 『사적 제162호 북한산성 성벽 및 부속시설 2차 발굴조사』, 2017.

Ⅴ. 조선시대 고양시의 왕릉과 무덤

역사 개관

왕릉과 무덤의 고장이 된 사연

무덤은 죽은 자의 영혼이 쉬는 공간입니다. 선사시대에는 시신을 들짐승으로부터 보호하고 질병 감염을 막는 기능이 중요했습니다. 지배자가 출현하면서 생전의 권력과 행복을 무덤 속으로 연장하려 했습니다. 신라말에 풍수지리설이 들어오면 색다른 기능이 추가되었습니다. 좋은 혈(穴)자리에 무덤을 써서 죽은 자의 영혼이 생기를 받고 이를 통해 후손들이 복을 받도록 기원한 것입니다.

고양시의 공릉천과 창릉천 사이에는 북한산의 동생격인 양주 노고산에서 뻗어온 산줄기가 성사동 국사봉, 문봉동 견달산, 중산동 고봉산으로 이어집니다. 국사봉 직전에 갈라진 산줄기는 강매역 남쪽의 봉대산까지 이어집니다. 창릉천 남쪽으로는 북한산에서 뻗어온 산줄기가 창릉동 매봉을 거쳐 대덕동 대덕산까지 이어집니다. 이러한 산들과 그 앞의 하천들은 풍수지리적으로 좋은 자리를 수없이 만들어냈습니다.

조선시대 왕릉은 도성에서 100리 이내에 조성하는 것이 원칙이었습니다. 너무 멀면 왕이 성묘하러 가기도 번거로웠기 때문입니다. 마침 고양은 한양에서 가까울 뿐만 아니라 왕릉을 쓰기에 좋은 지형적 조건을 잘 갖추고 있었습니다. 이 때문에 고양에는 서삼릉과 서오릉이라는 왕릉 구역이 자연스럽게 생겨났습니다.

양반 사대부들도 조상을 존중하고 후손의 번창을 기원하기 위해 최대한 좋은 자리에 묘를 썼습니다. 고양에는 이러한 조건을 잘 갖춘 곳이 많았습니다. 기철과 기황후의 후손인 행주기씨, 이색의 후손인 한산이씨, 단종의 원혼을 달래준 사연을 간직한 밀양박씨 등은 고양 지역에 오랜 세월 동안 거주하면서 자연스럽게 큰 묘역을 이루었습니다. 이외에도 고양시에는 조선시대의 유명한 인물들이 수없이 많이 잠들어 있지만, 여기서는 역사적 비중이 크고 고양 시민들이 접근하기가 비교적 쉬운 무덤들을 중심으로 소개하겠습니다.

1

기황후 · 기철 집안의 행주기씨 묘역

1) 행주기씨의 터전 행주내동과 원당역 일대

지하철 3호선의 원당역 주변은 고양시에서 비교적 일찍 시가지가 형성된 곳입니다. 그 이전에는 앞쪽의 대장천을 바라보며 뒤로는 해발 130m의 성라산(베라산)으로 둘러싸여 편안한 느낌을 주는 곳이었습니다. 이곳은 원래 행주기씨의 터전이었습니다.

행주기씨의 근거지는 원래 행주, 즉 행주내동과 행주외동 일대였습니다. 행주산성 북문에서 동북쪽 성벽 아래를 바라보면 행주내동을 향해 비석이 서 있습니다. 비문에는 행주기씨인 기황후(奇皇后)

가 이곳에서 태어나 자랐다고 되어 있습니다. 기황후는 2013년 말부터 2014년 초까지 방영된 드라마의 제목이기도 합니다.

기황후 유허비. 1966년 행주기씨 집안에서 세웠다. 유허는 옛터를 말한다.

행주기씨는 적어도 12세기 이전부터 중앙에 진출해 상당한 세력을 형성한 것으로 보입니다. 『신증동국여지승람』에 따르면, 무신정변(1170)에도 불구하고 행주기씨가 끝까지 왕실을 보좌했다고 전하기 때문입니다.

기자오의 딸로 태어난 기황후는 원나라에 공녀(貢女)로 끌려갔습니다. 물건처럼 바쳐진 여성들을 공녀라고 하지요. 이들은 원나라에서 귀족의 노비나 첩이 되었습니다. 기황후는 1333년 고려 출신 환관이었던 고용보의 추천으로 궁녀가 되었습니다. 이후에 황제인 순제의 눈에 띄어 총애를 받았습니다. 『원사』 후비열전에서는 그녀가 천성이 총명할 뿐만 아니라, 음식이 생기면 칭기스칸을 모시는 태묘(太廟)에 먼저 바친 뒤에야 먹었다고 했습니다. 이역 땅에서 살아남기 위해 그녀가 얼마나 노력을 했는지 알 수 있습니다.

순제에게는 원래 백안홀도황후가 있었는데, 순제의 사랑을 차지한 기황후는 제2황후가 되었습니다. 기황후는 기씨 황후라는 뜻인데, 원나라에서는 완자홀도황후(完者忽都皇后)로 불렸습니다. 두 황후가 서로 경쟁하다가 기황후가 더 큰 위세를 차지했습니다. 1353년에는 14세인 아들 아유시리다라를 황태자로 만들면서 실질적인 황후의 위치를 굳히게 되었습니다.

기황후의 등장은 폐단도 가져왔습니다. 13세기 말부터 고려는 원나라의 간섭을 받고 있었는데, 기황후의 오빠인 기철 등이 권세를 부려 문제가 심각했습니다. 이에 공민왕은 기철 등을 제거하면서 반원 자주정책을 폈습니다. 1363년 이 소식을 들은 기황후는 공민왕을 끌어내려 원나라 내의 고려 왕족을 왕으로 앉히려 했습니다. 이를 위해 1만의 군사를 보내 압록강을 건너게 했다가 고려 군사들의 공격으로 실패했습니다.

이때 원나라에게 핍박받던 한족(漢族)이 양쯔강 유역을 중심으로 들고일어났습니다. 1368년에는 주원장이 명나라를 세워 원나라를 압박했습니다. 결국 수도인 대도가 함락당하면서 기황후는 황족과 함께 몽골 고원으로 쫓겨나게 되었습니다. 그 이후의 행적은 전하지 않습니다.

공민왕대에 기철은 개경에 살았지만, 행주에도 근거지를 유지했을 것입니다. 기철이 죽임을 당한 뒤 행주의 근거지가 어떻게 되었는지는 알 수 없습니다. 다만 늦어도 조선초기까지 행주기씨는 원당 일대로 근거지를 옮겼습니다. 이는 원당역 동북쪽 일대의 행주기씨 묘역을 통해 알 수 있습니다.

2) 단종에 대한 충절을 지킨 기건의 묘

조선초기에 가장 먼저 두각을 나타낸 행주기씨는 기건(1390~1460)입니다. 그는 기철의 후손은 아닙니다. 행주기씨 집안에서는 12세기 초의 기순우에 의해 행주기씨가 탄생했다고 믿습니다. 기철과 기건은 기순우의 아들 기수전에서 서로 다른 계통으로 갈라져 나왔다고 합니다. 기건은 여전히 본관을 행주라고 칭했으니, 행주기씨는 행주에서도 세력기반을 유지했을 겁니다. 조선초기에 원당역 일대는 행주내동과 함께 덕양현이었습니다. 행주기씨가 철저하게 제거당했다면, 근거지를 이렇게 가까운 곳으로 옮기기는 어려웠을 것입니다.

기건은 세종대에 음서제도로 사헌부 지평(持平)이 되어 관직생활을 시작했습니다. 지평은 정5품에 해당하는데, 과거 합격자 중에서도 강직한 성품을 가진 사람들이 주로 임명되었습니다. 그 만큼 행주기씨는 상당한 인정을 받았던 것이고, 그의 학문적 능력도 뛰어났던 것입니다. 뒤에 그는 연안군수가 되었는데, 이 지역에는 붕어가 많아 수령들은 백성들에게 이를 잡게 하여 요리를 즐겼습니다. 하지만 기건은 백성들의 고충을 생각해 6년 동안이나 붕어를 먹지 않았다고 합니다.

얼마 후에 기건은 제주목사가 되었습니다. 이전에 제주목사로 온 사람들은 이 지역의 별미인 전복 요리를 즐겼습니다. 하지만 이를 잡기 위해 해녀들이 고생하는 것을 본 기건은 3년 동안이나 이를 먹지 않았습니다. 또 제주에는 시신을 묻지 않고 바닷가에 버리는 풍습이 있었는데, 그는 육지처럼 관과 수의를 준비해 장례를 치르는 방법을 보급했습니다. 그랬더니 그의 꿈속에 노인들이 나타나 고맙다고 인사를 했다고 전합니다. 나환자들을 위한 치료소도 운영했습니다. 당시에는 구질막(救疾幕)이라 불렀습니다. 질병을 구원하는 막사라는 것이지요. 제주시 도두동에는 이를 기념하는 표지석이 있습니다.

육지로 돌아온 기건은 승진을 거듭했고, 단종이 즉위한 1453년에는 대사헌이 되었습니다. 사헌부는 관리들을 탄핵하는 기관이었으니 지금의 감사원과 같은 것이지요. 그는 어린 단종 아래서 권력을 장악했던 강맹경, 황보인, 김종서 등을 적극적으로 탄핵한 것으로 유명합니다. 그 뒤 평안도관찰사, 판중추원사가 되었는데, 세조가 단종을 몰아내고 왕이 되자, 관직을 버리고 고양으로 돌아왔습니다.

기건의 강직함과 실력을 인정했던 세조는 그에게 다섯 번이나 찾아와 관직을 주겠다고 했지만, 그는 자신이 눈뜬 장님이라고 둘러대면서 끝내 거절했습니다. 어느 날 세조는 침(針)을 가지고 와서 찌르면서 기건을 시험했으나, 그는 눈을 똑바로 뜨고 바라보면서 눈길을 피하지 않았다고 합니다. 이처럼 강직함을 드러내면서 기건은 세조에게 특별히 화를 당하지 않았습니다.

기건은 세조 6년(1460년)에 세상을 떠나 원당역 북쪽의 성라산 자락에 묻혔습니다. 원당역 1번 출구를 나와 원당골보신탕에서 왼쪽으로 들어선 뒤 소하천인 사근절천을 오른쪽에 끼고 150m쯤 가면, 오른쪽으로 '기건 묘' 표지판이 있습니다. 이곳은 덕양재와 덕양서원으로 들어가는 입구이기도 합니다.

맨앞의 건물은 행주기씨 종친회에서 묘역을 관리하는 사무소입니다. 이곳에서 양해를 구하고 왼쪽으로 돌아가면 기건 신도비가 있습니다. 신도비는 1882년에 후손인 기양연이 완공했는데, 화강암으로 만들고 팔작지붕을 올렸습니다. 기건의 생애에 대한 정리가 자세하고 비문의 상태도 좋아 고양시 향토문화재 제22호로 지정되었습니다.

여기서 동쪽으로 100m를 올라가면 기건의 묘가 서쪽을 향해 있습니다. 봉분 하나로 이루어진 이 묘에는 기건과 부인 풍산홍씨가 함께 잠들어 있습니다. 봉분의 흙이 흘러내리지 않도록 앞면에 호

기건의 묘

석을 돌렸습니다. 우측 묘비는 1966년에 세운 것입니다. 정면의 상석과 장명등, 망주석, 석양(石羊)은 모두 현대에 만든 것입니다.

장명등 좌우의 문인석은 근래에 만든 것 뒤로 색깔과 형태가 완전히 다른 것이 또 자리하고 있습니다. 앞의 것은 조관을 썼고 인공적인 초상화 느낌이 강한데, 뒤의 것은 복두관을 썼고 눈이 동그라면서도 세부적인 묘사가 약합니다. 인체의 윤곽이 장승처럼 밋밋하고, 홀을 잡은 손의 윤곽도 미미합니다. 이러한 문인석은 조선 초기에 주로 나타납니다. 이 묘의 석물 중에서는 문인석만 기건 묘를 조성할 당시의 것으로 생각됩니다. 현대식 문인석이 기건 당시의 문인석 앞을 가리고 있어 어색해 보입니다.

기건 묘 아래 우측에는 '행주기씨 선세(先世) 추모단비(壇碑)'가 있습니다. 그 옆으로는 행주기씨의 1세조인 기순우부터 기건의 아버지인 기면까지 묘비를 일일이 세웠습니다. 이 일대는 행주기씨의 도선산(都先山), 즉 집안의 조상을 모시는 산이기 때문에, 행주기씨를 칭한 시조부터 기건 이전까지의 조상들을 추모하는 것입니다. 추모단비 아래와 기건 묘 아래로는 후손들의 묘역이 조성되어 있습니다. 그 아래의 덕양재는 기건 등을 제사하기 위한 사당입니다.

3) 한석봉이 비문을 써준 기응세의 묘

기건 묘 북쪽의 산에도 행주기씨 묘역이 조성되었습니다. 사실은 기건 묘와 같은 묘역이라 해도 과언이 아닌데, 지하철 3호선이 동서

기건 묘의 문인석

로 관통하면서 양쪽이 단절되었습니다.

기건 묘 입구에는 직진하면 '기응세 묘' 방향이라는 표지판이 있습니다. 이를 따라 직진하면 지하철 3호선 굴다리를 지나자마자 갈림길에서 오른쪽으로 '기응세 묘 · 기준 묘' 표지판을 따라 들어갑니다. 이 길을 400m 정도 계속 앞으로 따라가면 행주기씨 묘역에 이릅니다.

묘역 입구 가까이부터 기건의 후손들이 잠들어 있습니다. 맨 아

덕양재와 덕의사. 왼쪽이 덕양재이고, 오른쪽이 덕의사이다.

래에는 기건의 7대손인 기수실 묘와 형제인 기수발(1596~1623) 묘가 있습니다. 그 위로는 기윤헌(1575~1624)의 묘와 그 아버지 기응세(1539~1585)의 묘가 있습니다.

기응세는 고양 8현의 한 사람인 기준의 손자이고, 한성판윤을 지낸 기대항의 아들이며, 영의정 기자헌의 아버지입니다. 기응세는 효행으로 이름이 높아 정려(旌閭)를 받았습니다. 정은 깃발이고, 여는 마을 앞의 문입니다. 정려는 충신, 효자를 기리기 위해 동네 입구에 세운 문입니다.

기응세의 묘는 쌍분으로 조성되었습니다. 아래서 보기에 오른쪽에는 부인인 선산임씨가 묻혀 있고, 왼쪽에 기응세가 잠들어 있습니다. 선산임씨는 1599년에 태어나 1583년에 45세로 죽었습니다.

기응세의 묘

봉분 바로 앞 묘비의 오른쪽 줄에는 부인인 '임씨의(之)묘'라고 되어 있고, 왼쪽 줄에는 '기응세(奇應世)의(之) 묘'라고 되어 있습니다. 이는 1586년에 세운 것입니다.

추가로 세운 앞쪽 묘비의 오른쪽 둘째줄 아래에는 정경부인 임씨가 함께 묻혔다고 했고, 셋째줄 아래에는 '기응세(奇應世)의 묘'라고 되어 있습니다. 제일 왼쪽 줄에는 명나라 연호인 만력(萬曆) 연간의 병오년(1606) 맹하(음력 4월) 망일(보름)에 세웠다고 되어 있습니다. 비문은 신숙이 짓고 중국의 주지번(朱之蕃)이 글씨를 썼는데, 뒷면의 잔글씨는 석봉(石峰) 한호 즉 한석봉이 썼습니다.

이 묘비 앞에는 장명등의 지붕이 홀로 바닥에 남아있습니다. 4면으로 팔작지붕 형태를 묘사했고, 모서리 경사면이 둥글게 처리되었습니다. 17세기 이후의 장명등은 모서리 경사면의 처리가 도드라지고 장식성이 강화됩니다. 이로 보아 이 장명등은 기응세가 사망한 16세기 말에 제작되었을 것입니다.

그 좌우의 문인석도 암질과 색상이 장명등과 비슷합니다. 두툼한 얼굴과 몸체에 조관을 쓰고 홀을 들고 있는데, 신발 끝이 잘 드러났습니다. 17세기 이후에 인물과 관복의 묘사가 형식화하는 것과는 차이가 있습니다. 이러한 특징으로 보아 문인석도 묘를 조성할 당시에 만들어졌을 것입니다.

기응세 묘는 16세기 당시 사대부의 묘를 대표하기 때문에 고양시 향토문화재 제23호로 지정되었습니다.

4) 기묘사화로 희생된 기준의 묘

기응세 묘의 문인석. 어깨를 움츠린 자세가 16세기의 왕릉 문인석과 닮았다.

기응세의 묘에서 좀 더 올라가면 건설중인 서울-문산고속도로가 길을 가로막는데, 여기서 좌측으로 70m 거리에 기준의 묘가 서남쪽을 바라보고 있습니다.

기준은 1492년 기찬의 아들로 태어났고 기건의 증손자입니다. 중종대에 사림파로 유명한 조광조의 제자였는데, 1541년에 과거에 합격했습니다. 이후 승문원부정자, 홍문관정자, 사관(史官), 시강관(侍講官) 등을 거쳐 1519년에 응교(應教)가 되었습니다. 연산군을 몰아내고 왕이 되었던 중종은 기존의 훈구파를 견제하기 위해 사림파를 많이 등용했습니다. 당시 사림파를 이끈 인물은 조광조였습니다. 기준은 조광조와 협력하여 이상적인 유교정치에 힘썼습니다.

세월이 흐르면서 중종은 이상적인 유교정치에 염증을 느꼈습니다. 이러한 마음을 읽은 훈구파는 중종을 움직여 사림파를 몰아냈으니, 이를 기묘사화(1519)라고 합니다. 조광조를 비롯해 많은 사림파들이 사형을 당하거나 감옥에 갇혔습니다. 기준은 조광조에게 아부했다는 이유로 충청도 아산으로 귀양을 갔다가 함경도 온성으로

기준의 묘

옮겨졌습니다. 그런데 아산에 있을 때 산에 올라 고향 하늘을 바라보며 어머니를 그리워한 적이 있었는데, 이것이 도망쳤다가 돌아온 행위였다는 이유로 1521년에 죽임을 당했습니다.

기준은 호가 덕양입니다. 덕양은 1413년 고양현이 탄생하기 이전 행주산성을 중심으로 원당역 일대를 포함한 지역 이름이었습니다. 기준은 고양군 사람으로 살았지만 옛 덕양과 원당 일대의 행주기씨 터전에 대한 자부심이 컸던 것입니다. 그는 억울하게 죽었지만, 얼마 뒤인 인종대에는 명예가 회복되었습니다.

기준은 하나의 봉분에 부인 윤씨와 함께 잠들어 있습니다. 1962년에 세운 왼쪽의 묘비에는 '복재선생 기준의 묘'와 '증정부인 윤씨 부좌(祔左)'라고 되어 있습니다. 참배객의 입장에서는 오른쪽에 잠들어 있다는 것이지요. 오른쪽의 묘비도 같은 해에 행주기씨 대종중에서 세웠습니다.

봉분의 호석과 그 앞의 상석, 동자상, 양석(羊石), 사자상, 그 바로 뒤의 문인석과 망주석은 모두 근래에 세운 것입니다. 조선시대에 사대부 묘의 석물은 문인석 정도만 허용되었고, 양석이나 사자상은 왕릉에만 설치될 수 있었습니다. 동물 석상은 왕이 하사한 경우에 예외적으로 설치되었습니다. 현대에 와서 이러한 석물이 조성된 것은 이해하기 어렵습니다. 기존에 문화재급 문인석과 망주석이 있는데, 그 앞에 굳이 현대식 문인석과 망주석을 세운 것도 어색해 보입니다.

기준 묘의 오른쪽 뒤 문인석. 기건 당시의 것으로 추정된다.

왼쪽 뒤의 문인석은 크기도 작고 장식성도 약하니, 기건 묘의 조성 당시에 만들어졌을 것입니다. 오른쪽 뒤의 문인석은 크기가 더 크고 얼굴 선이 크며 조관의 주름선이 뚜렷한 편입니다. 오른쪽 문인석은 보다 후대에 다시 만들어졌을 것입니다.

기준 묘는 그의 역사적 위상과 묘의 문화적 가치를 반영해 고양시 향토문화재 제17호로 지정되었습니다. 이 묘는 원래 행신동에 있었는데, 그곳이 도시화하면서 옮겨 왔습니다. 그런데 서울-문산고속도로 공사를 하면서 위치를 다시 한번 약간 옮겼습니다. 행주기씨 종친회 일을 맡고 있는 기연수 선생님의 말씀에 따르면, 기준 당시에는 주변 30만 평이 그의 사패지였다고 합니다. 사패(賜牌)는 왕이 땅을 하사할 때 주는 증명서이지요. 당시에 당당했을 위세는 도로공사 때문에 많이 위축되어 보입니다. 이 도로 동쪽으로는 서삼릉 앞부터 시작된 서울한양골프장이 들어서 있습니다. 7~8명이 골프를 치며 내는 함성소리가 아름답지 않게 들립니다.

2

이색 후손들의 터전인 도내동의 한산이씨 묘역

1) 단종에 대한 이축의 충절과 도내동 정착

고양 지역은 서울에서 가까워 조선시대에도 중앙의 정치적 상황에 비교적 큰 영향을 받았습니다. 고려에 충절을 바쳤던 이색의 후손들이 터전을 일구고 살았던 곳이기도 합니다. 덕양구 도내동의 한산이씨 묘역 일대가 바로 그곳입니다.

한산이씨는 고려시대 성종대에 충남 서천군 한산면에 근거지를 두었던 이윤경으로부터 출발했습니다. 그 후손인 이색은 성균관 대사성이 되어 인재들을 많이 육성했고, 관직이 문하시중에 이르렀습니다. 그는 위화도회군 직후에 이성계가 세운 창왕의 권위를 실질적으로 인정하려 했습니다. 이는 창왕을 허수아비로 내세워 정권을 잡으려 했던 이성계 일파에게 미움을 사게 되었습니다. 1392년 이성계는 조선을 세우고서 이색을 여흥, 장흥으로 유배시켰습니다. 유배에서 풀려난 뒤 이색은 한산백(韓山伯)에 봉해졌으나, 이를 거부하다가 1395년 죽임을 당했습니다. 그의 아들인 이종학도 정도전 등에 의해 죽임을 당했고, 손자인 이숙야도 유배지에서 세상을 떠났습니다.

이숙야의 아들인 이축은 1402년 서울에서 태어났습니다. 그가 성인이 되었을 때엔 조선왕조가 어느 정도 안정되었고, 고려의 유명한 가문 중에서 재능있는 사람들이 관리로 등용되기 시작했습니다. 이때 이축도 관직의 길로 들어서 광주목사, 사헌부 감찰, 황해도관찰사 등을 지냈습니다. 하지만 세조가 단종을 몰아내고 왕위를 차지하자 이축은 관직을 그만두었습니다.

고양 도내동으로 내려온 이축은 건지산 줄기 주변에서 농막을 짓고 살았습니다. 이곳에는 최소한 아버지인 이숙야부터 근거지가 있었던 것 같습니다. 이숙야의 묘가 도내동 홍도로에 조성되어 있기 때문입니다. 단종이 영월로 유배를 가자, 이축은 농막에 '망월(望月)'이라는 현판을 내걸고 매일 영월을 향해 절을 했습니다. 그 앞에는 연못을 파고서 은지(隱池)라고 불렀습니다. 숨어사는 사람의 연못이라는 것이지요. 연못 뒤의 산은 궐산(蕨山)이라고 했습니다. 궐은 고사리입니다. 백이와 숙제가 세상을 등지고서 고사리를 따서 먹었다는 중국 고사에 빗대어 세조의 정변을 우회적으로 비판한 것이지요.

1457년 단종이 죽임을 당하자, 이축은 농막에 '배견와(拜鵑窩)'라는 현판을 달았습니다. 견와는 두견새가 사는 움집이라는 뜻입니다. 두견새는 억울한 왕의 원혼을 상징합니다. 이축은 단종의 억울한 영혼을 더욱 열심히 추모하겠다는 의지를 밝힌 것이지요. 이러한 생활을 계속했던 이축은 1473년 72세로 세상을 떠났습니다.

2) 이축의 묘와 은지 둘러보기

중앙로 행신 지하차도에서 원흥 방향으로 가다가 도래울교에서 덕양로를 타고 서쪽으로 300m쯤 가면, 은지가족낚시터가 나옵니다. 여기서 북쪽으로 야외정원을 지나면 나오는 사다리꼴 모양의 연못이 바로 은지입니다.

은지는 지하 샘물을 이용해 이축이 만들었다고 하며, 면적은 6,600㎡입니다. 원래 은지는 입구 쪽 정원 공간도 포함했기 때문에 지금보다 2~3배 크기였습니다. 18세기 후반의 고양「지도」에서는 은지(銀池)라고 했습니다. 기존의 발음을 유지하면서 좋은 어감의 다른 글자로 바꾼 것이지요.

이 연못은 원래 지하수가 샘솟는 습지였고, 자연 상태에서는 물이 빠져나가는 곳이 없다고 합니다. 깊이는 지금보다 훨씬 얕았습니다. 그런데 동쪽으로 고양골프장이 들어서면서 연못의 물이 말라

은지 전경

서, 연못을 좀 더 파냈습니다. 연못 가운데 섬처럼 된 부분은 이때 나온 흙으로 쌓은 것이라 합니다. 이축 당시의 연못이 그대로 남아 있으면 좋겠지만, 여러 가지 형편이 녹녹치 않았던 것 같습니다.

은지 입구에서 남쪽으로 300m쯤 내려오면 서쪽으로 한산이씨 묘역이 있습니다. 은성장로교회 맞은편인 길가 서쪽에 큰 비석 두 기가 나란히 서있지요. 왼쪽은 1979년에 세운 인재공 이종학의 신도비입니다. 이종학은 이색의 아들이지요. 신도비는 무덤을 안내하는 비석입니다. 오른쪽은 2002년에 세운 '이축선생 유적비'입니다. 두 비석 왼쪽의 전봇대에는 '이축선생 묘' 표지판이 달려 있습니다. 여기서 오솔길로 100m를 들어가면 묘역이 나옵니다. 맨앞의 이광원 묘 뒤에 이축의 묘가 있습니다.

이축선생 묘 전경

이축 묘의 문인석

동남쪽을 향해 자리잡은 이 무덤에는 이축이 홀로 잠들어 있습니다. 봉분 바로 앞의 묘비 마지막에 '해주목사 이공(李公)의(之) 묘'라고 되어 있고, 부인에 대한 내용은 없습니다. 묘비 위에는 인공적인 보호시설을 만들어 올렸습니다. 묘비의 윗부분을 둥그렇게 처리하는 양식은 이축이 사망한 15세기에 많이 유행했습니다.

문인석은 동그란 눈에 복두관

을 쓰고 있는데, 얼굴의 윤곽 표현은 미미합니다. 홀과 이를 쥔 손의 묘사도 마찬가지입니다. 공복의 소매는 자연스럽게 늘어지면서도 굴곡이 두드러지지 않습니다. 이러한 양식은 15세기 문인석에 많이 보입니다. 또한 밋밋하면서도 날씬한 신체 윤곽으로 보아 이축이 사망한 15세기 당시에 만들어졌을 것입니다. 이러한 중요성을 고려해 이축 묘와 은지는 함께 고양시 향토문화재 제36호로 지정되었습니다.

이축의 부인 이천서씨의 묘는 이곳에서 서남쪽으로 150m 떨어져 있습니다. 한산이씨 묘역에서 유일하게 평면 6각형의 호석을 돌렸고, 봉분도 여기에 맞췄습니다. 봉분 앞의 묘비에는 '정부인(貞夫人) 이천서씨의(之) 묘'라고 되어 있습니다. 그 아래 쓰여진 '자좌(子坐)'

이천서씨의 묘. 평면 6각형으로 2단의 호석을 돌렸다.

는 북쪽을 등지고 남쪽으로 자리 잡았다는 것입니다. 방향에서 '자(子)'는 북쪽인데, 묘자리에서는 머리 방향(頭向)이 북쪽이란 의미로 쓰입니다. 원래 묘비는 6·25전쟁으로 깨져 1957년에 다시 세운 것입니다.

제사를 지내기 위한 상석과 이를 고인 고석은 원래 것으로 보입니다. 문인석은 이축 묘의 것보다 훨씬 작고 약간 통통하지만 얼굴 생김새와 신체의 묘사는 거의 같습니다. 이축 묘와 비슷한 시기에 만들어졌다는 것이지요. 이러한 특징과 독특한 봉분 형태로 인해 이천서씨 묘는 고양시 향토문화재 제53호로 지정되었습니다.

3) 연산군·중종대의 사화와 이유청의 운명

이축은 세조와 등지고 살았지만, 그 후손들에게는 적지 않은 변화가 있었습니다. 이축의 아들인 이훈(李塤: 1429~1481)은 세종대왕의 둘째형인 효령대군의 외동딸과 결혼했습니다. 집안의 적이었던 왕실을 끌어들임으로써 순탄한 길을 개척했다고 볼 수 있습니다. 그는 경기도관찰사, 한성부판윤, 의정부좌참찬을 지냈고 한성군(韓城君)이라는 칭호도 얻었습니다. 죽은 뒤에는 성종 임금에게 안소공(安昭公)이라는 시호를 받았습니다.

이천서씨 묘의 아래에는 안소공과 관련된 사당이 있습니다. 이 건물은 6·25전쟁으로 파괴되었는데 맞배지붕으로 다시 지은 것입니다. 사당 앞의 가운데 위에는 '부조지묘(不祧之廟)'라고 쓴 현판이 걸려 있습니다. '조'는 먼 조상의 위패를 다른 조상의 사당에 합쳐

안소공과 인재공 사당. 이색의 아들인 이종학과 이축의 아들 이훈을 기리고 있다.

모신다는 뜻입니다. 그러니까 부조지 묘는 이곳의 사당에 계신 조상을 영원히 모시겠다는 의미지요. 그 대상은 안소공 이훈입니다.

'부조지 묘' 왼쪽에는 '인재공사당'이라는 현판이 걸려 있습니다. 인재공 이종학의 묘는 장단에 있어 왕래가 불가능하기 때문에, 1978년 이 사당을 다시 지으면서 인재공도 함께 모셨다고 합니다.

이훈의 아들인 이유청(李惟淸)은 성종 17년(1486) 과거에 합격해 지평(持平), 장령(掌令), 집의(執義) 등을 지냈습니다. 그런데 연산군대의 무오사화(1498)에서는 사림들이 화를 당했고, 이미 죽었던 김종직의 시신을 묘에서 파내 목을 자르는 형벌을 내리게 됩니다. 이유청은 이러한 조치에 반대하다가 삭주로 유배를 갔습니다. 그는 3년 만에 돌아왔지만, 폐비 윤씨 문제로 갑자사화(1504)가 일어나

다시 관직을 잃었습니다.

중종 반정(反正)으로 연산군이 물러나면서 이유청은 다시 관직에 등용되었습니다. 이후에 대사헌, 호조참판, 우의정 등을 거쳤습니다. 기묘사화(1519)에서는 사림의 지도자인 조광조를 처벌하는 데 앞장섰습니다. 기존에 사림파를 옹호했던 것과는 입장이 바뀐 것이지요. 이를 계기로 이유청은 한원군(韓原君)에 봉해졌고, 벼슬이 좌의정, 영중추부사까지 올랐습니다.

한산이씨는 고려말에 이성계와 대립한 이래 조선초까지 험난한 길을 걸어 왔습니다. 하지만 이훈과 이유청에 걸쳐 조선왕조와 화해를 했고 비교적 순탄한 길을 걸었습니다. 특히 이유청은 이러한 변화에 결정적인 역할을 한 것입니다.

4) 이유청의 묘와 한산이씨 묘역

이축 묘의 뒤로는 병조좌랑과 지평을 지낸 이덕형(1576~1629)의 묘가 있고, 그 뒤로는 인재공 이종학(李鍾學: 1361~1392)과 부인 양성군(陽城郡) 부인 이씨를 추모하는 신단(神壇)이 있습니다. 이종학은 이색의 아들인데, 합천에서 사망하여 묘의 위치가 불확실합니다. 하지만 그가 한산이씨에서 차지하는 위상이 높기 때문에 신단을 만들어 놓은 것이지요.

그 위로는 산신에게 제사하는 상석과 향로석이 마련되어 있습니다. 그 아래 왼쪽으로 이유청의 묘가 남쪽을 향해 들어섰습니다.

이유청의 묘. 왼쪽 문인석 뒤로 무덤 조성 당시의 상석이 놓여 있다.

봉분 앞의 상석은 6 · 25전쟁으로 깨져 새것으로 교체되었습니다. 그 앞의 장명등은 사방으로 팔작지붕을 올렸지만, 굴곡선이 간결하고 부드러운 편이어서, 17세기 이후의 각지고 세밀한 표현과 대비가 됩니다. 등불을 넣는 화창(火窓) 아래 사각면의 장식도 여린 편이어서, 무덤 조성 당시인 16세기 장명등의 특징을 잘 보여주고 있습니다.

장명등 왼쪽의 묘비에는 근래에 돌로 보호각을 만들어 씌웠습니다. 오랜 세월에 글씨가 많이 지워졌지만, 가운데 아래를 보면 '한원군(韓原君) 이공의(之)묘'를 확인할 수 있습니다. 한원군은 이유청이 기묘사화를 주도한 뒤에 받은 칭호이지요. 오른쪽의 묘비는 1957년에 세웠습니다.

이유청 묘의 문인석

아래쪽 문인석은 복두관을 쓰고 홀을 들고 있다는 점에서 이축 묘와 같습니다. 다만 등치가 훨씬 좋고, 홀과 손, 소매선 등이 실감납니다. 얼굴이 두툼하면서도 부드러운 인상이고, 관복의 선이나 전체적인 분위기도 그러합니다. 이러한 형태의 문인석은 16세기에 많이 유행했습니다. 봉분쪽의 문인석은 크기가 작고 인상이 달라 양식적으로는 이른 형태입니다.

이상의 특징이 가치를 인정받아 이유청 묘는 향토문화재 제54호로 지정되었습니다. 그 아래로는 이유청 이후 1990년에 이르기까지 한산이씨의 묘들이 조성되어 있습니다. 문화재로는 지정되지 않았지만, 문인석의 시기별 변화를 잘 보여준다는 점에서 큰 가치가 있습니다.

3

사또들의 비명횡사를 막아낸 이야기의 주인공 박충원의 묘

- 주교동 밀양박씨 규정공파 묘역 -

1) 단종의 원한을 풀어준 영월군수 박충원 이야기

우리는 어렸을 때, 부임하는 사또마다 죽어나가다가 억울한 원혼을 달래주고서 문제가 해결되었다는 이야기를 많이 들었습니다. 그 이야기는 고양시 주교동의 밀양박씨 규정공파 묘역에 잠들어 있는 박충원과 깊이 관련되어 있습니다.

조선의 제6대 단종은 세조에게 왕위를 빼앗기고 영월로 쫓겨갔다가 죽임을 당했습니다. 당시에는 시신도 제대로 수습하지 못했는데,

엄흥도라는 아전이 깊은 골짜기에 몰래 묻었습니다. 묘는 제대로 조성하지 못했고, 그가 죽으면서 단종이 묻힌 곳은 의문의 장소로 남았습니다. 그 뒤 영월군수로 온 사람들은 7명이나 연달아 갑자기 죽었습니다. 그러니 모든 관리들이 영월군수로 가는 것을 피했는데, 어느 젊은 관리가 이 자리를 희망해 임지로 떠났습니다.

신임 사또가 도착하자 아전들은 이곳은 위험하니 떠나라고 요청했습니다. 하지만 사또는 죽고 사는 것은 하늘에 달렸다고 하면서 혼자 촛불을 밝히고 방에 앉아 있었습니다. 이윽고 어떤 사자(使者)가 찾아와 사또를 수풀 속으로 안내했습니다. 그곳에서 기다리던 6명은 단종을 지키다 죽은 사육신(死六臣)이었습니다. 이들은 단종이 묻힌 이곳에 수풀이 무성하니 무덤을 만들어 달라고 사또에게 요청했습니다. 깜짝 놀라 깨어보니 이것은 꿈이었습니다. 사또가 바로 달려나가 그곳에 가보니 꿈속의 광경과 같았습니다. 이곳에 단종의 무덤을 만들어 주었더니, 사또가 죽는 일이 없어졌습니다. 그 신임 사또는 바로 박충원입니다.

이 이야기는 박충원의 신도비(1795)와 『선조실록』에 나옵니다. 사육신의 사자가 사또의 방으로 찾아왔다는 것은 그대로 받아들이기 어렵지요. 단종은 1455년 세조에게 쫓겨난 뒤 노산군으로 강등되어 영월 청령포로 귀양을 갔습니다. 그런데 1457년 세종의 여섯째 아들인 금성대군이 단종의 복위를 꾀하다가 발각되었습니다. 이를 계기로 세조는 금부도사 왕방연에게 사약을 들고 단종에게 가게 했습니다. 청령포의 광풍헌에 도착한 왕방연은 단종에게 사약을 내

밀지 못하고 망설였는데, 옆의 하인이 단종을 활시위로 목졸라 죽였습니다. 세조는 단종의 시신을 동강에 버리라고 했고, 거두는 사람은 역적으로 처벌하겠다고 했습니다. 이를 엄흥도가 수습하여 동을지산 기슭에 몰래 묻었던 것입니다.

박충원은 단종의 시신을 찾아내 그 자리에 봉분을 조성했습니다. 하지만 장명등, 망주석 등의 석물은 선조대에 마련되었습니다. 이 무덤이 숙종대인 1698년부터 장릉이라 불렸습니다. 이야기가 윤색되었지만, 박충원이 단종의 원한을 풀어주는 데 결정적인 역할을 한 것은 사실입니다.

2) 박충원 묘 둘러보기

고양시청 앞 교차로에서 벽제 방향으로 1.1km 정도 가면 왼쪽으로 늘푸른병원이 있습니다. 이 병원과 오른쪽 산 사이의 골목으로 들어서 120m쯤 가면, 오른쪽으로 밀양박씨의 중요 인물들 무덤을 안내하는 신도비 6기가 늘어서 있습니다. 이곳은 밀양박씨 규정공파 묘역입니다.

이 일대는 두응촌이라 불리는데, 안내판 뒤쪽이 제1묘역입니다. 밀약박씨는 신라 경명왕의 첫째 아들인 언침(彦忱)을 시조로 삼고 있습니다. 제1묘역에는 그의 45대손 규정공 박현, 46대손 박문유 이하의 무덤이 잘 정비되어 있습니다. 여기서는 박충원의 10대조 할아버지를 중시해 두응촌 묘역을 규정공파 묘역으로 부르고 있습니

박충원 묘 전경

다. 박재궁(朴齋宮)이라고도 불리는데, 이는 박씨를 제사하기 위한 사당이라는 뜻이지요.

박충원의 묘는 이곳에서 서북쪽으로 200m 떨어진 제2묘역의 제일 위쪽에 위치하고 있습니다. 박충원 묘는 차돌봉(백석봉)을 등지고 남쪽을 향해 들어섰습니다. 봉분 두 기 중에서 왼쪽에 박충원이, 오른쪽에 부인 성산이씨가 잠들어 있습니다. 이 내용은 1958년에 세운 우측 묘비를 통해 쉽게 확인할 수 있습니다. 둘째 줄 아래에는 '충원의(之)묘'라 했고, 셋째 줄 아래에는 '성산이씨 부좌(祔左)'라 했기 때문이지요. 묘비에서 '왼쪽'은 무덤에서 아래를 바라보는 주인공의 입장에서 왼쪽이라는 것입니다. 호석 등의 일부 석물은 근래에 현대식으로 만들었습니다. 반면 왼쪽 봉분 앞의 상석은 원래 것

박충원 묘의 신도비

으로 보입니다. 좌우에서 손을 모으고 서있는 동자석도 마찬가지입니다.

왼쪽의 신도비는 1795년에 오석(烏石)으로 만들었는데, 마모도 심하고 이끼가 많이 끼어 글씨가 거의 보이지 않습니다. 다만 위쪽에는 전서(篆書)로 '이조판서(吏曹判書) 밀원군(密原君)'이라 되어 있습니다. 밀원군은 명종 임금으로부터 받은 작호입니다. 군(君)은 왕족이나 공신만이 받을 수 있었습니다. 뒷면에는 '박공신도비'라고 새겨져 있습니다. 오래전의 탁본에서는 박충원의 행적을 자세히 확인할 수 있습니다. 둥근 느낌의 화강암 대좌에는 무늬의 흔적이 희미하게 남아 있습니다.

좌우의 문인석은 복두관을 쓰고 홀을 잡고 서있습니다. 두 눈이 크면서도 세부적인 묘사가 부족한 것은 15세기부터 내려온 특징입니다. 공복의 소매 안이 짧게 늘어지고 소매 선이 관복 아래로 자연스럽게 연결된 것은 16세기 문인석의 특징입니다. 그러니 이 문인석은 박충원의 묘가 조성된 16세기 말에 만들었을 것입니다. 망주석도 기존 것으로 보입니다.

묘소 입구에는 1617년에 세운 구(舊)신도비가 있습니다. 규정공파 제1묘역 앞 신도비들 중에서 왼쪽 두 번째도 박충원을 위한 것입니다. 박충원 묘 아래 300m 지점에는 그를 위한 사당인 영모재(永慕齋)가 1977년에 세워졌습니다. 영월 장릉의 경내에도 박충원의 공적을 기리는 비각이 있습니다.

박충원 묘를 비롯한 밀양박씨 규정공파묘역은 울타리로 보호되고 있기 때문에 제1묘역 동남쪽 맞은편의 추원재(追遠齋)에서 양해를 구해야 들어갈 수 있습니다. 추원은 먼 조상을 추모한다는 것이고, 재는 제사를 지내는 사당입니다. 밀양박씨 규정공파의 조상을 추모하기 위한 시설인 것이지요. 이 건물은 6·25전쟁으로 소실되었던 것을 1957년과 1987년에 다시 지은 것입니다.

박충원 묘는 16세기 사대부 묘의 형식을 잘 보존하고 있어 고양시 향토문화재 제26호로 지정되었습니다.

3) 박충원의 인생살이와 밀양박씨 묘역

박충원은 박조의 아들로 태어났습니다. 외숙인 행주기씨 복재선생 기준을 스승으로 삼아 공부했고, 1531년 과거에 급제했습니다. 그 뒤 홍문관, 춘추관, 예문관 등에서 근무했고, 1535년부터는 이조좌랑, 병조정랑 등을 지냈습니다. 하지만 1539년 임백령에게 탄핵을 받아 관직에 쫓겨났습니다. 그 뒤에 다시 맡은 자리가 영월군수였고, 이곳에서 5년 동안 근무했습니다.

그 뒤에는 황해도관찰사, 승정원 도승지 등을 지냈고, 1558년에는 대학자인 이황을 대신해 홍문관대제학으로 임명되었습니다. 박충원은 이를 부담스러워했지만, 명종은 '대제학병조판서박충원(大提學兵曹判書朴忠元)'이라고 10글자를 직접 써서 자격이 충분하니 사양치 말라고 하여 이를 맡았다고 합니다.

이외에도 박충원은 충청도관찰사, 이조판서, 호조판서, 형조판서, 한성판윤 등을 거쳤습니다. 그런데 선조 4년(1571) 을사사화로 인한 공로를 논의하는 과정에서 신진세력이 득세하게 되었고, 박충원은 삼사(사헌부, 사간원, 홍문관)의 탄핵을 받아 면직되었습니다. 하지만 그 뒤에도 이조판서, 지중추부사 등을 맡았습니다. 1572년 이후에는 건강이 악화되어 집에서 5년간 병 조리를 했고, 1581년에는 감기가 악화되어 75세로 세상을 떠났습니다.

박충원은 중종대에 벼슬을 시작해 인종·명종·선조대까지 화려한 관료의 길을 걸었습니다. 이는 두응촌 즉 주교동 일대에서 그의 가문이 가졌던 세력을 기반으로 했습니다. 이러한 흔적은 박충원 묘 주변에 묻힌 주인공들을 통해서도 확인할 수 있습니다. 박충원 묘 바로 아래에 묻힌 그의 증조할아버지인 박미(1433~1491)는 대사간을 지냈습니다. 박충원 묘 동쪽으로 묻힌 그의 할아버지 박광영(1463~1537)은 형조참판과 경주부윤을 지냈지요. 적어도 15세기부터 내려온 집안의 관직 이력은 박충원이 출세하는 데에도 도움이 되었을 것입니다. 박충원이 집 근처의 타락산(駝駱山)을 본따 호를 낙촌(駱村)이라 한 것도 이와 무관하지 않습니다.

15세기부터 새롭게 등장한 관료세력을 우리 역사에서는 사림(士

밀양박씨 규정공파 제2묘역 전경. 맨앞은 박충원의 아들인 응현의 묘와 제단이다. 맨위에 박충원 묘가 있다.

林)이라 합니다. 이들은 조선의 건국세력으로부터 내려온 훈구(勳舊)에 비하면 개혁적인 세력이었습니다. 이는 사림이 본격적으로 등용되기 시작한 성종대(1469~1494)에는 맞는 말이지만, 세월이 흐르면서 이들 사이에도 온도차가 생겼습니다. 제11대 중종부터 제14대 선조까지 주욱 벼슬을 했던 박충원은 점차 사림 중에서는 구세대가 되어 갔습니다. 박충원의 말년이었던 선조대(1567~1608)에는 이러한 세대 즉 구신(舊臣)들이 국정을 이끌었습니다. 당시 인사권을 두고 신진세력과 구신계가 대립했을 때, 박충원은 구신계에 속했습니다. 1571년에 받았던 탄핵은 구신세력 대신 신진세력이 주도권을 잡아가는 과정에서 이루어졌습니다.

하지만 그의 명예는 다시 회복되었고, 가문도 유지되었습니다. 박충원 묘 바로 아래인 그의 증조할아버지 박미의 묘 아래에는 박충원의 아들 박희현, 박의영(1456~1519), 박응현의 묘가 있습니다. 박충원 신도비에는 아들 이름이 약간 다르게 되어 있지만, 장남 계현(啓賢)은 병조판서, 손자 안세(安世)는 지돈령부사, 증손 승종(承宗)은 광해군때 의정부 영의정, 현손 자흥(自興)은 경기도 관찰사, 자응(自凝)은 홍문관 교리, 6세손(녀)가 광해군의 세자빈으로, 모두 벼슬하여 가문이 번성했다는 점에서는 차이가 없습니다. 박충원이 세상을 떠났을 때 그의 자손이 모두 50여 명이라 했으니, 가족이 크게 번성했음을 알 수 있습니다. 제1묘역의 무덤들까지 고려하면 주교동 일대에서 박충원을 비롯한 밀양박씨의 위상을 짐작할 수 있습니다.

지금은 밀양박씨 묘역과 뒷쪽 차돌봉 사이로 외곽순환고속도로가 지나가 산의 맥이 차단당한 느낌이 듭니다. 하지만 이 묘역은 조선시대 사대부 무덤 조성의 변화를 보여준다는 점에서 중요한 문화재적 가치를 가지고 있습니다.

4

창릉천의 유래가 된 용두동의 서오릉

1) 서오릉이 들어선 사연과 의경세자의 경릉

덕양구 용두동에 위치한 서오릉은 예전에는 서울 서북부의 초중고 학생들이 소풍을 오는 단골 장소였습니다. 서울에서 가깝고 산과 작은 시내가 어우러져 풍광이 뛰어날 뿐 아니라 넓은 잔디밭도 있었기 때문이지요.

이곳에 능이 조성된 것은 제7대 세조대에 의경세자의 갑작스런 죽음 때문이었습니다. 조카인 단종을 몰아내고 왕위를 차지한 세조는 죄책감에 많이 시달렸습니다. 꿈속에서 단종의 어머니 현덕왕후의 혼령이 나타나 괴롭혔던 것이지요. 이를 떨쳐내기 위해 현덕왕후의 무덤에서 관을 파내기까지 했다고 전해집니다. 그 만큼 큰아들인 의경세자에게는 왕위를 안정적으로 물려주기를 간절히 원했습니다.

의경세자는 예절도 바르고 학문을 좋아해 세자로서의 능력을 보여주었지만, 건강이 좋지 않았습니다. 그는 아버지가 단종에게 느꼈던 부담을 함께 떠안았던 것 같습니다. 잔병이 잦았던 의경세자는 1457년에 20살의 나이로 세상을 떠났습니다. 그는 낮잠을 자다가 가위가 눌려 죽었다고도 전합니다. 단종의 어머니인 현덕왕후의 저주를 받았다는 이야기도 있습니다.

아끼던 세자를 잃은 세조의 상실감은 말로 표현할 수 없었습니다. 하지만 의경세자를 좋은 곳에 안치하여 쿠테타라는 자신의 꼬리표를 떼어버리고 후손들이 왕권을 무사히 이어받기를 원했습니다. 이를 위해 풍수지리설상으로 생기(生氣) 받기에 좋은 장소를 묘지로 선정하고자 했습니다. 그래서 택한 곳이 앵봉산 아래의 서오릉 자리입니다.

이곳은 한북정맥이 사패산, 도봉산, 북한산 상장봉, 비봉을 거쳐 서남쪽으로 흘러와 혈자리로 맺힌 곳입니다. 그 방향에 맞춰 앵봉산의 서남쪽 산자락에서 찾아낸 혈자리가 바로 경릉 자리입니다. 18세기 중엽의 『해동지도』에서는 이러한 맥의 흐름을 잘 표현했습니다. 뒷면 〈사진〉에서 연신내와 은평뉴타운 박석고개힐스테이트 사이의 박석고개는 북한산과 앵봉산을 연결하고 있습니다.

북한산성 나한봉 치성에서 바라본 서오릉 뒤 앵봉산. 가운데 가로로 걸친 산이다. 북한산의 줄기가 사진 왼쪽으로 연신내-구파발 사이의 박석고개를 거쳐 앵봉산으로 이어지고 있다.

풍수지리상으로 앵봉산 서남쪽은 좌우의 산줄기가 바람을 막아주는 장풍(藏風)의 지형이고, 그 아래로는 앵봉산 안쪽에서 흘러와 서쪽으로 흘러가는 물을 남쪽의 봉산이 막아주어 득수(得水)에도 유리합니다. 그래서 풍수지리상의 생기를 잘 보존하는 곳으로 여겨진 것이지요. 경릉은 서오릉의 시초가 되었습니다.

서오릉 입구에 들어서 앞으로 주욱 가면 명릉의 재실과 순창원 입구를 지나 오른편에 경릉이 있습니다. 묘역에 들어서면 영혼과 왕이 사용하는 향(香)·어로(御路) 오른쪽으로는 제사음식을 준비하던 수라칸이 복원되어 있습니다.

제사공간인 정자각(丁字閣) 오른쪽에 비각이 있습니다. 비문에는 '조선국 덕종대왕 경릉'이라 했습니다. 덕종은 성종이 자신의 아버지인 의경세자에게 올린 시호입니다. 그 왼쪽에는 '소혜왕후 부우강(祔右岡)'이라 새겨져 있습니다. 우강은 죽은 자의 입장에서 오른쪽, 즉 정자각에서 보면 왼쪽의 언덕입니다. 부부가 좌우의 언덕에 나란히 묻힌 것이지요.

오른쪽 덕종릉의 봉분 주위에는 병풍석이나 난간석이 없고 곡장만 둘렀습니다. 석양과 석호, 석마가 한 쌍씩만 지키고 있습니다. 봉분 앞에는 상석과 장명등이 있고, 문인석이 머리에 복두관을 쓰고 홀(笏)을 들고 서로 마주보고 있습니다. 문인석은 240cm가 넘어 큰 편입니다. 머리도 다소 큰 편이고 몸이 굵어서 다부진 느낌을 줍니다. 후대 것에 비하면 어깨를 펴고 꼿꼿한 자세이며, 신체비례가 사실적이고 안정감이 있습니다. 얼굴 표정도 온화하고 자연스러운 편

덕종릉 전경

입니다. 이러한 현상은 16세기 이후의 과장된 표현과 차이가 있습니다.

의경세자는 왕위에 오르지 못한 채 죽었기 때문에 이 무덤은 세자의 예에 맞는 묘로 조성되었습니다. 그래서 왕권의 상징인 무인석이 없습니다. 세조는 이를 소박하게 만들라고 했기 때문에 무덤의 분위기에도 반영되었습니다.

그의 부인인 소혜왕후 한씨는 1455년에 세자빈이 되었습니다. 남편인 의경세자가 왕이 되지 못하고 죽어 한씨는 궁궐 밖에서 생활했습니다. 의경세자가 덕종으로 추존되자, 그녀는 왕후가 된 뒤 인수대비가 되었습니다. 학식이 깊어 한글로 된 유교적인 내용의 여성 교훈서인 『내훈(內訓)』을 썼습니다.

성종이 왕비인 윤씨와 갈등을 겪고 윤씨가 성종의 얼굴을 할퀴는 지경에 이르자, 인수대비는 윤씨를 왕비에서 끌어내렸습니다. 폐비 윤씨는 궁궐 밖에 살아야 했습니다. 얼마 후에 성종은 폐비 윤씨의 태도를 알아보기 위해 내시 안중경을 보냈는데, 인수대비가 그를 매수해 윤씨가 반성을 전혀 하지 않는다고 거짓 보고하게 만들었습니다. 이 말을 믿은 성종은 윤씨에게 사약을 내렸습니다. 폐비 윤씨의 아들인 연산군은 왕이 된 뒤인 1504년에야 이 사실을 알게 되었습니다. 연산군이 폐비 사건에 관련된 사람들을 처벌하려 하자, 인수대비는 이를 꾸짖으며 말렸습니다. 화가 난 연산군은 할머니인 인수대비를 머리로 들이받았고, 그 충격으로 인수대비는 바로 뒤 68세로 세상을 떠났습니다.

소혜왕후 릉의 석물. 덕종릉과 달리 문인석과 무인석이 각각 서로 마주보고 있다.

일반적인 경우라면 인수대비는 관람객이 보기에 남편인 덕종릉의 우측에 묻혀야 합니다. 그런데 이 방향에는 산이 높아 별도의 능을 조성할 만한 공간이 없습니다. 의경세자의 묘를 만들 때 세조는 이 상황까지는 고려하지 못했겠지요. 연산군은 그녀에게 감정이 많아 장례절차를 엉망으로 치렀습니다. 하루를 한 달로 계산해 진행했고, 3년을 입어야 하는 상복을 25일만 입었습니다. 하지만 형식적으로는 대비에 걸맞는 능을 조성했습니다. 그래서 덕종릉의 서쪽 언덕에 별도의 능을 조성한 것이 소혜왕후릉입니다.

이 능은 공간을 3계(階)로 나누고 봉분 주변에 난간석을 둘렀습니다. 덕종릉에 비해 문인석의 얼굴과 이목구비가 좀 더 길어졌습니다. 문인석의 복두관은 덕종릉에 비해 좁아지고 얼굴은 넓어져 몸체가 육중한 느낌을 줍니다. 덕종릉에는 없던 무인석이 둥그런 투구를 쓰고 있습니다. 목의 옆가리개가 귀 뒤까지 막고 있어 귀가 무척 큰 것처럼 보이기도 합니다.

인수대비는 왕실 여성의 모범을 보였다고 평가됩니다. 하지만 의경세자의 죽음으로 자신이 궁에서 쫓겨나는 경험을 했으면서도 성종의 왕비 윤씨를 쫓아낸 것은 매정하게 보이기도 합니다. 폐비 윤씨와 연산군에게도 책임이 있지만, 결과적으로는 본인의 인생도 비극으로 끝을 맺게 되었습니다.

2) 숙종과 그 여인들의 명릉, 익릉, 대빈묘

서오릉과 가장 인연이 깊은 왕은 조선의 제19대 숙종(1674~1720)입니다. 본인을 비롯해 세 명의 왕비, 그리고 한때 왕비였던 장희빈이 모두 여기에 잠들어 있으니까요.

서오릉 입구에서 주욱 들어오다 보면 우측으로 명릉의 홍살문이 있습니다. 바로 뒤에 향어로를 지나 정자각 우측으로 가면 비각이 있습니다. 좌측의 묘비에는 '숙종대왕 명릉(明陵) 인현왕후 부좌(祔左)'라고 써 놓았습니다. 뒷편의 봉분에서 죽은 자의 입장에서 볼 때 오른쪽에는 숙종이, 왼쪽에는 인현왕후가 잠들어 있다는 것입니다. 우측의 묘비에는 '인원왕후 부우강(祔右岡)'이라고 되어 있습니다. 우강은 죽은 자가 보기에 오른쪽, 즉 북동쪽 언덕을 가리킵니다.

홍살문에서 본 명릉. 왼쪽 뒤로 인원왕후릉이 보인다. 홍살문 가운데 위에 3태극이 그려졌다.

숙종은 14살의 나이로 즉위하여 46년간 재위하면서 적지 않은 치적을 남겼습니다. 북한산성을 쌓고 전국의 성곽을 정비했으며, 대동법을 전국적으로 확대하고 상평통보를 유통시켰습니다. 하지만 정치적으로는 서인과 남인 사이의 갈등으로 바람잘 날이 없었습니다. 이러한 상황은 숙종을 둘러싼 여인들의 운명을 갈라놓았습니다.

숙종의 옆에 잠든 인현왕후는 첫째 왕비인 인경왕후가 사망한 이듬해인 1681년 왕비가 되었습니다. 여기에는 외가쪽 친척인 서인 송시열의 뒷배경이 있었습니다. 그런데 몇 년이 흘러도 자식을 낳지 못하자, 숙종의 마음은 조금씩 멀어져 갔습니다. 대신 장옥정을 가까이하여 아들 이윤을 낳았습니다. 이윤은 훗날의 제20대 경종입니다. 하지만 장옥정은 남인 출신이었기 때문에, 당시 정권을 잡고 있던 서인들과는 사이가 좋지 않았습니다.

숙종은 이윤을 후계로 삼으려 했지만, 서인들은 왕비인 인현왕후가 아직 젊으니 더 기다려야 한다고 주장했습니다. 숙종이 강력하게 밀어붙여 이윤은 원자가 되었고, 장옥정은 내명부의 정1품인 희빈이 되었습니다. 장희빈이라는 말은 여기서 생겨났습니다.

서인의 지도자인 송시열은 이윤을 원자로 삼은 일은 취소되어야 한다고 상소를 올렸습니다. 반면 숙종은 이 기회에 서인들을 견제하고 남인들을 띄워 왕권을 안정시키려 했습니다. 이에 송시열을 제주도로 유배하고, 남인인 목래선과 김덕원을 좌의정과 우의정으로 임명했습니다. 나아가 송시열에게 사약을 내려 죽게 했으니, 이를 기사환국(1689)이라 합니다. 인현왕후는 장희빈에게 질투를 했다는 죄목으로 궁궐에서 쫓겨났습니다. 대신 장희빈이 왕비로 올랐습니다.

서인(庶人)이 된 민씨는 반성하면서 집 밖으로는 왕래를 끊었습니다. 백성들은 "미나리는 사철이요, 장다리는 한철일세!"라고 노래를 불렀습니다. 미나리는 민씨를 가리키고, 장다리는 장희빈을 가리킵니다. 장희빈은 얼마 안 가서 몰락할 것이고, 민씨가 다시 인현왕후가 되어 돌아온다는 의미입니다. 당시 유배지에 있던 김만중은 『사씨남정기』를 썼는데, 여기에는 사씨부인이 첩의 모함으로 쫓겨난다는 얘기가 나옵니다. 이 책을 본 숙종은 자신의 선택을 크게 후회했습니다.

그러던 어느 날 숙종은 밤중에 궁궐을 지나다가, 예전에 인현왕후를 모시던 무수리 최씨를 만났습니다. 이를 계기로 최씨는 이금을 낳았는데, 그가 바로 훗날의 영조가 된 연잉군입니다. 최씨는 내명부 1품인 숙빈이 되었습니다. 이제 현 왕비 장옥정에 대한 애정은 사그라들었습니다. 숙종은 장옥정을 중전에서 희빈으로 떨어뜨렸고, 남인들을 조정에서 다시 쫓아내고 서인들로 채웠습니다. 이를 갑술환국(1694)이라 합니다. 민씨는 다시 왕비로 돌아왔습니다. 하지만 몸이 약했던 인현왕후는 그 뒤 7년만인 1701년 35세로 세상을 떠났습니다.

인현왕후는 명릉 정자각 뒤의 오른쪽에 묻혔는데, 이 자리는 숙종이 정해 주었습니다. 그 왼쪽에는 자신이 묻히겠다고 다짐했습니다. 또 숙종은 왕릉을 검소하게 만들도록 강조했습니다. 가장 두드러진 점은 석물의 크기를 많이 줄인 것입니다. 예를 들면 중종의 세 번째 왕비인 문정왕후의 태릉(1565)에서는 문인석의 키가 314cm인데, 명릉의 문인석은 키가 170cm로 실제 사람 크기에 가까워졌습니다. 부분적인 묘사에서도 실물과 가까운 편입니다. 이는 조선의 제2대 왕인 정종의 후릉(1412)에 있는 문인석 크기를 고려한 것입니다. 1720년 숙종이 세상을 떠나자, 자신이 원했던 대로 명릉의 왼쪽에 묻혔습니다. 평소 숙종의 주장에 따라 모든 준비 절차는 간소하게 치러졌습니다.

여기서 동북쪽에 별도로 묻힌 인원왕후는 서인 중에서도 소론 가문 출신인데, 인현왕후가 세상을 떠난 이듬해인 1702년 세 번째로 숙종의 왕비가 되었습니다. 여기에는 장희빈의 아들 경종을 노론

세력으로부터 보호하려는 숙종의 의지가 담겨 있었습니다. 그런데 숙종이 경종보다 연잉군을 더 좋아하자, 인원왕후는 연잉군을 지지하는 노론으로 기울었습니다. 숙종이 세상을 떠난 뒤에 경종이 즉위했지만, 인원왕후는 왕대비로서 연잉군을 끝까지 지지했습니다. 경종이 즉위한 지 4년 만인 1724년에 세상을 떠나고서 연잉군 즉 영조가 즉위했고, 인원왕후는 1757년 3월에 세상을 떠났습니다. 원래 숙종은 죽기 전에 인원왕후릉의 자리를 설명한 종이를 밀봉하여 내시에게 전해 준 상태였습니다. 그 장소가 바로 현재의 인원왕후릉 자리입니다.

1701년 인현왕후가 죽었을 때, 서인들은 그 이유가 장희빈의 저주 때문이라고 주장했습니다. 숙빈 최씨는 장희빈이 궁궐 내에 신당을 차려놓고 저주했다고 증언했습니다. 장희빈의 거처인 취선당 서쪽에서 민씨를 저주하기 위한 신당도 발견되었다고 합니다. 이 말을 들은 숙종은 장희빈이 인현왕후에게 문병도 하지 않으며 중전이라 부르지 않고 민씨라고 하는 등 예의법도를 지키지 않았다고 엮어서 비난했습니다. 그 죄로 장희빈에게 자살하라고 명령했습니다. 세자인 이윤이 어미를 살려달라고 빌었지만, 장희빈은 43세의 나이로 사약을 받아 세상을 떠났습니다. 숙종을 둘러싼 인현왕후와 장희빈의 이야기는 어느 궁녀가 쓴 『인현왕후전』에 전해져 사극의 단골 소재가 되었습니다.

장희빈은 경릉 서쪽의 산비탈에 '묘'로 조성되었습니다. 원래 희빈묘는 경기도 광주에 있었는데, 1969년대 도로공사로 묘지가 수용

익릉의 향로와 어로. 경사진 지형에 맞게 3개의 계단처럼 만들었다.

되면서 이곳으로 옮겨왔습니다. 경릉에서 홍릉으로 넘어가는 길의 왼쪽에 보이는 대빈묘가 그것입니다. 이렇게 부르는 이유는 아들인 경종이 어머니에게 옥산부대빈(玉山府大嬪)이라는 칭호를 올렸기 때문입니다. 이는 봉분 앞의 묘비에 '옥산부대빈 장씨의 묘'라고 새긴 데서도 알 수 있습니다. 빈(嬪)은 궁궐 여성의 위계를 관리하는 내명부의 정1품이니, 대빈은 이보다 더 높은 것입니다.

첫째 왕비인 인경왕후 김씨는 1671년 11세로 세자빈이 되었습니다. 이후 공주 셋을 낳았는데, 1680년에 천연두에 걸려 20세의 나이로 세상을 떠났습니다. 명릉의 제사를 준비하는 건물인 재실(齋室)의 뒷편으로 들어가면, 인경왕후의 익릉이 서오릉에서 가장 높은 곳에 자리하고 있습니다. 홍살문부터 정자각 사이의 경사가 급하기

익릉의 정자각과 봉분

때문에 향로와 어로가 3개의 단으로 만들어진 것이 특징입니다.

정자각은 좌우로 3칸인 명릉과 달리 5칸으로 되어 있습니다. 이는 좌우에 한 칸씩 익랑(翼廊)을 두었기 때문입니다. 익랑은 날개처럼 달린 행랑이라는 뜻이지요. 한 칸을 빈 공간으로 두어 활용한 것입니다. 〈사진〉에서 보면 이 공간이 뚫려 있습니다. 이는 세조의 광릉을 따른 것입니다. 원래 능을 조성하기 전에 주변에 관을 안치하던 장막이 있었는데, 그 공간을 대신해 익랑을 둔 것입니다. 익릉이라는 이름은 여기서 나왔습니다.

정자각 뒤의 능침 공간은 내계와 외계 2단으로 구성되었습니다. 봉분 주변에는 난간석만 둘렀는데, 이는 현종의 숭릉에 따른 것입니다. 무인석도 숭릉과 유사하게 안구가 위아래로 두텁고 우락부락하게 처리되었고, 신발의 무늬도 섬세한 편입니다. 다만 입술의 앙다문 정도가 약화되었고, 투구 위에 상투처럼 올라간 상모는 짧아졌습니다. 익릉에는 일찍 사망한 왕비에 대한 숙종의 애잔함이 묻어납니다.

3) 홍릉, 수경원과 영조의 눈물

서오릉에서 숙종 다음으로 인연이 깊은 왕은 제21대 영조(1724~1776)입니다. 첫째 왕비인 정성왕후의 홍릉과 후궁인 영빈 이씨의 수경원이 있기 때문입니다.

첫째 왕비인 정성왕후 서씨는 1704년 연잉군과 가례를 올렸고, 1721년 연잉군이 세자인 이윤 아래의 세제(世弟)가 되면서 세제빈이 되었습니다. 영조가 살아있던 1757년 2월 66세에 자식 없이 세상을 떠났습니다.

경릉에서 예릉으로 넘어가는 고개를 지나면 오른쪽에 정성왕후가 잠든 홍릉(弘陵)이 북서쪽을 향해 자리하고 있습니다. 1757년 당시에는 이미 경릉, 창릉, 예릉, 명릉이 있었으니, 홍릉은 서오릉을 완성한 것이지요.

홍릉에 들어가기 위해서는 금천교를 건너게 됩니다. 그 앞은 우리가 머무는 속세이고, 그 너머는 정성왕후의 혼령이 머무는 신성한 구역이지요. 앞에서 소개한 능에서는 금천교가 거의 사라졌습니다.

홍살문을 지나 정자각 우측에는 비각이 있습니다. 비문을 보면

홍릉의 비각. 가운데 위에 영조임금이 새겨질 예정이었던 자리가 비어 있다.

오른쪽 첫줄에는 '조선국(朝鮮國)'이라 했고, 왼쪽에는 '정성왕후(貞聖王后)', 아래 가운데에는 '홍릉(弘陵)'이라 했습니다. 가운데 위가 빈 것은 정성왕후 옆에 묻히려 했던 '영조'가 새겨질 예정이었기 때문입니다. 영조는 정성왕후와 함께 묻히기를 원했고, 능의 조성작업도 이를 전제로 이루어졌습니다.

정자각에서 봉분을 바라보면 정성왕후가 묻힌 오른쪽의 봉분은 웬만큼 보이지만, 왼쪽에는 봉분이 없습니다. 영조는 이 왼쪽에 묻히려 했지만, 손자인 정조는 구리시 동구릉의 원릉에 영조를 모셨습니다. 이 때문에 홍릉의 정성왕후 옆자리는 영원히 빈자리로 남게 되었습니다.

장명등 좌우에서 서로 마주보고 있는 문인석의 눈매는 부드럽고 입꼬리가 미소를 머금고 있습니다. 이마는 넓고 귀불도 길어 인자한 인상을 줍니다. 머리에는 복두를 쓰고 단령(團領)을 입었습니다. 단령은 깃이 둥글다는 뜻이고, 관리들이 평소에 입는 관복입니다.

무인석은 비늘무늬 갑옷을 입고 투구를 썼는데, 투구 꼭대기의 상모에는 삼지창을 묘사했습니다. 얼굴이 작고 좁아서 앞에서 보면

홍릉의 전경. 봉분이 없는 왼쪽은 원래 영조가 들어가기로 되어 있었다.

비교적 늘씬한 편입니다. 정자각에서 바라보아도 이러한 특징을 대강이나마 살필 수 있습니다. 크기는 230cm이니, 명릉의 그것보다 26cm 정도 커졌습니다. 18세기 초의 명릉에서는 갑자기 작아졌다가 조선초기의 문인석 크기에 가까워진 것입니다.

영조가 홍릉에 묻히지 못한 것은 수경원에 묻힌 영빈 이씨의 아들과 관련이 깊습니다. 수경원은 명릉의 재실 뒷편에 있습니다. 영빈 이씨는 1726년에 영조의 후궁이 되었고, 1730년에 내명부 정1품인 영빈에 올랐습니다. 그 뒤 이선 즉 사도세자를 낳아 영조에게 큰 사랑을 받았습니다. 정성왕후는 자식을 낳지 못했고 정빈 이씨가 낳은 효장세자는 일찍 죽었기 때문에, 사도세자는 유력한 왕위 계승자로서 주목을 받았습니다.

홍릉의 무인석. 오른쪽으로는 문인석의 윗부분과 망주석이, 왼쪽으로는 석마가 보인다.

1749년 영조는 건강 문제를 이유로 사도세자에게 대리청정을 맡겼습니다. 남인과 소론은 이를 찬성했지만, 새로 왕비가 된 정순왕후와 노론은 이를 막으려 했습니다. 이들 사이의 갈등 속에서 사도세자는 정신적인 고통을 받았고, 돌발적인 행동으로 영조의 속을 상하게 했습니다. 결국 영조는 아들을 뒤주 속에 가두어 죽게 했지요.

영빈 이씨는 아들이 폐위당하는 속에서도 크게 동요하지 않았다고 합니다. 그 뒤 1764년 69세로 세상을 떠나자, 영조는 연세대학교 루스채플 건물 자리에 의열묘라는 무덤을 만들었습니다. 자신의 후계자를 낳아 결과적으로 세손 이산(정조)이 있게 한 공로를 인정한 것입니다.

1899년 사도세자가 장조의황제라는 시호를 받으면서 영빈 이씨의 무덤은 묘에서 수경원으로 격상되었습니다. 원(園)은 세자나 후

수경원 전경. 정면의 묘표에 '영빈 전의이씨의 묘'라고 쓰여 있다.

궁의 무덤을 말합니다. 1970년 수경원은 연세대학교에서 이곳으로 옮겨왔습니다. 현재 수경원 입구 우측에는 1899년에 만든 표석이 서 있는데, 앞면에는 '대한 소유(昭裕) 영빈 수경원'이라고 되어 있습니다.

봉분 주위에는 석양과 석호가 각각 두 마리씩 지키고 있습니다. 왕릉에서는 이것들이 각각 4마리씩이고 무인석이 있으니, 원(園)이 한 단계 낮다는 것을 알 수 있습니다. 정면 앞의 장명등은 지붕을 십자각 형태로 화려하게 만들었습니다. 그 좌우에는 문인석과 석마 한 쌍이 각각 서로 마주보고 있습니다.

문인석은 복두관모가 아니라 조관을 쓰고 있습니다. 조관은 관리들이 행사 때 쓰는 모자인데, 18세기에는 사대부 묘에서 많이 보입니다. 키는 163cm에 불과하지만, 얼굴과 인체의 표현이 정교합니다. 계란형 얼굴에 긴 눈꼬리, 오똑한 매부리코에 미소를 짓고 있어 사실적입니다. 전체적으로 격식은 사대부 묘에 가깝지만 영빈 이씨에 대한 영조의 애정이 잘 묻어납니다. 이는 묘표의 뒷면에 영조가 쓴 애도의 글에서도 엿보입니다.

정조는 할아버지 때문에 아버지 사도세자가 죽어가는 과정을 눈으로 똑똑히 보았습니다. 아비를 살려달라고 애원했지만 할아버지 영조는 이를 무시했습니다. 정조는 할아버지 영조의 처분을 이해할 수 없었습니다. 결국 정조는 할아버지의 소원을 무시하고 영조를 동구릉의 원릉에 모셨습니다. 영조는 사도세자를 죽게 하면서 흘렸던 눈물을 다시 한번 흘렸을 것입니다.

4) 예종과 안순왕후의 창릉

서오릉의 왕릉 중에서 처음으로 조성된 것은 제8대 예종의 창릉입니다. 서오릉 입구에서 길을 따라 계속 들어가면 가장 깊숙한 곳에 자리하고 있습니다. 창릉을 들어가려면 비호교를 건너야 하는데, 이 다리도 금천교입니다. 홍살문에서 정자각 왼쪽으로 보이는 것이 예종의 능이고, 오른쪽으로 보이는 것이 안순왕후 한씨의 능입니다.

예종은 세조와 정희왕후 윤씨 사이에 둘째 아들로 태어났습니다. 1457년 형인 의경세자가 죽자, 8살에 세자가 되었습니다. 1468년 세조가 세상을 떠나면서 19세로 왕이 되었습니다. 나이도 어리고 건

예종의 창릉 전경. 하나의 왕릉 구역에서 언덕을 달리해 왕과 왕비가 따로 묻힌 동원이강릉이다.

강도 좋지 않았기 때문에 세조는 죽기 전에 한명회, 신숙주, 구치관을 원상(院相)으로 삼았습니다. 이들에게 국정을 실질적으로 맞기고 예종은 결재만 한 것이지요. 어머니 정희왕후에게는 수렴청정을 받았습니다. 사극에 보면 조정회의에서 왕 뒤의 발(수렴) 안에서 대비마마가 정치를 조언하는 장면이 나오지요. 이를 수렴첨정이라 합니다. 이러한 상황에서 예종은 왕권을 제대로 행사하기 어려웠습니다. 겨우 14개월을 재위하다가 20살이던 1469년에 세상을 떠났습니다.

안순왕후는 예종의 둘째 왕비입니다. 첫째 왕비는 한명회의 딸인 장순왕후인데, 세자빈이었던 17세에 죽어 파주 공릉에 잠들어 있습니다. 이에 1462년 우의정 한백륜의 딸이 세자빈으로 들어왔습니

예종릉의 무인석과 문인석. 오른 쪽의 문인석은 얼굴이 다소 과장된 모습으로 변하고 있던 15세기의 특징을 보여준다.

다. 1468년 예종이 즉위하여 왕후가 되었는데, 이듬해 예종이 세상을 떠나면서 대비에 올랐습니다. 안순왕후는 연산군대인 1498년에 세상을 떠나 창릉에 묻혔습니다.

홍살문을 지나 향어로에 들어서면 왼쪽으로는 제사음식을 준비하는 수라청이 있고, 오른쪽으로는 능을 지키는 사람들이 머무는 수복방이 있습니다. 두 건물이 모두 복원된 곳은 서오릉에서는 창릉뿐입니다.

비각에는 '예종대왕 창릉'과 '안순왕후 부좌강(祔左岡)'이라고 새겨져 있습니다. 부좌강은 능에서 보기에 왼쪽 언덕에 묻혔다는 것이지요. 정자각에서 보기에는 우측입니다.

봉분은 양쪽 모두 난간석만을 둘렀고, 왕릉에 맞는 석물을 모두 갖췄습니다. 왼쪽 왕릉의 문인석은 240cm 정도의 키에 얼굴이 넓적하고 어깨를 치켜올린듯한 모습입니다. 왕후릉의 문인석은 230cm 크기인데, 볼륨감이 조금 떨어지고 사실적인 표현에 더 가깝습니다.

왕릉의 무인석은 어깨가 당당하고 안정감 있게 서 있습니다. 눈이 둥글고 코가 큰 편이며, 입을 굳게 다물고 있습니다. 입꼬리가 아래로 쳐져 있어 무뚝뚝한 인상입니다. 왕후릉의 무인석은 얼굴이 아담하고 작은 편이고, 오밀조밀하며 부드러운 인상입니다. 왕보다는 왕후에 어울리는 모습이기도 합니다.

예종은 세조가 죽은 지 1년 만에 세상을 떠났기 때문에 창릉 자리는 사실 급하게 정해졌습니다. 하지만 고양시와는 인연이 깊습니다. 북한산에서 흘러나와 행주산성 동쪽에서 한강으로 흘러드는 창릉천의 유래가 되었기 때문입니다.

5

고양군 관아 자리에 들어선 서삼릉의 아픈 역사

1) 고양군 관아에 들어선 장경왕후의 희릉

고양시에서 접근하기가 가장 쉬운 왕릉은 서삼릉입니다. 서삼릉은 원래 희릉, 예릉, 효릉을 가리킵니다. 여기에 많은 왕실무덤이 더해져 방대한 단지를 이루고 있습니다. 그 중에서도 가장 먼저 들어선 것은 제11대 중종의 둘째 왕비였던 장경왕후의 희릉입니다.

지하철 3호선 원흥역 6번출구에서 나와 권율대로를 따라 동북쪽으로 향하다가 터널을 지나면, 첫번째 삼거리에서 왼쪽으로 서삼릉으로 가는 길이 있습니다. 이 길을 따라 농협대 정문을 지나 너른마당 식당에서 우회전하면 서삼릉에 도착합니다. 서삼릉 출입구에서 들어가다 오른쪽으로 꺾어지면 얼마 안 가 희릉의 홍살문이 맞이합니다.

장경왕후 윤씨는 1491년 윤여필의 딸로 태어났고, 1506년에 16세로 중종의 후궁이 되었습니다. 진성대군이었던 중종은 원래 신수근의 딸인 신씨와 결혼했습니다. 1506년 중종이 연산군을 몰아내고 왕위에 오르면서 신씨는 단경왕후가 되었습니다. 그런데 단경왕후는 고모가 연산군의 왕비였고 아버지가 연산군의 매부였다는 이유로, 중종이 즉위한 지 7일 만에 폐위되었습니다. 그래서 윤씨가 장경왕후에 오른 것입니다. 장경왕후는 1511년 효혜공주를 낳은 데 이어 1515년 2월에는 후대에 인종이 되는 세자를 낳았습니다. 그리고서 며칠 만에 산후병으로 경복궁 별전(別殿)에서 25세로 세상을 떠났습니다.

중종은 장경왕후를 위해 서울시 서초구 내곡동의 태종 헌릉 옆에 희릉을 만들었습니다. 22년 뒤인 1537년 왕의 부마였던 김안로는 희릉 밑에 큰 돌이 깔려 있고 무덤 아래 돌이 물에 젖어 흉하니, 능을 옮겨야 한다고 주장했습니다. 세자를 보호하기 위한 것이라 했지만, 실제로는 무덤의 조성을 맡았던 정광필, 남곤 등을 제거하기 위한 시도였습니다. 중종이 이를 받아들여 선정한 곳이 현재의 희릉 자리입니다. 당시 이 자리에는 고양군 관아가 있었습니다. 왕실의 안녕을 위해 멀쩡한 고양 관아는 대자동 고읍마을로 옮겨야 했습니다.

1544년에 중종이 세상을 떠나면서 희릉의 서북쪽, 즉 현재의 예릉 자리에 묻혔습니다. 이를 정릉이라 불렀고, 희릉도 이름이 정릉으로 바뀌었습니다. 그런데 제13대 명종대인 1562년에는 반대 현상이 벌어졌습니다. 중종의 셋째 왕비였던 문정왕후는 정릉 자리가 흉하다는 이유로 중종의 능만 서울시 강남구 삼성동의 선릉 옆으로 옮겼습니다. 문정왕후는 자신의 남편이기도 한 중종이 장경왕후 곁에 잠든 것을 참지 못했던 것입니다. 이에 삼성동의 중종 능은 정릉이 되었고, 장경왕후의 능은 이름이 다시 희릉으로 회복되었습니다.

이곳은 북한산에서 흘러온 산줄기가 내려와 식사동의 견달산 방면과 화정의 국사봉 방면으로 갈라지는 곳입니다. 북쪽으로는 소경원 뒷산이 주산(主山)의 역할을 하고, 서쪽으로는 예릉 서쪽과 효창원으로 이어진 언덕이 우(右) 백호의 역할을 합니다. 동쪽으로는 경마아카데미 동쪽으로 이어진 능선이 좌(左) 청룡의 역할을 하고, 서삼릉 입구의 남쪽으로 이어진 산은 안산(案山)의 역할을 합니다. 좌청룡의 품안에서 생겨난 물줄기는 희릉 앞을 지나 서쪽으로 빠져나가 원당천을 거쳐 공릉천으로 흘러갑니다. 이 때문에 희릉은 풍수지리상의 혈자리를 이루며, 이곳에 맺힌 생기가 쉽게 빠져나가지 않도록 앞의 조산이 보호하는 것입니다. 이를 김안로는 풍수지리상으로 극찬한 반면, 문정왕후는 평가절하한 것입니다.

희릉의 정자각은 배위청 즉 홍살문 쪽이 3칸으로 뻗어 있습니다. 기존의 정자각은 좌우가 3칸이고 홍살문 쪽으로 2칸이 뻗어 있는데, 여기서는 한 칸을 늘렸습니다. 현재 예릉 자리에 중종의 능이 들어

희릉의 정자각. 홍살문 쪽(왼쪽)의 배위청이 3칸으로 되어 있다.

서 이 일대가 정릉이라 불릴 때엔 정자각이 두 봉분의 가운데 있었습니다. 그런데 문정왕후가 중종의 능만 현재의 정릉으로 옮기면서 정자각은 희릉에 맞게 현재 자리로 옮겨졌습니다.

이곳은 정자각 뒤의 사초지가 경사가 심하고 길이도 길어서 관람객에게는 능침 공간이 잘 보이지 않습니다. 이는 왕릉의 권위를 더하고 풍수지리상의 생기를 많이 보존하기 위한 장치입니다. 능침 공간의 구성은 왕릉의 기준에 맞췄습니다. 이곳의 석물은 1537년 희릉이 옮겨올 때 새로 만든 것입니다.

문인석과 무인석은 키가 320cm 정도로 기존 왕릉보다 더 크고 육중해졌습니다. 얼굴이 크고 움츠린 자세이기 때문에 얼굴과 몸의 비율이 3등신으로 보입니다. 인체의 윤곽은 4각 기둥에 가깝습니다.

희릉의 문인석과 무인석. 좌측의 문인석 귀 뒤쪽에 꽂은 관자가 동그랗게 보인다.

관복의 윤곽선은 직선적으로 단순해졌습니다. 이상은 16세기에 나타나는 특징입니다. 문인석은 큰 얼굴 때문에 머리에 쓴 복두가 상대적으로 작아보이는데, 귀 뒤쪽으로 꽃 모양의 관자(關子)를 꽂은 것이 특징입니다. 이러한 특징은 정자각 뒤에서 왼쪽 문인석을 바라보아도 확인할 수 있습니다.

무인석은 투구의 차양을 위쪽으로 꺾었고, 갑옷의 양쪽 어깨에 맹수의 얼굴을 새겼습니다. 귀 위에 날개 모양의 장식을 단 것은 16세기에 새롭게 나타난 특징입니다. 투구 위의 상모도 납작해졌고, 팔꿈치의 각도가 기존의 둔각에서 거의 직각으로 변화했습니다. 눈을 부릅뜬 모습이 인상적인데, 언뜻 보면 안경을 쓴 것처럼 느껴지기도 합니다. 육중한 몸과 함께 우락부락한 인상도 새롭게 나타난 특징입니다.

2) 중종의 정릉 자리에 들어선 철종의 예릉

서삼릉 입구에서 안으로 쭈욱 들어가면 예릉에 이릅니다. 이곳은 원래 중종의 정릉(靖陵)이었다가 제25대 철종의 능으로 바뀌었습니다.

1849년 제24대 헌종이 세상을 떠났을 때, 왕위를 이을 아들이 없었습니다. 헌종의 6촌 이내에도 왕족이 없었기 때문이지요. 후계를 결정한 권한은 왕실 최고의 어른인 제23대 순조의 비인 순원왕후가 가지게 되었습니다. 안동김씨였던 순원왕후는 자신의 친척들과 협의해 헌종의 7촌 아저씨뻘 되는 강화도의 이원범을 선택했습니다. 항렬이 올라가면서 왕위를 계승하는 것은 자연스럽지 않았지만, 그들의 정권 장악에 도움이 되었기 때문입니다. 이원범은 사도세자의 증손자인데, 정조의 동생 은언군의 손자이고 전계대원군 이광의 셋째 아들입니다.

이원범이 강화도에 간 것은 헌종 10년(1844)에 발생한 반란 때문이었습니다. 민진용이라는 사람이 은언군의 손자인 이원경을 왕으로 추대하기 위해 모의하다가 발각되었고, 이원경은 사약을 받고 죽었습니다. 그의 첫째 둘째 동생인 이경응과 이원범은 강화도로 유배를 갔습니다. 아버지 이광이 글을 배우지 말라는 말에 이들은 강화도에서 농사를 짓고 살았습니다. 그러던 1849년 갑작스럽게 이원범은 왕위를 이으라는 통보를 받게 되었습니다. 이원범은 처음에는 자신을 잡으러 온 줄 알고서 살려달라고 빌었다고 합니다.

19세였던 이원범은 글도 읽을 줄 모르고 정치적 경험도 없었기 때문에 순원왕후에게 수렴청정을 받다가 1851년부터 직접 정치를 맡았습니다. 이 해에 안동김씨인 김문근의 딸 철인왕후 김씨를 왕비로 맞이했습니다. 김문근은 영은부원군에 올라 안동김씨의 세도정치를 이끌었습니다.

일개 집안이 독점하는 정치는 심각한 부정부패를 낳았습니다. 3정(전정, 군정, 환곡)의 문란으로, 백성들의 세금은 늘어나는데 정부재정은 부족해지는 악순환이 되풀이되었습니다. 백성들의 생활은 도탄에 빠졌고, 1862년에는 진주민란을 시작으로 전국적인 농민봉기가 일어났습니다. 정부에서는 삼정이정청을 만들어 폐단을 없애려 했지만, 부패의 사슬이 끊어지지 않은 상황에서는 실질적인 효과가 없었습니다. 철종은 이러한 상황에 제대로 대처하지 못했습니다. 오히려 국정을 멀리하고 술과 궁녀들을 가까이하다가, 1863년 후계자도 없이 33세로 세상을 떠났습니다.

왕릉으로 쓸 만한 터를 물색하던 끝에 희릉 서쪽이 혈자리가 평탄하고 용과 호랑이가 감싸는 형세라 하여 선정되었습니다. 문정왕후가 중종의 능을 옮겨갈 때와는 또 다시 반대로 해석된 것이지요.

이곳의 땅을 파던 중에 예전 정릉을 조성할 당시의 석물이 많이 나왔습니다. 이 중에서 문인석과 무인석, 석호(石虎)는 모두 활용했고, 나머지는 일부 활용하거나 새로 만들었습니다.

예릉 전경. 희릉과 달리 어로가 향로의 좌우에 모두 배치되어 있다.

1851년에 왕비가 된 철인왕후는 1858년 원자를 낳았지만, 아기는 얼마 안 가 죽었습니다. 1863년 철종이 죽고 고종이 즉위한 뒤에 철인왕후는 왕대비가 되었고, 1878년 42세의 나이로 창경궁 양화당에서 세상을 떠났습니다. 철인왕후의 능은 철종의 봉분 옆에 쌍분으로 들어섰습니다.

홍살문에 들어서면 정자각으로 통하는 향어로가 3중으로 되어 있습니다. 이는 희릉의 어로가 우측에만 있는 것과 차이가 있습니다. 1908년 순종황제가 철종에게 장황제라는 시호를 올린 뒤, 황제의 격식에 맞춰 향로의 좌측에 어로를 한 줄 더 만든 것입니다.

정자각 우측 비각의 묘비에는 '대한 철종장황제예릉 철인장황후 부좌(祔左)'라고 쓰여 있습니다. 이는 대한제국 당시에 묘비가 새겨

예릉의 무인석과 문인석. 이 문인석과 무인석은 16세기에 만든 것이다.

지면서 능의 주인공이 황제와 황후가 되었음을 보여줍니다. 이 묘비는 1878년 철인왕비의 장례를 치를 때 세웠던 것을 1908년에 재활용해 만들었습니다.

예릉의 석물은 중종의 정릉 것을 재활용하고 철종이 죽은 뒤에 만든 것도 있기 때문에 16세기의 위풍당당하고 육중한 느낌과 19세 중엽의 장식성이 강한 양식이 뒤섞여 있습니다. 문인석은 326cm의 키에 얼굴이 신체의 1:3 정도 되어 큰 편이고, 얼굴이 가슴 쪽에 많이 파묻혀 목이 보이지 않습니다. 신체가 사각기둥에 가깝지만 조각선은 굵고 명확합니다. 8년이 빠른 희릉의 문인석과 분위기가 비슷한데, 얼굴이 더 넓은 편입니다. 무인석도 희릉 것과 비슷한 분위기에 얼굴이 더 커지고 투구 위의 상모가 더 납작해졌습니다. 역시 위협적이면서도 장중한 무게감이 느껴집니다. 돌출과 굴곡의 대비가 두드러진 편입니다. 이는 모두 희릉의 경우처럼 16세기에 제작된 결과입니다.

예릉은 왕릉 제도에 따라 만들어진 조선의 마지막 사례입니다. 철종의 뒤를 이은 고종과 순종의 능은 황제릉의 형식을 따랐기 때문입니다.

3) 정조의 아들과 형의 묘역인 효창원과 의령원

서삼릉 입구의 왼쪽에는 좁은 묘역이 하나 있습니다. 왕릉은 아니고, 다른 곳에서 옮겨온 세자와 세손(世孫)의 무덤입니다. 세손은 세자의 아들이니, 왕의 손자이지요.

효창원은 제22대 정조와 의빈 성씨의 아들인 문효세자의 무덤입니다. 문효세자는 정조 6년(1782)에 창덕궁에서 태어나 1784년 세자로 책봉되었으나, 1786년 5세로 죽었습니다. 그의 무덤은 원래 효창묘라고 불리다가 1870년 효창원으로 승격되었습니다. 이곳은 현재의 용산구 효창공원인데, 1944년에 무덤이 현재의 위치로 옮겨왔습니다.

무덤 앞에는 제사용 건물인 일자각(一字閣)이 있습니다. 정자각을 기준으로 보면, 절하는 공간인 배위청이 생략된 것이지요. 효창공원에 있을 때엔 홍살문, 정자각, 수라간, 수복방, 재실, 비각과 봉분 주위의 곡장(曲墻)이 있었지만, 여기서는 모두 무시되었습니다.

효창원의 제사공간. 효창공원에서는 정자각이 있었다.

봉분도 많이 작아졌습니다. 효창원이 옮겨온 이유는 1940년 일제가 효창원을 효창공원으로 만들었기 때문입니다.

제사공간 우측의 묘비는 1786년에 세운 신도비입니다. 비문 위를 보면 오른쪽에서 왼쪽으로 '어제(御製) 문효세자'라고 했습니다. '어제'는 임금 즉 정조 임금이 비문을 지었다는 것입니다. 오른쪽 첫줄에는 '유명(有明) 조선국 문효세자 효창묘 신도비명'이라 했습니다. '유명'은 명나라를 섬긴다는 뜻입니다. 당시 중국에는 청나라만 있었지만, 우리는 임진왜란 때 조선을 도왔던 명나라를 섬긴다고 여전히 내세웠습니다.

봉분 앞에는 세자묘에 걸맞는 석물을 갖추고 있습니다. 봉분 오른쪽의 묘표에는 '조선국 문효세자 효창원'이라고 쓰여 있습니다.

효창원의 봉분과 석물

이는 1786년 효창묘일 때 만든 묘표에다 효창원으로 승격된 1870년에 다시 새긴 것입니다. 봉분 정면 앞의 장명등 지붕 아래에는 서까래와 함께 여기서 연장된 단면 사각형의 부연(附椽)이 있어 겹처마 형태를 묘사했습니다. 모서리의 추녀 끝에는 용머리가 새겨졌습니다. 이 장명등은 18세기의 것 중에서 우수한 사례에 속합니다.

문인석은 얼굴과 관복을 실감나게 표현했고, 머리에는 조관을 쓰고 있습니다. 조관은 관리들이 행사시에 쓰는 것입니다. 전체적으로 18세기 중후반 문인석의 분위기를 잘 보여주고 있습니다. 높이가 153cm에 불과한 것은 세자가 매우 어린 점을 고려한 결과이지요. 봉분을 지키는 석호와 석양 2쌍도 작은 크기로 만들었습니다.

아버지 사도세자가 비명에 갔던 기억을 간직했던 정조는 첫아들인 문효세자가 너무 일찍 죽으면서 상실감이 컸습니다. 이러한 마음을 아기자기한 석물에 담았습니다.

효창원 바로 뒤에는 사도세자의 큰아들인 의소세손의 의령원이 있습니다. 세손은 세자의 아들입니다. 영조 26년(1750)에 사도세자와 혜빈 홍씨의 큰아들로 태어났으니, 정조의 형입니다. 이 해에 세손이 되었으나 겨우 세살에 죽었습니다. 사도세자가 미덥지 않았던 영조는 세손에게 기대를 걸었는데, 너무 일찍 죽어 크게 슬퍼했습니다. 원래 서울시 북아현동 중앙여자고등학교 안에 무덤을 만들고 의소묘라 했습니다. 1871년 의령원으로 승격되었는데, 1949년에 이곳으로 옮겨왔습니다.

봉분은 북아현동에 있을 때보다 많이 축소되었습니다. 봉분 우측

의령원의 문인석과 장명등. 문인석의 인물이 마치 초상화처럼 세밀하게 묘사되었다.

의 묘표에는 '조선 의소세손의(之) 묘'라고 되어 있는데, 영조가 글씨를 썼습니다. 봉분 주위에는 석양과 석호가 두 마리씩 둘러싸고서 지키고 있습니다. 정면의 좌우에는 문인석과 망주석, 석마가 각각 서로 마주보고 있습니다.

정면의 장명등은 지붕을 십자각(十字閣) 형태에 육중하고 두꺼운 느낌으로 만들었습니다. 중간의 사각면 안의 동그라미 안에는 꽃과 과일을 조각했습니다. 그래서 이 장명등은 19세기에 새로 제작되었을 것으로 추정됩니다. 좌우의 문인석은 1752년에 만든 것인데, 조관을 쓰고 있습니다. 얼굴이 갸름한 편이고, 두 눈을 안쪽으로 깊게 새기면서 눈꼬리를 살짝 올렸습니다. 허리의 굴곡도 유연하여 인체를 사실적으로 표현했습니다. 높이가 144cm에 불과해 어린 세손의 분위기에 잘 어울립니다.

의령원은 영조의 지침에 따라 전반적으로 규모가 작고 간소하게 만들어졌습니다. 세손묘임을 고려해 세자묘보다 한 등급을 낮춘 것입니다. 아기자기한 모습에서 손자에 대한 영조의 애잔함이 느껴집니다.

4) 소문난 효자 인종의 효릉

지금까지 돌아본 구역은 서삼릉에서 공개된 묘역인데, 비공개 구역이 훨씬 더 넓습니다. 이제부터 비공개 구역을 살펴보도록 하겠습니다.

효창원과 의령원 서쪽으로 200m 거리에는 제12대 인종의 효릉이 있습니다. 그리 멀지 않지만, 중간이 모두 농협 젖소개량사업소 구역이기 때문에 지름길로 가는 것은 불가능합니다. 서삼릉 입구에서 서쪽으로 600m 떨어진 서삼릉보리밥집 주변에 별도의 출입구로 들어갈 수 있는데, 특별한 경우가 아니면 닫혀 있습니다.

위 문에서 동쪽으로 200m를 들어가면 효릉의 홍살문이 보입니다. 이 앞에는 실개천 위로 금천교가 있고, 주변에는 연지(蓮池)도 있습니다.. 재실도 있었는데, 이 일대가 모두 젖소개량사업소의 터로 편입되어 별다른 표시를 찾기 어렵습니다. 홍살문에서 바깥을 바라보면 젖소개량사업소의 목초지가 가로막고 있습니다.

향어로 뒤의 정자각은 희릉처럼 홍살문 방향의 배위청을 3칸으로 만들었습니다. 우측의 비각 묘비에는 '조선국 인종대왕 효릉 인성왕후 부좌(祔左)'라고 했습니다. 부좌는 능침에서 아래를 바라볼 때 좌측에 있다는 것이지요.

인종은 1515년 중종과 그 둘째 왕비인 장경왕후 윤씨 사이에 태어났습니다. 1520년 세자가 된 인종은 옷을 화려하게 입은 궁녀를 내쫓을 정도로 검소하게 생활했고, 여자도 멀리할 정도로 절제하며 살았습니다. 그런데 어머니인 장경왕후가 자신을 낳은 지 7일 만에 죽으면서 인종은 중종의 셋째 왕비인 문정왕후의 손에서 자랐습니다. 문정왕후는 자기 아들이 왕이 되기를 바랐기 때문에 세자인 인종을 몹시 구박했습니다. 세자가 잠든 사이에 세자의 처소인 동궁에 불도 질렀다고 합니다. 문정왕후의 의중을 알았던 세자는 그 뜻을 받들기 위해 불에 타서 죽으려 했는데, 주위에서 말려 간신히 살아났다고 합니다.

1544년 중종이 세상을 떠나면서 인종이 즉위했습니다. 인종은 사림들을 적극적으로 등용하여 이들의 의견을 정치에 반영하기 위해 노력했습니다. 하지만 아버지의 죽음에 마음이 많이 상했던 데다 문정왕후에게 시달렸던 인종은 왕이 된 지 겨우 9개월 만인 1545년 7월 31세로 세상을 떠났습니다. 문정왕후가 독이 든 떡을 인종에게 주어 죽게 했다는 이야기도 전합니다. 죽기 전에 인종은 부모님 곁에 묻히기를 원했습니다. 이에 따라 제13대 명종은 그를 이곳에 모시고서 효릉이라 불렀습니다. 효심이 뛰어났다는 것이지요.

인종의 왕비인 인성왕후는 1524년 11세로 세자빈이 되었습니다. 1544년에 왕비가 되었는데, 자식을 낳지 못한 채 32년간 홀로 지내다가 1577년에 64세로 세상을 떠났습니다. 후궁인 숙빈 윤씨와 혜빈 정씨도 자식을 낳지 못했습니다. 문정왕후의 아들인 경원대군(명종)에게 왕위를 물려주기 위해 일부러 자식을 낳지 않았다고도 전하는데, 후궁을 들인 것으로 보면 조금 의심스럽습니다.

봉분 앞의 문인석은 머리가 상대적으로 작고 어깨 속에 덜 파묻혔습니다. 손의 위치는 높은 편이어서 약간 날씬한 느낌을 줍니다. 키는 270cm 정도로 희릉 것보다 약간 작은데, 복두 옆의 꽃모양 관자 등에서 희릉의 영향을 많이 받았습니다. 무인석은 투구에서 얼굴로 흘러내린 선이 자연스럽고 목을 펴고 있어서 실제 인체에 가까운 모습입니다. 입 끝에 미소를 살짝 머금고 있어 비교적 온화한

효릉의 문인석(오른쪽)과 무인석

분위기를 풍깁니다.

효릉은 어머니의 능이 현재의 장소로 옮겨온 뒤 8년 만에 만들어졌기 때문에 희릉의 영향을 많이 받았습니다. 능이 들어선 위치와 함께 부모님에 대한 인종의 마음이 잘 느껴집니다. 하지만 효도를 받아야 할 아버지 중종의 정릉이 1562년 서울시 삼성동으로 옮겨가면서 인종은 효도할 대상인 한 분을 잃게 되었습니다. 인종이 쉽지 않은 세자 생활과 왕의 역할을 했던 것처럼 효릉도 엉뚱한 시설에 둘러싸여 왕릉 대접을 제대로 받지 못하는 것 같아 안타깝습니다.

5) 폐비 윤씨의 회묘

효릉의 서쪽으로는 다른 지역으로부터 옮겨온 무덤들이 단지로 조성되어 있습니다. 그 중에서도 회묘는 제9대 성종에게 사약을 받고 죽은 폐비 윤씨의 무덤입니다. 서삼릉보리밥집 주변 출입구로 들어가 왼쪽으로 향하다가 후궁 묘역의 뒤에 자리하고 있습니다.

윤씨는 1473년 성종의 후궁으로 들어와 총애를 받았는데, 이듬해에 공혜왕후 한씨가 세상을 떠나면서 1476년에 왕비가 되었습니다. 이 해에 세자 이융 즉 연산군을 낳았습니다. 여기까지는 좋았는데, 성종에게는 후궁들이 많아 윤씨가 질투하는 일이 잦았습니다. 1479년에는 왕이 자신을 멀리한다고 하여 다투다가 왕의 얼굴에 손톱자국을 내기까지 했습니다. 이에 성종뿐만 아니라 왕의 어머니인 인수대비에게 노여움을 받아 폐비를 당했습니다.

윤씨는 친정으로 쫓겨나 생활했고, 성종은 점차 윤씨에 대해 미련을 갖게 되었습니다. 1482년 연산군에 대한 세자 책봉이 논의되면서 윤씨에 대한 동정론이 일어났습니다. 어느 날 성종은 내시와 궁녀들을 시켜 윤씨의 상황을 살피라고 했습니다. 하지만 인수대비의 사주를 받은 이들은 윤씨가 전혀 반성의 빛을 보이지 않고 날마다 곱게 머리 빗고 화장하면서 지낸다고 허위로 보고했습니다. 이를 그대로 믿은 성종은 결국 1482년 8월 윤씨에게 사약을 내렸습니다. 윤씨는 입고 있던 흰 명주적삼에 피를 토하며 죽었습니다.

폐비 윤씨는 원래 오늘날의 파주시인 장단에 묻혔습니다. 성종은 윤씨의 묘에 묘비도 세우지 말라고 명령했고, 1489년에 가서야 '윤씨지묘(尹氏之墓)'라는 묘비를 세워주었습니다. 성종을 이어 1494년에 즉위한 연산군은 어머니 윤씨에게 제헌왕후라는 칭호를 올렸습니다. 1497년에는 서울시 회기동 경희의료원 자리로 옮겨 회릉이라고 불렀습니다. 1506년 중종반정으로 연산군이 폐위되면서 회릉은 다시 '폐비 윤씨지묘'로 떨어졌습니다. 1969년 이 묘는 현재의 장소

회묘 전경

로 옮겨왔고, 회묘로 불리고 있습니다.

회묘는 묘역이 좁아서 정자각이나 향어로 등을 갖추지 않았습니다. 대신 석호 · 석양 · 석마 4마리씩과 문인석 · 무인석 2쌍 등을 두어 왕릉의 격식을 갖췄습니다. 묘역을 상 · 중 · 하계로 나누고 봉분의 난간석을 갖춘 것도 그러합니다.

문인석은 키가 277cm로 15세기 말부터 점점 커지는 경향을 반영하고 있습니다. 근엄한 인상에 미간을 찌푸렸고, 눈꼬리는 타원형으로 돌출시켰습니다. 메부리코에 입은 일자형으로 다물어 조금 퉁명스러워 보입니다. 홀을 쥔 손이 보이지 않는 것은 15세기에 주로 나타나는 특징입니다. 복두관모 뒤의 양 각(角)은 아래로 늘어져 있어 16세기의 그것이 위로 향한 것과 차이가 있습니다. 사극에서는 보

회묘의 무인석과 문인석. 무인석 투구의 옆드림이 S자로 꺾여 보인다.

통 옆으로 뻗쳐 있는데, 문인석에서 그렇게 만들면 너무 쉽게 부러지겠지요. 무인석은 우락부락한 인상입니다. 투구의 옆드림이 S자로 두껍고 화려하게 묘사되었고, 뒷목을 보호하는 뒷드림과 자연스럽게 연결되었습니다.

폐비 윤씨가 죽었을 때 아들인 연산군은 나이가 겨우 네 살이었습니다. 성종은 자신이 죽은 뒤 100년 동안 폐비 윤씨 문제를 얘기하지 말라고 유언을 남겼습니다. 하지만 1504년 훈구세력이었던 임사홍은 당시에 관련된 사림세력을 몰아내기 위해 이 사실을 연산군에게 고자질했습니다. 때마침 윤씨가 죽을 때 토했던 피가 묻은 명주적삼을 연산군의 외할머니가 들고 찾아왔습니다. 분노가 끓어

오른 연산군은 이 사건과 관련된 사람들을 모조리 죽이고 말았습니다. 회릉을 조성할 때엔 어머니를 위해 정성을 다했습니다.

폐비 윤씨를 둘러싼 갈등은 연산군의 정치 운영이 뒤틀리는 하나의 계기가 되었습니다. 이후 연산군은 폭정을 일삼다가 결국에는 중종반정으로 왕위에서 쫓겨났습니다. 이 불행의 씨앗은 폐비 윤씨와 성종이 함께 뿌렸다고 보아야 할 것입니다.

6) 일제의 후궁묘 · 왕자공주묘 · 태실묘 강제 이전

서삼릉은 일제시대에 큰 변화를 맞이했습니다. 기존 왕릉과 관계없는 무덤들이 수없이 옮겨왔기 때문입니다.

서삼릉보리밥집 주변의 출입구로 들어가 왼쪽으로 조금 가면, 후궁 묘역이 있습니다. 이곳에는 4각형으로 두른 담장 안에 후궁 묘 16기가 도열하듯이 줄지어 있습니다. 담장은 일종의 곡장(曲墻) 역할을 하고 있습니다.

묘 옆의 비문에는 성씨와 함께 정1품 빈, 종1품 귀인, 종2품 숙의 등을 표시했습니다. 이러한 품계는 궁중의 여성들을 관리하는 내명부에서 준 것입니다. 서삼릉 예릉에 묻힌 철종의 후궁으로는 귀인 평양조씨, 밀양박씨, 숙의 온양방씨, 김해김씨, 나주범씨 등이 보입니다. 이외에 고종의 후궁 5명, 명종의 후궁 1명, 숙종의 후궁 1명, 정조의 후궁 3명, 헌종의 후궁 1명이 보입니다.

그 동남쪽의 담장 안에는 후궁 묘역이 하나 더 있습니다. 여기에

서삼릉 후궁 묘역1. 제일 크게 보이는 묘의 주인공인 귀인 이씨는 제26대 고종의 후궁이다.

는 숙종의 소의 강릉유씨, 순조의 숙의 밀양박씨, 헌종의 숙의 김해김씨, 인조의 숙의 나씨, 숙원 장씨가 잠들어 있습니다. 후궁 묘역이라는 이름에 어울리지 않게 고종의 왕자인 완화군의 묘도 있습니다.

그 옆의 왕자공주 묘역에는 왕자묘 8기와 공주묘 14기가 있습니다. 본래 있었던 묘비들은 없고, 일제강점기에 일괄적으로 만든 묘비들이 서 있습니다. 앞면에는 인적사항이 새겨져 있고, 뒷면에는 원래 위치와 옮겨온 시기를 표시했습니다. 맨 앞줄의 중앙에는 제사용 상석을 놓았고, 그 앞에 장명등을 세웠습니다. 그 좌우에는 문인석이 마주보고 있습니다. 아마도 옮겨온 왕자나 공주의 원래 묘역

서삼릉 후궁 묘역2. 가운데 봉분 오른쪽에 '숙의 나씨의(之) 묘'라고 쓰여 있다. 왼쪽은 고종의 왕자인 완화군의 묘다.

에서 가져왔을 것입니다. 문인석은 행사용 조관을 썼고, 관복의 주름은 다소 형식화되었습니다. 장명등의 중간 사각형 안에는 꽃무늬가 장식되었습니다. 이로 보아 18세기를 전후한 묘에서 가져왔을 것입니다.

이상의 묘는 대체로 일제강점기에 옮겨왔고, 일부는 해방 이후에 옮겨왔다고 합니다. 왕실 가족의 무덤은 신중한 절차를 걸쳐 장소가 선택되었고, 많은 공을 들여 조성되었습니다. 이를 인위적으로 옮긴 것은 원래 묘에 담긴 가치를 말살하겠다는 것 말고는 설명할 길이 없습니다. 주인공들의 위계와 관계 없이 줄을 세워 놓은 것도 조선의 왕실을 일본에 종속시키겠다는 의도를 보여줍니다.

서삼릉 왕자공주 묘역 전경. 맨 앞줄 묘들의 주인공은 모두 고종의 왕자와 공주다.

왕자공주 묘에서 동쪽으로 조금 떨어진 곳에는 태실묘가 있습니다. 태실은 갓난아기의 태(胎)를 모시기 위한 무덤 같은 시설입니다. 우리 선조들은 태가 훌륭한 인물이 될지 말지, 다음 아이가 잘 태어날지 말지를 결정하는 결정적인 요소라고 보았습니다. 그래서 아이를 낳으면 항아리에 정성스럽게 담아 좋은 곳에 묻었습니다. 형편이 안 되는 사람들은 그냥 땅에 묻거나 마당에서 태우기도 하고, 물에 띄워 보내기도 했습니다. 위대한 인물의 태가 묻힌 곳은 역사적으로 유명한 산이 되었습니다. 김유신의 태를 묻었던 충북 진천의 태령산(胎靈山)이 대표적입니다.

조선시대 왕실에서는 아기가 태어나면 태를 깨끗하게 백 번을 씻어 작은 항아리에 넣고, 이를 다시 큰 항아리에 넣어 밀봉한 뒤 끈으로 단단하게 묶었습니다. 이를 미리 마련된 좋은 장소의 작은 돌방에 넣었습니다. 이를 태실묘라고 합니다. 왕릉이 한양의 100리 이내에 들어선 것과 달리, 태실묘는 전국에 흩어져 있었습니다. 좋은 곳을 찾아 담당 관리가 몇 달을 헤매기도 했습니다. 태실묘가 만들어지면 주위에 금표(禁標)를 세워 접근을 못하도록 했습니다.

1929년부터 일제는 훼손을 막는다는 구실로 54기의 태실묘를 서삼릉으로 옮겼습니다. 태실은 모두 동일한 규격의 시멘트로 만들었고, 그 안에 태항아리와 지석(誌石) 외에 중국 동전을 넣었습니다. 지석은 주인공의 신분과 생년월일, 묻은 날짜, 위치 등을 기록한 것입니다. 태항아리는 백자가 대부분입니다. 지상에는 오석(烏石)과 화강암으로 만든 비석을 세웠습니다. 태실묘들 주변으로는 담장을 日(일)자로 둘러 마치 일본 속에 가둔 것처럼 만들었습니다. 그 앞에는 일본 신사(神社)식의 문을 세웠습니다. 일자로 두른 블럭 담장은 1996년에 철거되었습니다. 비석 뒷면에는 태실묘를 옮긴 시기의 일본 연호인 '소화(昭和)'가 새겨져 있었는데, 지금은 모두 갈아서 지워져 있습니다.

왼쪽으로는 오석으로 만든 태실묘 비석이 서 있습니다. 맨 앞 중앙의 태조고황제를 비롯한 19기와 이왕전하태실, 왕세자 태실 등 22기가 있습니다. 오른쪽으로는 대군, 군(君), 세자, 대원군 등의 태실묘 비석 32기를 세웠습니다.

1920년대부터 조선총독부는 '문화통치'를 내걸고 조선의 문화유

서삼릉 태실묘의 오석비 구역. 맨 앞줄은 왼쪽부터 순조대왕, 헌종대왕, 순종, 이왕세자의 태실묘 비석이다.

산을 보존하겠다고 널리 홍보했습니다. 전국의 왕릉들과 다른 문화유적을 조사해 호화로운 인쇄로 보고서를 펴냈습니다. 하지만 실질적으로는 왕실 묘역을 일방적으로 이전하고 파괴하면서 관련 문화재를 반출해 갔습니다. 서삼릉으로 이전 과정에서 소실되거나 뒤바뀐 것들도 적지 않습니다. 조선시대에는 왕릉 옆에 후궁, 왕자, 공주의 무덤을 쓰는 것은 있을 수 없는 일이었습니다. 일제는 식민통치에 유리하도록 우리 왕실의 존엄과 전통을 말살하는 정책을 치밀하게 자행한 것입니다. 이는 해방 이후 우리가 할 일이 무엇이었는지를 잘 말해 줍니다.

| 참고문헌 |

1. 기황후 · 기철 집안의 행주기씨 묘역
2. 이색 후손들의 터전인 도내동의 한산이씨 묘역
3. 사또들의 비명횡사를 막아낸 이야기의 주인공 박충원의 묘
국사편찬위원회, 『한국사』30-조선 중기의 정치와 경제-, 1998.
고양시씨족협의회, 『고양시씨족세거사』, 2011.
4. 창릉천의 유래가 된 용두동의 서오릉
5. 고양군 관아 자리에 들어선 서삼릉의 아픈 역사
윤석인, 「조선왕실의 태실석물에 관한 일연구-서삼릉 이장 원 태실을 중심으로-」 『문화재』33, 2000.
장영훈, 『왕릉풍수와 조선의 역사』, 대원사, 2000.
국립문화재연구소, 『조선왕실의 안태와 태실 관련 의궤』, 민속원, 2006.
윤정란, 『조선왕비 오백년사』, 이가출판사, 2008.
이정선, 「조선 전기 왕릉제도의 성립과 석인 · 석수 양식 연구」 『미술사논단』29, 2009.
국립문화재연구소, 『조선왕릉종합학술조사보고서』Ⅱ~Ⅸ, 2009~2015.
황인희, 『역사가 보이는 조선왕릉 기행』, 21세기북스, 2010.
전나나, 「조선왕릉 석인상 연구」 『동악미술사학』12, 2011.
김은선 「조선시대 왕릉 석인상 연구」, 동국대학교 박사논문, 2017.
국립문화재연구소, 『조선왕실 원묘 종합학술조사보고서』Ⅰ~Ⅱ, 2018.
이규원, 『조선왕릉실록』, 글로세움, 2018.

Ⅵ. 근현대 고양시의 문화유산

역사 개관

격동의 시대

19세기 말 조선은 개항과 함께 근대화와 외세의 침략이라는 큰 소용돌이로 빨려 들어갔습니다. 이에 제대로 대처하지 못했던 조선은 대한제국으로 이름을 바꿔 생존을 도모했지만 일제의 침략을 막아내지 못했습니다.

대한제국을 병합한 일제는 1914년 전국의 행정구역을 송두리째 흔들어 다시 편성했습니다. 세력이 큰 지역을 갈라서 주변 지역으로 합쳤고, 일일생활권이었던 면(面)들을 통합해 면사무소를 두었습니다. 기존의 관아는 방치되고 허물어지거나 초등학교 부지로 이용되었습니다. 우리의 전통을 무너뜨리고 식민 통치를 효율적으로 하려는 시도였습니다.

이 과정에서 고양군은 덩치가 두 배로 커졌습니다. 은평구, 연희동, 용산, 여의도, 뚝섬, 잠실 일대가 고양군으로 편입되었기 때문입니다. 고양군청은 고양동 관아를 버리고 을지로 6가로 옮겼습니다. 일제가 서울의 기세를 꺾으려 한 결과입니다. 해방 이후에는 구역이 점점 축소되었습니다. 고양군청은 1961년에 원당으로 옮겼고, 1963년에 현재와 같이 주교동에 자리 잡았습니다.

1980년대 말 수도권 신도시 개발정책에 따라 고양은 인구가 크게 증가하기 시작했습니다. 1992년에는 고양군이 시로 승격했고 괄목할 만한 성장을 거듭해 왔습니다. 2006년 미국의 시사주간지 『뉴스위크』는 세계에서 가장 역동적인 10대 도시의 하나로 고양시를 선정했습니다. 최근에는 인구가 107만을 넘어섰고, 제3기 신도시가 들어서면 과밀화가 우려되는 상황입니다.

근현대의 역사적 격동은 고양 지역 주민들의 삶에 커다란 흔적을 남겼습니다. 이들이 당면했던 과제를 해결하기 위한 노력과 고뇌, 그리고 피할 수 없었던 불행이 여러 문화유산에 녹아 있습니다. 번창하는 도시의 이면에는 잊혀지기 쉬운 지역의 역사가 너무나 많이 깃들어 있습니다.

1

격동의 구한말과 대자동 김홍집의 묘

1) 경주김씨의 생활터전과 김홍집의 묘

한국사회가 근대사회로 진입한 공식적인 계기는 1894년 갑오개혁이었습니다. 일본의 강압에 의한 것이었지만 여러 분야에서 커다란 변화를 가져왔기 때문입니다. 대자동에는 이를 실질적으로 주도한 김홍집의 묘가 있습니다.

통일로의 필리핀 참전기념비에서 대자동 쪽으로 1km쯤 들어가다가 대자동 회전교차로에서 왼쪽으로 들어섭니다. 여기서 400m 정도 가면 다리를 건너자마자 왼쪽으로 들어가는 '김홍집선생 묘'와

영사정 전경. 나무 왼쪽은 제사 준비용 건물이고 오른쪽 건물은 행랑채이다.

'김주신 묘' 표지판이 보입니다. 여기서 마을길을 거쳐 400m쯤 들어가면 영사정(永思亭)이라는 고택과 비교적 넓은 주차장을 만나게 됩니다. 이 건물은 김홍집의 5대 조인 김주신이 아버지 김일진을 기리기 위해 제사용으로 지었습니다. 김주신은 숙종의 제2계비인 인원왕후 김씨의 아버지입니다.

안쪽 건물의 대청마루 위에는 기축년 4월 1일에 쓴 상량판이 남아있어 원래 숙종 35년(1709)에 지었다는 것을 알 수 있습니다. 영사(永思)는 영원히 잊지 않는다는 뜻이지요. 이 현판은 인원왕후가 직접 썼다고 합니다.

안쪽 'ㄷ'자형 건물은 제사를 준비하는 공간이고, 바깥쪽의 일(一)자 건물은 행랑채입니다. 정확한 연대와 조선후기 주택의 구조를

영사재

잘 보여주기 때문에 영사정은 2010년에 경기도 문화재자료 제157호로 지정되었습니다. 원래 많이 허물어졌는데, 2014년 기존의 부재를 최대한 활용해 복원되었습니다. 김일진은 의정공(議政公)으로 봉해졌기 때문에, 영사정은 경주김씨 의정공파의 추모공간으로 사용되고 있습니다.

영사정을 지나 왼쪽으로 들어가면 충헌문 안쪽으로 영사재(永思齋)가 있습니다. '재'는 제사용 건물이니까 영사재는 김일진을 제사하기 위한 사당이지요. 영사정은 바로 영사재의 부속건물입니다.

김홍집의 묘 앞에 이러한 시설이 있는 것은 이 일대가 경주김씨의 생활터전이었기 때문입니다. 경주김씨는 신라초기의 김알지를 시조로 삼고 신라 왕족을 거쳐 내려왔습니다. 그 후손인 김균(金稛:

?~1398)은 조준의 친구였고, 조선이 들어서면서 개국공신이 되었습니다. 그 아들 김계성(金季誠)의 묘는 원래 경주김씨 문중의 땅이었던 서삼릉 주변 지역에 있었습니다. 1544년 서삼릉이 들어서면서 김계성의 묘는 대자동으로 옮겨졌고, 경주김씨는 대자동 일대를 왕으로부터 하사받아 정착했지요. 이때부터 대자동 일대는 경주김씨의 근거지가 되었습니다. 김일진은 바로 김균의 10세손입니다.

2) 김홍집의 묘 둘러보기

영사재에서 150m쯤 더 들어가면 오른쪽으로 김홍집과 김주신의 묘 표지판이 있습니다. 이곳은 심리산 자락의 동쪽으로 들어섰습니다.

상석의 우측에는 팔작지붕을 올린 묘비가 있습니다. 묘비 정면의 셋째줄 아래에 '김공(金公)홍집의(之) 묘'라고 되어 있습니다. 맨 왼쪽줄에는 '정경부인 남양홍씨 부좌(祔左)'라고 되어 있습니다. 무덤 주인공이 아래를 바라볼 때, 왼쪽에는 부인이 오른쪽에는 김홍집이 묻혀 있다는 것이지요. 봉분 하나에 부부가 같이 묻혔음을 알 수 있습니다.

봉분의 정면에는 혼유석, 상석, 향로석, 장명등이 있고, 좌우로는 망주석이 있습니다. 장명등은 장식성이 강한 19세기 이후의 양식으로 만들었습니다. 석물들 중에는 비교적 근래에 만든 것이 포함된 듯합니다. 문인석은 없습니다. 하지만 김홍집이 차지하는 역사적

김홍집의 묘 전경

비중을 중시해 이 무덤은 고양시 향토문화재 제24호로 지정되었습니다. 김홍집의 묘는 파주시 임진면에 있다가 1975년에 이곳으로 이장해 왔습니다. 이때 기존의 석물을 그대로 옮겨왔다고 합니다.

김홍집 묘의 바로 동남쪽으로는 김주신(1661~1721)의 묘가 있습니다. 사실 김주신의 묘가 훨씬 먼저 들어섰지요. 봉분 주위에는 흙이 흘러내리지 않도록 호석을 둘렀습니다. 바깥면의 각 방향에는 방향을 상징하는 글자들이 새겨져 있습니다.

봉분 우측의 묘비 셋째줄 아래에 '김공(金公)주신의(之) 묘'라고 쓰여 있습니다. 마지막줄 아래에는 '부인 조씨 부좌(祔左)'라고 되어 있습니다. 김주신과 부인 조씨가 합장된 것이지요. 이 묘비는 영조 10년(1734)에 세워졌습니다. 비의 왼쪽면 마지막에는 '성상(聖上)

김주신의 묘. 무덤 주위의 담장인 곡장을 벽돌로 쌓아 만들었다.

10년'이라고 되어 있는데, 이 성상은 영조를 가리킵니다.

정면의 혼유석, 상석, 향로석은 최근에 만든 것입니다. 그 앞의 장명등은 사방으로 팔작지붕을 올렸는데, 추녀 끝이 두텁게 처리된 17세기 장명등의 영향이 남아 있습니다. 등불을 넣는 화창(火窓) 아래의 4면에는 모두 사각형 테두리 안에 꽃무늬를 새겼습니다. 대각 부분에도 아기자기한 곡선을 넣어 장식했습니다. 전체적으로 안정감이 있으면서도 윤곽선을 부드럽게 처리했습니다.

문인석은 조관을 쓰고 홀을 들고 서 있습니다. 눈매를 비롯한 얼굴과 관복의 묘사가 모두 사실적입니다. 이러한 특징은 대체로 18세기부터 나타납니다. 전체적인 특징으로 보아 김주신 묘의 석물은 그가 사망한 18세기 초에 만들어진 것 같습니다.

김주신은 자신의 딸이 인원왕후가 되면서 경은부원군으로 봉해졌습니다. 부원군(府院君)은 왕의 장인에게 주는 칭호인데, 정1품 관리와 같은 등급입니다. 그의 벼슬은 현재의 군사령관에 해당하는 5위도총관에 이르렀습니다. 봉분과 석물은 부원군의 격식에 맞춰 만들어졌습니다. 김주신의 묘는 이러한 가치를 반영해 고양시 향토문화재 제18호로 지정되었습니다. 영사정 왼쪽으로는 1826년에 세운 김주신의 신도비가 있습니다. 비문 맨 위의 글씨는 김조순이 썼습니다.

3) 김홍집의 갑오개혁 추진과 비극적 결말

김홍집은 김주신의 4대손인 김영작과 창녕성씨 사이에 태어났습니다. 처음에는 김굉집이라 불렸다가 이름을 바꿨습니다. 김영작은 이조참판, 호조참판, 한성부우윤, 대사헌, 개성유수 등을 지냈습니다. 서유구 같은 실학자들의 영향을 받았고, 박규수 같은 초기 개화사상가들과도 친분을 맺었습니다. 청나라에 사신으로 다녀오면서 새로운 문물에 눈을 떴습니다.

이러한 분위기에서 김홍집은 청년기에 위원의 『해국도지』나 서계여의 『영환지략』 같은 지리서를 읽어 개화사상에 대해 관심을 가졌습니다. 박규수의 집에 드나들면서 이러한 생각은 굳어졌습니다. 26세인 1868년에는 과거에 합격하여 벼슬길에 들어섰습니다. 처음에는 승정원 사변주서(事變注書), 사관, 예문관 검열, 흥양(고흥)현감 등을 지냈습니다. 1878년 전라도를 다녀온 암행어사는 김홍집을 청렴한 인물로 보고했다고 합니다.

1876년 조선이 일본에 개항을 하면서 개화파 관리들의 역할이 커졌습니다. 1880년 3월 일본으로 가는 수신사에 임명된 김홍집은 7월 6일 도쿄에 도착해 청나라의 황준헌과 6차례나 면담했습니다. 이 과정에서 러시아의 남하정책에 대비해 조선, 청, 일본이 연합해야 한다고 생각했고, 황준헌의 『조선책략』도 받아왔습니다. 책략은 전략이라는 뜻이지요. 이 책에서 황준헌은 조선이 청, 일본, 미국과 연합해야 한다고 주장했습니다. 조선으로 돌아온 김홍집은 고종에게 위 책을 바치고 관세 자주권, 유학생 파견, 군대 양성, 부국강병 등의 방향을 제시했습니다.

1880년 12월 개화정책을 담당하는 통리기무아문이 설치되면서 김홍집은 통상담당 당상(堂上)에 임명되었습니다. 이만손을 비롯한 영남 유생들이 개화정책을 반대하는 상소운동을 벌였지만, 고종은 개화정책에 힘을 실어주었습니다.

1882년에 김홍집은 미국, 영국, 독일과의 통상조약, 일본과의 관세협정, 임오군란 이후 일본과의 제물포조약, 청과의 조청상민수륙(水陸)무역장정 등에서 전권부관(全權副官)으로 활약했습니다. 특히 일본에 대해 관세를 처음 부과한 것은 나름대로 의미가 있었습니다.

김홍집은 청에 대한 사대관계를 바탕으로 서구문물을 받아들이는 온건한 개화정책을 추구했습니다. 이러한 입장은 개화정책에 반대하는 임오군란(1882)의 소용돌이를 겪으면서도 그가 경기감사, 예조판서 등으로 승진하는 바탕이 되었습니다. 급진개화파가 갑신정변(1884)에 실패한 뒤 그는 우의정을 거쳐 좌의정에 올랐습니다.

1894년 동학운동과 청일전쟁의 와중에서 일본이 서구식 개혁을 요구해 왔습니다. 판중추부사였던 김홍집은 내정개혁보다 민심수습이 우선이라고 주장했습니다. 하지만 민심수습을 위해서는 주도적 개혁이 필요하다는 고종의 주장에 따라 김홍집은 교정청의 설치를 주도했습니다. 교정은 바로잡는다는 뜻이니, 독자적인 개혁을 추진하겠다는 것이지요.

그러나 일본군이 경복궁을 점령하고 대원군을 앞세워 친청 민씨 정권을 무너뜨리면서 새로운 개혁을 강요했습니다. 고종도 내정개혁의 방향을 밝히면서 김홍집은 이 해 6월 26일부터 총리대신으로서 갑오개혁을 추진하게 되었습니다. 노비제 폐지와 같은 획기적 조치도 있었지만, 기본적으로는 일제 침략이 쉽도록 조선사회를 개편하는 측면이 강했습니다.

11월에 청일전쟁에서 승세를 잡은 일본은 11월 2일 대원군을 은퇴시키고 김홍집 · 박영효 내각을 세웠습니다. 전쟁에서 승리한 일본은 청에게 요동반도를 빼앗고 조선에 대한 간섭도 강화했습니다. 그런데 러시아가 독일 · 프랑스와 손잡고 일본에 간섭하면서 김홍집 · 박영효 내각은 붕괴되었습니다. 일본의 상대적 약화와 러시아의 부상에 따라 민씨정권이 다시 등장했고, 김홍집은 다시 총리대신이 되었습니다. 하지만 1895년 8월 20일 명성황후가 일본인들에게 살해당하면서 친일 성향의 내각이 들어섰습니다. 김홍집은 또 다시 내각을 이끌면서 을미개혁을 추진했습니다. 대표적인 정책이 단발령이었지요. 이에 대한 백성들의 거부감은 너무나 컸습니다.

1896년 2월 11일 일본인들에게 신변의 위협을 느낀 고종은 러시아 공사관으로 몰래 옮겨갔습니다. 을미개혁은 중단되었고, 김홍집은 갑자기 역적으로 몰렸습니다. 김홍집은 급히 고종을 만나기 위해 러시아 공사관으로 향하다가 경찰에 체포되었고, 연행 도중에 광화문에서 군중들을 만났습니다. 그 직전에 측근들은 피신하라고 권유했지만, 김홍집은 나라가 이 지경인데 구차하게 목숨을 부지하느니 백성들에게 맞아죽는 게 낫다고 대답했습니다. 결국 그는 군중들에게 둘러싸여 구타당해 죽었습니다.

개화정책에 처음 참여할 때 김홍집은 격변하는 세계정세 속에서 진정으로 조선의 발전을 추구했던 점은 분명합니다. 황현은 『매천야록』에서 김홍집이 나랏일에 마음을 다한 탁월한 정치가였기에 지식인들이 그의 죽음을 슬퍼했다고 했습니다. 하지만 개혁의 추진이라는 직분에 너무 충실한 나머지, 국제정세의 변화와 민심의 동향을 제대로 읽지 못한 점은 안타깝습니다.

2

1910년에 한옥으로 지어진 행주외동 행주성당

1) 행주외동에 성당이 일찍 들어선 배경

고양 지역에는 성당이 비교적 일찍 들어섰습니다. 그것은 행주나루가 서울로 들어오는 관문이었던 점과 관계가 깊습니다.

파리 외방전도회 소속이었던 모방 신부는 1836년 청나라로부터 압록강을 거쳐 입국했습니다. 당시 조선에서는 천주교가 금지되었기 때문에 모방 신부는 상복 차림에 삿갓을 쓰고 다니면서 활동했습니다. 그는 서울에 왔다가 경기도와 충청도 지역으로 순방하기 위해 배를 타고 행주 지역을 지나게 되었습니다.

행주나루 터. 건물 뒤에서 왼쪽으로 튀어나온 돌방구지 안쪽은 물결이 잔잔해 나루터로 이용되었다.

당시 행주 지역에는 박해를 피해 전국에서 들어온 천주교 신자들이 많았습니다. 행주의 주민들은 행주대교 동쪽의 돌방구지 안쪽 나루터를 중심으로 고기잡이와 나룻배로 근근히 생계를 유지했습니다. 18세기 중엽부터 한강 하구를 드나드는 운송이 증가하면서 행주나루는 마포나루나 송파나루로 통하는 중간 기착지로 성장했습니다. 포구 주변에는 선박촌이 형성되었고, 주민도 크게 증가했습니다. 당시에는 한강 하구부터 바닷물이 올라오는 행주나루까지는 바다로 여겨졌고 행주나루부터가 강이었다고 하니, 이 나루의 중요성을 알 수 있습니다. 모방 신부도 이곳에 내려 고양 용미리까지 이동했습니다.

모방 신부는 이곳을 거쳐갔을 뿐이지만, 주변에는 천주교 신자들이 늘어나기 시작했습니다. 19세기 말에 행주포구의 신도는 20여 명에 이르렀습니다. 이들은 미사를 드리기 위해 서울시 중구 중림동의 약현성당으로 다녔습니다.

1899년 약현성당의 두세 신부는 고양에 한들공소(公所)를 설치했습니다. 공소는 신부가 없는 곳에 설치된 천주교 신자들의 공동체 시설입니다. 당시에는 신자가 52명이었습니다. 한들은 큰 들을 말하는데, 발음상으로는 백석동을 가리켰던 흰돌과 유사합니다. 같은 해 행주에도 공소가 설치되었습니다. 그 전 해에는 이미 신양학교가 설치되어 신학문과 천주교 교리를 공부하도록 했습니다.

1909년 5월 21일에는 행주공소가 본당으로 승격되었습니다. 고양, 양천, 부평, 김포, 통진, 파주 양주 일부를 총괄하는 성당이 된 것입니다. 이에 맞춰 성당 건축이 시작되어 1910년 8월 9일 완공되었습니다. 20여 평 면적에 맞배지붕을 올린 한옥 성당으로서, 서울과 경기 북부에서는 명동성당과 약현성당에 이어 최초로 지어진 성당입니다. 현 행주성당의 남서쪽인 행주외동 194-4번지에 있었습니다.

1918년 지도를 보면 행주나루 주변의 식당가 일대에는 주택들이 조성되어 있었지만, 그 규모에 비하면 성당의 등장이 굉장히 이른 것이지요. 한강 하구와 서울을 연결하는 포구의 역할이 천주교 성당이 일찍 탄생하는 배경이 된 것입니다.

2) 행주성당 둘러보기

행주성당 일대로 연결되는 교통망은 다양한 편입니다. 행주고가차도나 행신로에서 행주대교로 들어가기 직전에 우측으로 행주산성에 들어가는 길이 있습니다. 자유로 서울 방향에서 행주대교로 진입하는 길도 같은 길로 연결됩니다. 행주대교 아래를 통과하자마자 작은 삼거리에서 7시 방향으로 좌회전합니다. 행주산성 정문에서 좌회전하여 내려와도 음식문화거리를 지나 이곳에 도착합니다. 여기서 260m쯤 지나 4시 방향으로 우회전하면, 160m쯤 올라가 행주성당에 도착하게 됩니다.

행주성당은 전통한옥으로 지어졌습니다. 여닫이문을 낸 출입구

행주성당 전경. 2015년에 복원된 모습이다.

쪽은 팔작지붕으로 만들었고, 그 뒤로는 맞배지붕을 올렸습니다. 성당의 규모에 맞게 좌우로는 각각 7개의 창문을 냈습니다. 출입구 위측 내림마루 사이의 삼각형 벽면에 십자가가 있어 성당이라는 것을 알려줍니다.

아래 〈사진〉을 보면 내부에는 넓은 공간의 지붕을 지탱하기 위해 기둥을 2줄로 세웠습니다. 기둥 윗부분 측면과 좌우 벽면 사이에는 충량(衝樑)이라는 가로목을 댔습니다. 기둥 위에는 대들보를 좌우로 올려 지붕 아래의 서까래를 받치고 있습니다. 서까래 바로 아래에 이와 90도 직각으로 뻗친 나무를 중도리라고 합니다. 이 중도리는 대들보 및 충량과 맞물려 지붕의 측면 하중을 버티고 있습니다.

행주성당 내부. 지붕 바로 아래의 서까래, 기둥, 좌우로 걸친 대들보 등이 1910년대와 거의 같은 모습이다.

대들보 위로는 동자(童子) 기둥 즉 작은 기둥이 있어 그 위의 중도리를 받치고 있습니다. 동자기둥 사이에는 다시 약간 짧은 대들보가 얹혀 있습니다. 그 중앙 위에는 마루대공이 지붕의 최상부를 지나는 용마루를 받치고 있습니다.

소나무로 만들어진 이러한 장치는 비교적 넓은 예배공간을 확보하기 위한 것입니다. 행주성당에서 가장 핵심적인 부분이지요. 특히 성당이 처음 지어진 1910년부터 지금까지 이러한 구조물이 거의 그대로 이어져 왔다는 점이 중요합니다.

1918년에 행주 일대에 물난리가 나서 주변이 거대한 호수로 변했습니다. 이 해 가을에 행주성당은 현재 위치에서 서쪽으로 120m 떨어진 언덕 아래로 이전했습니다. 현재 식당 포정석이 위치한 곳입니다. 성당 본래의 형태를 최대한 온전하게 유지했지요.

1925년에는 을축년 대홍수라고 부르는 물난리가 일어나 전국적으로 647명이 사망했습니다. 7월 17일에는 행주성당도 지붕만 남기고 물에 잠겼습니다. 이러한 피해를 방지하기 위해 1928년에는 두 번째 이전 공사가 시작되어 1931년에 완공되었습니다. 대들보를 비롯한 자재가 대부분 그대로 사용되었습니다. 이를 통해 현재 행주성당의 골격이 갖춰졌습니다. 1949년에는 제단 쪽으로 2칸을 늘려 7칸으로 확장되었습니다. 이때 증축하면서 기록한 상량문(上梁文)이 남아 있습니다.

1972년에는 지붕을 서양식 기와로 교체했습니다. 2010년 2월 19일 행주성당은 등록문화재 제455호로 지정되었습니다. 이를 계기로 행주성당은 1950년대 모습과 기존 자재를 최대한 되살려 2015년 복원하여 현재에 이르고 있습니다.

3) 한국 근현대사와 함께한 행주성당

1900년 경인선 철도가 개통되고 1905년에는 경부선이, 1906년에는 경의선이 개통되었습니다. 이 때문에 행주나루는 상대적으로 중요성이 줄어들었지만, 일제강점기까지는 여전히 수상 운송의 기점이었습니다.

1919년에 일어난 3 · 1운동은 행주 지역에도 확산되었습니다. 3월 11일 고양군 지도면 행주리 주민들은 행주산성의 정상에서 독립만세를 외쳤고, 밤까지 시위가 이어졌습니다. 불빛을 보고 일본 경찰이 쫓아오자, 군중들은 배를 타고서 선상시위를 벌였습니다.

1919년 3월 22일 행주성당의 신도들은 천주교 회원 명의로 송포면장에게 '경통(警通)'을 발송했습니다. 경성 주변의 학생과 천주교인과 노동자들이 만세를 부르고 있으니, 3월 27일로 예정된 만세시위에 참석하지 않을 경우 큰 봉변을 당할 것이라는 경고 통지문이었지요. 그 뒤 3월 28일 행주내리와 행주외리에서 500여 명이 만세시위를 벌여 38명이 체포되었다고 합니다. 송포면장이 실제로 참석할 리는 없었지만, 3월 11일 시위가 행주성당 신도들의 단결과 의지를 촉발시켰음을 알 수 있습니다.

1941년 태평양전쟁이 발발한 뒤, 일제는 적국의 서양인 선교사들을 국외로 추방했습니다. 조선인 신부들과 신학생들이 징집되면서 신부들은 부족해졌습니다. 이 때문에 1942년 5월 30일 행주성당은 폐지되고 약현성당의 공소로 편입되었습니다. 전쟁물자 확보에 혈안이 된 일제는 행주성당의 종(鐘)도 징발했습니다.

행주성당 종탑. 이 종은 일제강점기 말기에 징발당한 뒤 복원되었다.

6·25전쟁이 일어나 행주나루 일대는 한강 도하작전을 위한 전투의 무대가 되었습니다. 폭격으로 수많은 시설이 무너지고 불탔습니다. 하지만 행주성당은 유서 깊은 종교 건축물이라는 이유로, 제네바 협약에 따라 미군의 폭격에서 제외되었습니다. 다만 종탑은 사라졌고, 성당 내부의 기둥에는 총탄 자국이 남았습니다. 그 뒤 종탑과 종은 임충신 신부에 의해 복원되었습니다.

1948년 2월 25일에는 행주 공소가 행주성당으로 원상 회복되었습니다. 1957년 6월 14일에는 행주성당이 수색성당의 행주공소가 되었고, 2004년 11월 18일 본당의 지위를 다시 회복해 오늘에 이르고 있습니다.

3

경의선의 살아있는 증인 구 일산역

1) 구 일산역 돌아보기

고양시에서 가장 오랜 역사를 자랑하는 철도는 경의선입니다. 현재는 중앙선과 연결되어 경의중앙선이라 불리고 있습니다. 그 중에서 고양시에 위치한 역은 10개소인데, 경의선 건설 당시부터 존재한 곳은 일산역과 능곡역입니다. 특히 구 일산역은 문화재 가치를 지닌 곳으로 유명합니다.

경의중앙선 일산역 2번 출구를 나오면서 왼쪽을 보면 주차장 너머에 파란색 기와를 올린 작은 건물이 보입니다. 인도를 따라 연결된

구 일산역 전경

이 건물이 구 일산역입니다. 건물 정면에 '일산역(一山驛)' 간판이 달려 있고, 그 아래 출입문이 보입니다. 현 일산역이 들어서기 전에는 이 출입문으로 들어가 경의선 기차를 탔습니다. 하지만 현재 이 문은 굳게 닫혀 있습니다. 이 건물은 '고양 일산역 전시관'으로 쓰이고 있는데, 출입문이 반대편에 있기 때문이지요.

구 일산역은 1933년에 일본식 목조건물로 지어졌습니다. 178.5㎡의 면적에 대합실과 역무실로 이루어졌습니다. 위로는 기다란 맞배지붕을 좌우로 올렸는데, 이와 직각 방향으로도 맞배지붕을 올리고 파란 기와를 덮었습니다.

맞배지붕의 측면에서 보면 기와 아래에 팔(八)자 모양으로 두꺼운 판자를 댔습니다. 이러한 판자를 박공이라 합니다. 박(牔)은 이

구 일산역의 지붕. 맞배지붕을 십(十)자로 겹쳐 올렸다. 전시관 입구인 왼쪽은 지붕을 밖으로 더 냈다.

러한 판자를 가리키고, 공(栱)은 기둥과 지붕을 연결하는 구조물인 두공을 가리킵니다. 우리 전통 건축에서는 맞배지붕의 측면 삼각형 부분을 전체적으로 박공이라고 부르기도 합니다. 이 건물에서 박공은 지붕 안쪽과 벽을 보호하기 위해 벽보다 40cm 정도 길게 뺐습니다. 전통 건축에서 박공은 기와의 곡선에 맞춰 약간 휜 판자를 쓰는데, 일본식 건축물인 이 역사(驛舍)에서는 곧은 판자를 댔습니다.

맞은편에는 원래 창고건물 등이 있었는데, 지금은 인력센터와 야채가게 등이 들어서 있습니다. 역사의 오른쪽으로 돌아 바깥출입구로 들어가면 경의선에서 쓰였던 철로를 깔아 놓았습니다. 실제 경의선의 철로는 이보다 더 낮게 깔려 있었다고 합니다.

'고양 일산역 전시관'에는 기차를 통과시키는 데 쓰던 수신호기,

고양 일산역 전시관 앞의 옛 경의선 철로. 오른쪽 위로 신 일산역이 보인다.

완장, 명찰, 열차표, 수동 기표기, 역무원 제복 외에 통표 등이 전시되어 있습니다. 통표(通票)는 단선철도에서 기차를 안전하게 통과시키기 위한 표식입니다. 현재는 대부분의 철로가 복선화되어 거의 필요가 없어졌지만, 지방의 일부 단선철도 구간에서는 여전히 사용되고 있습니다. 열차 신호 시스템이 작동되지 않을 때에는 어디서든 요긴하게 사용됩니다.

이 건물은 한국철도공사가 소유하고 있는데, 전시관은 2015년 11월에 완공되었습니다. 역사의 서쪽 부분은 신세계이마트 희망장난감도서관으로 운영되고 있습니다.

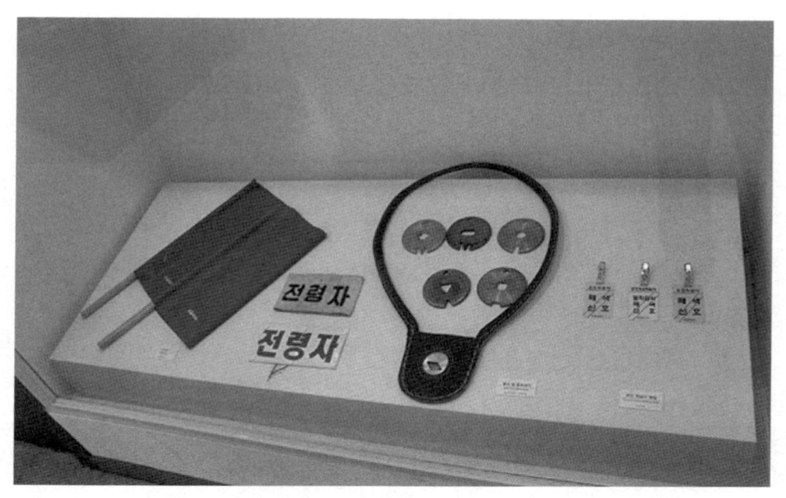

고양 일산역 전시관 유물. 왼쪽부터 역무원이 사용하던 수신호기, 완장, 통표와 통표걸이, 명찰이다.

2) 경의선의 건설과 구 일산역 설치

조선이 문호를 개방했던 19세기 말경 철도는 도시와 국가를 연결하는 최신 교통망이었고, 자본 투자가 가장 활발했던 분야였습니다. 열강들에게는 식민지를 개척하고 수탈하는 수단으로 여겨졌습니다. 조선에서도 철도가 열강들의 각축장이 되었습니다.

경의선 건설권은 원래 1896년 7월 프랑스 회사 피브릴르가 따냈습니다. 하지만 자금 조달이 어렵게 되어 1899년 6월 건설권을 대한제국에 반납하고 말았습니다. 이에 1899년 3월 박기종 같은 민간 자본가들과 관료들이 대한철도회사를 조직해 경의선 건설을 추진했습니다. 하지만 이들도 자본 조달에 실패해 어려움을 겪었습니다.

정부는 서북철도국을 설치해 직접 건설을 추진해 서울~개성 구간에서 노선 측량까지 마쳤습니다. 1903년 7월 고종은 서울~평양 간의 철도 건설을 대한철도회사에 맡긴다고 선언했습니다. 그런데 일본이 대한철도회사에 자금을 제공하는 계약을 맺음으로써 경의선 부설권을 사실상 장악했습니다.

한편에서는 러시아와 일본이 한반도 북부와 만주의 철도 부설권을 놓고 6개월간 협상을 계속했으나 성공하지 못했습니다. 1904년 2월 6일 일본은 서울과 의주 사이에 군용철도를 건설한다고 일방적으로 결정했습니다. 대한철도회사와 맺었던 계약도 무시했습니다. 서북철도국이 제작했던 서울~개성 간 실측도면도 강탈했습니다. 2월 8일 러일전쟁을 일으킨 일본은 2월 23일 한일의정서를 강요해 군사용으로 경의선 건설을 밀어붙였습니다.

이에 필요한 토지 조달을 위해 개인 토지는 대한제국이 일본으로부터 돈을 빌려 보상했고, 정부 토지는 무상으로 제공했습니다. 보상이 이루어졌다고 하지만 싯가의 1/2 내지 1/5 수준이었습니다. 경작지든 민가든 무덤이든 가리지 않고 단기간에 철거하라고 강요했기 때문에 불만이 터져나왔습니다. 철도용지 수탈은 엄청났습니다. 정거장 하나당 부지면적이 평균 10만 평이었고, 경의선 전체로는 1,500만 평에 이르렀으니까요. 현재의 구 일산역은 건물만 덩그러니 있지만, 건축 당시에는 72,000평을 거느렸습니다.

일제는 주민들을 강제로 동원해 폭력적으로 부렸습니다. 연인원 수천만 명이 무자비한 중노동을 강요받았습니다. 일본인 감독에게 맞거나 총에 맞아 죽은 사람들도 많았습니다. 1904년 6월 일본군은 고양군에서도 석공 338명, 목공 10명, 인부 580명을 요구했는데, 12월에 그 들의 요구대로 인부들이 동원되었습니다. 1906년 2월 일본군은 원당동에 와서 말먹이용 볏짚을 요구해 2,000단을 제공받았습니다. 일본인들은 고양시 일대를 다니면서 가축을 수탈하다가 우리 백성을 때려죽이거나 부녀자를 겁탈하기도 했습니다.

한국인들은 철도를 문명의 이기가 아니라 침략과 수탈의 도구로 여겼습니다. 경의선이 건설중이던 1904년 7월부터 경기도와 평안도 일대에서는 철도나 군사시설을 파괴하는 의병들이 여기저기서 봉기했습니다. 8월 27일 고양군에서는 김성삼, 이춘근, 안순서 등 3명이 열차운행을 방해하다가 일본군에 체포되었습니다. 이들은 9월 20일 일본군법회의에서 사형선고를 받고 총살당했습니다.

전쟁처럼 추진된 공사로 1906년 4월 3일 용산역에서 의주역까지 527.8km의 경의선이 완성되었고, 구 일산역도 개통되었습니다. 이 정도의 철도 건설은 정상적인 경우라면 수 년의 계획과 장기간의 공사를 거쳐 이루어져야 할 큰 사업입니다. 이를 겨우 2년 조금 넘는 기간에 완공했다는 것은 그 만큼 폭력적으로 추진되었음을 보여줍니다.

3) 구 일산역에 서린 근현대사

경의선은 개통되자마자 국유화되었습니다. 1905년 일제가 설치한 통감부 아래 철도관리국의 관할을 받은 것이지요. 1911년에는 압록강 철교가 완공되어 단동을 통해 남만주의 안봉선 철도와 연결되었습니다. 나아가 중국 본토와 시베리아까지 이어지는 간선 동맥이 되었습니다.

경의선은 처음에는 주로 일본군 병력을 수송하는 데 쓰였습니다. 이후에도 병력과 물자를 만주로 수송했습니다. 1911년부터는 일반 여객도 일산역을 이용할 수 있게 되었습니다. 1937년 중일전쟁이 발발한 이후 일제는 전쟁물자를 수송하기 위해 1943년까지 경의선의 복선화를 마쳤습니다. 일산역은 병참기지로서의 성격을 더욱 강화했습니다. 미곡을 강제로 공출하고 젊은이들을 전선으로 끌어가는 기지가 된 것입니다.

반면 경의선은 식민지배에 울분을 느낀 한국인들의 공격 대상이 되었습니다. 1907년 8월 19일에는 의병 수백 명이 봉기해 일산역을 습격했습니다. 1908년 4월 11일에도 의병들이 일본군 1명을 사살하고 3명을 포로로 잡아갔습니다. 1910년 4월 15일에도 일본군의 군수물자 수송열차가 일산역을 통과하고 있었습니다. 이때 돌을 던져 열차 창문을 파손하는 사건이 일어났습니다. 인명피해는 주지 못했지만, 일본군과 철도에 대한 한국인들의 감정을 잘 보여줍니다.

3 · 1운동이 한창이던 1919년 3월 말에는 일산 지역 주민들의 민심도 동요하기 시작했습니다. 고양군의 중면 면장은 주민들이 시위에 나서지 말도록 당부하면서 일산리 헌병 주재소에 주민들의 동향을 보고했습니다. 이에 주민 50여 명은 이날 밤 헌병 주재소로 몰려

가 만세시위를 벌였습니다. 일산 장날인 26일 밤에는 500여 명이 중면 사무소 앞에서 만세를 부르고 일본인 주택에 돌을 던지기도 했습니다. 28일 밤에도 150여 명의 주민이 횃불을 들고 만세를 불렀습니다. 그 결과 시위 주동자로 지목된 15명이 체포되어 고초를 겪었습니다.

시위가 크게 일어났던 중면 사무소는 일산농협 본점에서 동쪽으로 260m 거리인 명성운수 차고지에 있었습니다. 이 차고지와 동쪽의 유일스카이리빙텔 건물 사이에는 당시의 만세시위를 알리는 작은 안내판이 서 있습니다. '고양 일산역 전시관' 바깥 출입구 바로 앞의 '일산기찻길공원'에도 '고양 독립운동 유적지' 안내판이 서 있습니다.

일산역은 독립운동가들이 오가는 거점으로 많이 활용되었습니다. 수색역부터는 일본 헌병들의 검문검색이 심했기 때문에 독립운동가들은 일산역에서 중국으로 나가거나 이곳에서 서울로 들어갔다고 합니다. 예를 들면 조선민족대동단의 총재였던 김가진(1842~1922)은 일산역에서 중국의 단동으로 출발했습니다. 의열단 단원이었던 김상옥(1890~1923)은 일산역에서 내려 서울로 잠입해 들어가 종로경찰서를 공격했습니다.

1945년 8월 15일 해방과 함께 경의선은 중국 각지에서 활동하던 독립운동가와 동포들이 귀국하는 통로가 되었습니다. 하지만 남북이 분단되면서 승객의 이용은 점점 어렵게 되었습니다. 특히 1951년 6월 14일부터는 임진각 이북으로의 열차 운행이 완전히 끊어졌습니다.

일산역은 일산 5일장을 활성화시켰습니다. 역사(驛舍)가 들어선 직후에는 역 앞에서 5일장과 10일장이 열렸습니다. 조선시대에는 대화동 장성아파트 주변의 사포장(巳浦場)이 개성과 마포를 수로로 연결하는 중간 거점으로 번성했는데, 일산역이 생긴 이후에는 소멸되었습니다.

현재 일산장은 구 일산역과 농협 일산본점 간의 도로, 그리고 이와 교차하는 고양대로를 중심으로 3일과 8일에 열리고 있지요. 이 날짜는 음양오행을 반영하여 결정되었다는 견해가 있습니다. 음(陰)은 어둠을, 양(陽)은 밝음을 가리킵니다. 음과 양의 움직임에 따른 현상이 오행(五行) 즉 화(火), 수(水), 목(木), 금(金), 토(土)입니다.

일산장의 전경. 일산장의 중심인 이 도로는 구 일산역에서 바로 연결된다.

인근의 고봉산은 목(木)의 기운을 가지고 있어 숫자로는 3 및 8과 관련된다는 것이지요.

그런데 1919년 3월 26일 만세운동의 무대가 된 뒤에 일산장은 일제의 감시를 많이 받았습니다. 이 때문에 1일 · 6일장은 주춤해졌습니다. 이러한 상황에서 주변 봉일천장 등과의 일정을 고려해 3일 · 8일장으로 바꿨다는 설명이 더 합리적인 것 같습니다.

현 일산역의 등장으로 구 일산역은 기능을 상실했지만, 여기에 담긴 역사적 가치를 인정받아 2006년 국가등록문화재 제294호로 지정되었습니다.

4

행주내리와 한양을 잇던 강매동 석교

1) 강매동 석교 건너보기

한국에는 전통시대에 만든 다리들이 많이 남아 있습니다. 가장 대표적인 것은 청계천 수표교이지요. 교각과 난간을 아름답게 만들었고, 수위(水位)를 재는 기둥까지 세웠습니다. 고양시에는 덕수자씨교가 역사상 유명하지만 기념비만 남아 있습니다. 대신 전통 다리의 맥을 이어 현대로 들어오는 길목에 강매동 석교가 보존되어 있습니다.

행신역과 통하는 소원로에서 남쪽으로 강매로를 따라 경의선 철도

강매동 석교 전경

위를 넘으면, 왼쪽으로 봉대산과 강고산을 보며 지나다가 창릉천에서 길이 끝납니다. 여기서 좌회전하여 강고산과 창릉천 사잇길을 따라 동북쪽으로 300m 정도 가면 오른쪽으로 강매동 석교가 있습니다.

강매동 석교는 창릉천을 건너는 돌다리였습니다. 지금은 창릉천 물줄기와 50m 가까이 떨어져 있어 이 하천과 별개처럼 보이기도 하지만, 이는 창릉천이 직선화된 결과일 뿐입니다. 1918년 지형도를 보면 창릉천은 봉대산과 강고산의 동쪽에서 뱀이 지나가는 것처럼 열 번 이상 구부러져 있습니다. 다리 이름은 나오지 않지만 창릉천을 건너는 위치가 강고산 쪽으로 치우쳐 있습니다. 이는 현재의 강매동 석교가 강고산과 아주 가까운 점과 일치합니다.

강매동 석교는 난간이 없는 돌다리입니다. 양쪽 끝에 큰 사각기둥

아래에서 올려다본 강매동 석교. 교각과 그 위의 장대석이 45도로 엇갈려 있다. 장대석 위에 좌우로 세 줄의 동틀돌이 얹혀 있다. 그 사이에 청판돌이 얹혀 있다.

을 두 개씩 세우고 중간에 교각 8조를 세웠습니다. 각 조의 교각에는 3개의 사각 돌기둥을 마름모꼴로 배치해 물의 저항을 줄였습니다. 그 위에는 다리 방향과 직각으로 장대석을 2개씩 올렸습니다. 이 장대석을 교각보다 밖으로 약간 돌출시켜 안정감과 조형미를 꾀했습니다. 그 위에는 다리의 길이 방향으로 세줄로 동틀돌을 올렸습니다. 동틀돌은 넓은 돌을 올리기 위한 굵은 나무 모양의 돌을 가리키며, 귀틀돌이라고도 합니다.

그 위에 마지막으로 청판(廳板)돌을 깔아 마감했습니다. 청판은 마루바닥에 마지막으로 까는 널판지입니다. 널판지를 깔듯이 동틀돌 위에 돌을 깔아 돌다리 윗면을 매끈하게 마감한 것이지요. 청판돌과 동틀돌이 서로 만나는 부분은 모두 직각으로 홈을 파내 서로 잘 맞물리게 했습니다. 동틀돌의 아랫면이 넓고 윗면이 좁은 것은 이 때문입니다. 다리 위에서 보면 동틀돌은 좁은 띠 세 개로 보입니다.

동틀돌과 청판돌은 요즘으로 말하면 다리 상판에 해당합니다. 측면에서 보면 전체적으로 상판의 중앙이 약간 불룩하게 위로 솟았습니다. 교각의 높이와 그 위 장대석의 높이도 여기에 맞췄습니다. 총길이는 18m입니다. 언뜻 보면 단순해 보이지만 공학적으로나 미적으로나 신중하게 건설되었음을 알 수 있습니다.

공사를 위한 돌은 세검정에서 우마차로 실어왔다고 합니다. 다리 옆에는 준공기념 비석이 있었는데, 6·25전쟁 당시 누군가가 비석에 총질을 해서 깨졌습니다. 그 조각들이 주변에 남아 있었는데, 안타깝게도 새마을운동 당시에 도로포장을 하면서 매몰되었다고 합니다.

2) 전통 다리와 강매동 석교

우리 전통 다리 중에 제일 흔했던 것은 징검다리와 나무다리입니다. 나무다리 위에 흙을 올려 평평하게 다지면 흙다리라고 했지요. 강매동 석교를 비롯한 돌다리는 정성을 많이 들인 것입니다.

우리의 돌다리는 적어도 신라시대 경주 월성 남쪽의 월정교에서 확인됩니다. 이는 교각들을 돌로 쌓고 그 위에 다리 상판을 목조로 올린 것입니다. 최근에 복원된 것을 보면 다리 전체를 누각으로 씌워, 하천 위에 세운 목조 건물처럼 생겼습니다. 불국사 자하문 앞의 계단에 만들어진 청운교와 백운교는 아래를 홍예(아치)로 정교하게 만들었습니다. 적어도 신라시대부터 상당한 수준의 돌다리 기술이 있었던 것이지요.

1392년에 정몽주가 건너다가 이방원의 수하인에게 철퇴를 맞고 사망한 개성의 선죽교도 유명하지요. 선죽교는 고려초에 조성되었다고 합니다. 〈사진〉을 보면 4개의 교각을 세웠는데, 각 교각은 여러 개의 사각기둥으로 구성되었습니다. 그 위에 다리의 길이 방향으로 장대석을 촘촘히 얹어 다리를 완성했습니다. 동틀돌과 청판돌의 구분 없이 장대석들이 바로 다리의 상판 역할을 하고 있습니다. 다만 교각과 상판돌이 잘 밀착되도록 상판돌의 좌우 아래를 약간씩 다듬었습니다. 고려시대에 축조되었다는 청원군 미천리 석교는 투박하게 만들었지만, 조립 방식은 선죽교와 비슷합니다. 장대석을 촘촘히 덮어놓은 것처럼 보이는 상판돌은 이후의 돌다리에서도 대체로 이어졌습니다.

돌다리 중에서 백성들의 입에서 가장 많이 오르내린 것은 견우와 직녀가 만난다는 오작교(烏鵲橋)이지요. 오작교는 홍예 즉 아치 모양으로 다리를 만들고 난간을 아름답게 장식한 모양으로 형상화되었습니다. 이러한 다리를 만들기 위해서는 굉장한 기술과 수고가 필요합니다. 궁궐이나 특별한 건축물에서 많이 만들어졌지요.

교각 사이를 아치로 만들되 난간을 생략한 다리는 적지 않게 만들어졌습니다. 강경 미내다리, 논산 원목다리 등이 대표적입니다. 다리 상판까지 무지개 모양을 띠면 보통 구름다리라고 불렀지요.

개성의 선죽교. 1780년에 정몽주의 충절을 기리기 위해 난간을 만들어 통행을 막았고, 옆으로 새로운 다리를 놓아 통행하게 했다. 뒷편의 사람들이 그 새로운 다리를 밟고 있다.

강매동 석교는 구름다리라고 볼 순 없고, 중앙 부분이 살짝 위로 올라갔을 뿐입니다. 평평한 다리의 실용성을 추구하면서 구름다리의 전통을 살짝 가미한 것이지요.

길이가 길거나 실용성을 추구할 경우에는 수평 돌다리를 많이 만들었습니다. 청계천 수표교도 여기에 속하지만, 완성도가 뛰어나고 난간을 아름답게 장식했습니다. 이는 도성이라는 공간에서 국가적인 차원에서 만들어진 결과입니다.

지방의 수평 돌다리들은 다양한 모습을 띠었습니다. 함평의 고막천 석교, 대천의 한내 돌다리는 교각 하나를 위해 여러 개의 돌을 층층이 쌓고 교각 사이를 평평한 상판돌로 덮었습니다. 옥천 청석교는 두 줄의 긴 장대석으로 교각을 세우고 다리와 직각 방향으로 장대석을 올린 위에 청판돌을 덮었습니다. 단순하고 투박한데 구조는 강매동 석교와 약간 유사합니다. 1855년에 재건축된 청주시 석남교는 좀 더 유사한 모습입니다. 조선 성종대(1469~1494)에 완성된 중랑천의 살곶이다리는 마름모꼴 돌기둥의 교각 위를 건너지른 장대석 위에 동틀돌을 올리고 다시 청판돌을 깔았다는 점에서 강매동 석교와 매우 유사합니다. 다만 규모가 훨씬 크고 교각의 일부 기둥 아래에 별도의 초석이 있습니다. 동틀돌 위의 청돌판이 두 줄이 아니고 세 줄인 점도 다릅니다.

이처럼 강매동 석교는 고려시대 이래의 돌다리 기술에 바탕을 두고 조선시대 돌다리의 전통을 계승해 만들어졌습니다. 이러한 중요성 때문에 고양시 향토문화재 제33호로 지정되었습니다. 그런데 이 다리는 앞에서 소개한 것들보다 매끈한 느낌을 줍니다. 이것이 유실된 부분을 새로운 석재로 보강했기 때문만은 아닙니다. 시기적으로 상당히 내려오는 점과 관계가 깊을 것입니다.

이 다리 상판의 서쪽면 중앙부 즉, 왼쪽에서 네 번째와 다섯 번째 교각의 사이를 살펴보면 '강매리교 경신신조(江梅里橋 庚申新造)'라고 새겨져 있습니다. 강매리 다리를 경신년에 새롭게 만들었다는 것이지요. 경신년은 1920년을 포함하기 때문에 일반적으로 이 시기에 기존의 다리를 헐고서 새로 만들었다고 추정하고 있습니다. 반면 당시에는 경의선 철도가 이미 놓여 있었으니, 위 경신년은 1860

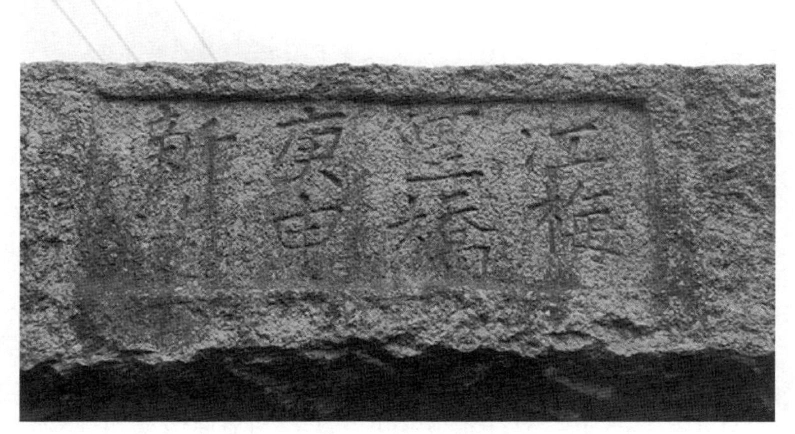

강매동 석교의 명문. '강매리교 경신신조(江梅里橋 庚申新造)'라고 쓰여 있다.

년이라는 견해도 있습니다.

『고양군지』(1755)를 보면, 행주 · 행신 일대의 구지도면에 해포교(醢浦橋)가 있습니다. 해포는 바로 강구산(강고산) 아래 있었다고 했으니, 성사천이 창릉천으로 흘러드는 곳의 배수관문 주변입니다. 식당 목향의 서쪽에 해당하지요. 그 동쪽인 현재의 강매동 석교 자리에 해포교가 있었던 것입니다. 1920년까지도 이곳에 해포교가 목교로 존재했다는 증언이 있습니다. 그러니 강매동 석교는 1920년에 건설된 것이 확실한 것 같습니다.

3) 강매동 석교와 고양 지역의 간선도로망

강매동 석교는 현재의 교통망과는 거의 연결되지 않아 구석진 곳의 문화재처럼 여겨집니다. 하지만 돌다리는 노력과 비용이 많이 드는 시설이었으니, 도로망과 연결시켜야 진정한 가치를 알 수 있습니다. 기존 자료들을 보면 강매동 석교는 일산, 지도(능곡 일대), 송포와 한강 연안 지역 사람들이 서울로 가던 다리라고 한결같이 설명되고 있습니다. 옳은 말이긴 하지만 시기적인 맥락과 구체적인 상황에 대해 보완이 필요합니다.

1918년 지형도를 보면 강매동 석교 부근은 행주내리에서 강고산 남쪽을 지나 수색리로 향하는 도로상에 있습니다. 행주내리는 삼성당(토당동 보루매산)을 거쳐 백석리(백석동) 방면과 송포면(송포동) 방면으로 통했습니다. 이 중에서 행주내리 서쪽의 도로는 일제강점기에 한강 동쪽의 습지가 대대적으로 개간된 이후에 활성화되었을 것입니다. 개간 전에는 이 주변이 광범위한 습지를 이루었지요.

1918년 당시에도 주엽리 · 백석리에서는 토당리 · 행신리 · 화전리를 거쳐 수색리로 통하는 도로가 있었습니다. 이 도로는 오늘날에 수색과 서울로 통하는 중앙로와 대체로 일치합니다. 현재의 일산에 속하는 당시 사람들은 행주내리를 지나 강매동 석교를 건너기보다 위 길을 타서 적개다리를 건너는 편이 유리했을 것입니다. 이 자리에는 현재 KTX 다리가 지나고 있습니다. 강매동 석교는 행주내리와 수색을 연결하는 별도의 도로에 있었던 것이지요.

『대동여지도』에서도 주엽리에서 화전리를 거쳐 서울로 통하는 길이 있는데, 이를 '고양간로(高陽間路)'라 했습니다. 이는 고양군 관아가 있던 고양동에서 통일로를 거쳐 서울로 들어가는 '고양로'와 구분

옛 해포(醢浦) 자리. 성사천에서 창릉천으로 들어가는 곳에 배수갑문이 설치되어 있다.

한 것입니다. 행주에서 강매동 석교 옆의 해포를 거쳐 수색과 성산리로 통하는 길은 '행주간로'라 했습니다. 고양간로와 행주간로는 가좌동 주변에서 만나 오늘날의 창천동과 아현동을 거쳐 한양 도성으로 이어졌습니다. 강매동 석교는 행주에서 서울로 통하는 별도의 도로인 행주간로에서 창릉천을 건너기 위한 다리였던 것입니다.

행주간로는 행주나루를 거쳐 서울시 가양동의 공암나루와 김포로 연결되었습니다. 행주나루는 『신증동국여지승람』(1530)부터 확인되지만 훨씬 이전부터 존재했음에 틀림없습니다. 행주간로는 이러한 연결을 중시한 도로일 것입니다. 그 만큼 강매동 석교는 유구한 전통의 행주간로가 20세기까지 유지되었음을 보여줍니다.

5

서울 수복의 초석이 되었던 행주 도강작전 전첩비

1) 행주대교 자리에서 도강작전을 벌인 배경

1950년 9월 15일 인천상륙작전에 성공한 연합군은 서울 수복을 최대의 목표로 삼았습니다. 이를 위해서는 서울 시내로 접근하기에 유리한 영등포를 장악하는 것이 급선무였습니다. 하지만 인민군도 이를 파악하고 있었기 때문에 쉬운 일은 아니었습니다. 연합군은 영등포로 통하는 경인국도로 진격하는 동시에 한강을 건너기 위한 우회 루트를 개척하려 했습니다. 이 중에서 우선적으로 주목된 곳이 행주산성 일대입니다.

행주산성은 임진왜란에서 왜군이 서울을 사수하기 위해 장악하려다 실패한 곳입니다. 조선군의 입장에서는 서울을 장악하는 데 반드시 지켜야 하는 거점이었기 때문에 목숨을 걸고 싸운 결과, 행주대첩이라는 성과를 얻었습니다. 연합군도 행주산성 일대를 장악해 서울을 서쪽으로부터 협공할 계획을 세웠습니다.

하지만 인민군 400여 명이 김포비행장을 지키고 있었고, 김포반도에도 인민군이 주둔했습니다. 9월 17일 연합군은 부평을 지나 김포비행장에 접근했고, 다음날까지 김포비행장과 한강 이남 고지들을 장악했습니다. 당장 이날부터 김포 비행장에는 연합군 전투기가 착륙하기 시작하여 전투에 큰 도움이 되었습니다.

당시 행주산성에는 인민군이 주둔하고 있었습니다. 행주산성에

한강 도강작전 지점. 행주대교 북단 부근이다.

서 한강쪽 바로 아래는 경사가 급하여 도강작전이 사실상 불가능했습니다. 다만 행주대교 북단 주변은 행주산성 정상에서 잘 보이지 않을 뿐만 아니라, 강폭도 550m로 좁은 편이었습니다. 또 이 부근은 지반도 견고해 상륙정이 올라가기에도 적합했습니다. 현재는 신곡수중보 때문에 행주대교 주변의 수심이 깊은 편이지만, 당시에는 수심이 낮았습니다. 당시 인민군은 영등포 방면의 방어에 집중했기 때문에 행주산성 일대의 방어는 상대적으로 약했습니다 이러한 조건 때문에 행주대교 일대가 도강작전 장소로 선택된 것입니다.

2) 행주 도강작전의 과정과 성과

9월 19일 미 해병 1사단은 한강 도하 지점을 행주나루 주변으로 선정했습니다. 이곳을 건너 125m 고지인 행주산성을 점령하고 경의선을 따라 서울로 진격할 계획이었습니다. 고양시 방면은 진격 목표에서 제외되었습니다. 오히려 문산 방향 도로에 지뢰를 매설해 인민군의 진출을 막으려 했습니다. 서울 수복을 1차적인 목표로 삼은 것이지요.

19일 저녁 연합군은 행주산성에 준비사격을 가했습니다. 이날 밤 8시에는 호톤 대위가 지휘하는 사단 수색대 14명이 수영으로 조용히 한강을 건너 행주나루 부근에 도착했습니다. 호톤 대위는 캐숀 소위가 이끄는 정찰조 4명을 보내 행주산성 주변의 동태를 파악케 했습니다. 케숀 소위는 행주산성 정상까지는 가지 않고 중간의 작은 언덕만 살펴보고 돌아와서 적들이 없다고 보고했습니다.

이에 따라 9시경 사단 수색중대가 수륙양용차(LVT) 8대에 나눠타고 기습 도강작전을 시작했습니다. 그런데 갑자기 행주산성 위에서 기관총과 박격포가 공격을 퍼부었습니다. 이들은 인민군 제76연대와 제513 포병연대의 일부 병력이었습니다. 김포비행장을 잃은 인민군은 김포비행장과 행주나루 사이에 아군이 분주히 움직이는 것을 보고 급하게 행주산성의 방비를 보강했던 것입니다. 앞서 건너던 LVT는 모래사장에 좌초되었고, 수색중대는 남쪽으로 되돌아올 수밖에 없었습니다. 일부는 목숨을 걸고 헤엄쳐서 돌아와야 했습니다. 호톤 대위 등 3명은 부상을 당하고 한 명은 실종되었습니다.

기습 도강작전이 실패하자, 연합군은 대규모 공격을 추진했습니다. 9월 20일 새벽 해상의 공격기가 행주산성을 맹렬히 폭격했고, 해병 제5연대 제3대대가 공격을 개시했습니다. 아침 6시 45분 한강 남쪽을 출발한 LVT 6대가 적의 공격을 받으면서도 행주나루 쪽으로 건넜습니다. 일부는 오른쪽 행주산성 방면으로 공격했고, 일부는 행주산성 서쪽 능선을 따라 공격했습니다. 밤새 방어진지를 구축해 놓았던 인민군의 격렬한 저항으로 43명의 사상자가 발생했습니다. 하지만 화력과 병력이 열세였던 인민군은 200여 명이 전사하는 피해를 입었습니다.

전세가 기울자 인민군 패잔병들은 행주산성의 동북쪽인 인천공항 진입 인터체인지 쪽으로 도망치기 시작했습니다. 제3대대는 오전 9시 40분까지 행주산성 정상을 점령할 수 있었습니다. 이에 따라

후속 부대들이 한강을 건너면서 행주 도강작전은 끝을 맺었습니다. 행주대교 남쪽의 개화산에서는 많은 고위 지휘관들과 보도진들이 이 장면을 지켜보고 있었습니다.

미 해병 제3대대가 도강에 성공한 뒤, 한국 해병 제2대대와 미국 해병 제56 LVT대대 A중대도 함께 한강을 건넜습니다. 한국군 제2대대는 토당리와 행주 동북의 홍매리 일대를 장악했습니다. 미군 해병 제2대대는 능곡, 강매리 일대를 접수했고, 창릉천을 건너 망월산, 화전, 대덕산 일대까지 진출했습니다.

행주 도강작전에 성공함으로써 9월 25일에는 미군 제32연대와 한국군 제17연대가 서빙고 방면에서 도강작전을 순조롭게 진행할 수 있었습니다. 마포나루 쪽에서도 도강작전이 이루어졌습니다. 이는 9월 28일 서울을 수복하는 데 크게 기여했습니다. 이 날은 연합군이 고양 지역을 완전히 수복한 날이기도 합니다.

3) 행주 도강 전첩비 둘러보기

도강작전이 이루어졌던 행주대교 북단은 현재 행주 어촌계 어민들의 선착장으로 이용되고 있습니다. 당시 치열한 전투가 벌어진 지역은 이곳에서 한강을 따라 행주산성으로 올라가는 능선과 행주산성 정문에서 서북쪽으로 연결된 능선이었습니다. 처음 도강했던 곳에 가까운 서원마을 뒷산 봉우리에는 1958년 9월 28일 행주 도강 전첩비가 세워졌습니다.

1970년대에 행주산성이 대대적으로 정비되면서 관광객이 크게 늘었습니다. 이에 1984년 9월 20일 행주 도강 전첩비는 행주산성 정문 100m 앞 길가로 옮겨져 다시 조성되었습니다. 이곳은 85-1번, 011번 버스 정류장 바로 옆입니다.

전첩비 입구에는 도강작전에 사용되었던 것과 같은 수륙양용 장갑차(LVT P-7)가 전시되어 있습니다. 이 장갑차는 중기관총으로 무장하고 지상에서 시속 56km로 달릴 수 있었습니다. 9월 20일에는 한강을 건너 그대로 전진하여 능곡과 강매리 일대를 장악하는 데 크게 기여했습니다. 한국 해병대에서는 이를 1958년부터 도입하여 1986년까지 사용했습니다.

계단을 조금 오르면 '해병대 행주도강 전첩비'라고 쓰인 기념비가

행주 도강작전에 사용된 상륙 장갑차. 행주 도강 전첩비 입구에 있다.

행주 도강 전첩비

있습니다. 왼쪽의 좀 더 큰 삼각형이 오른쪽의 삼각형과 서로 마주 보며 의지하는 관계로 표현되었습니다. 비 이름을 새긴 왼쪽 삼각형 위에는 해병대 마크를 붙였습니다. 이는 행주 도강작전을 주도했던 미군 해병대와 작전에 함께 참여했던 한국군 해병대의 관계를 형상화한 것입니다. 삼각형은 확고한 신념과 필승의 투지를 상징합니다. 하늘을 찌르는 끝부분은 연합군의 승전을 다짐하는 투혼을 기리기 위한 것입니다. 오른편으로는 1958년 서원마을 뒷산에 세웠던 기념비의 머릿돌이 붙어 있습니다.

행주산성을 방문하는 탐방객들은 대개 이 앞을 그냥 지나칩니다. 장갑차 모양에 이끌려 잠시 살펴보다 가기도 합니다. 하지만 행주산성 일대에서 6 · 25전쟁의 판세를 흔드는 중요한 전투가 있었다는 점을 잊지 말아야 할 것입니다.

6

민간인 학살의 현장 황룡산 금정굴

1) 금정굴 둘러보기

일산에서 봉일천으로 가다가 중산마을 1단지와 만나는 삼거리의 왼쪽에는 나즈막한 산봉우리가 자리하고 있습니다. 여기로 올라가는 오솔길은 황룡산 등산로이기도 하고 고양누리길이기도 합니다. 길 입구 왼쪽에는 웬 장승들이 서있습니다. 보통 장승은 마을 어귀에 위치하며 우락부락하면서도 코믹한 표정을 짓고 있는데, 이것들은 뭐라 형언하기 어려울 정도로 괴로워 보입니다.

민속마을도 아닌 곳에 이런 장승이 세워진 목적은 금정굴이 잊어

금정굴 입구의 장승. 2001년 이낙진 조각가가 제작했다.

선 안될 역사적 사건의 현장임을 강조하는 데 있습니다. 금정(金井)은 금이 나는 우물을 의미하지요. 일제강점기에 이 산에서 금이 난다는 소문이 돌면서, 이를 채취하기 위해 깊이 50m 가량의 수직굴이 만들어졌습니다. 1937년 중일전쟁을 일으킨 일제가 전쟁비용을 마련하기 위해 금광을 개발한 것입니다. 이것이 폐광된 뒤에 남게 된 것이 지금의 금정굴인데, 장승으로부터 150m 정도만 올라가면 나옵니다.

굴이 바로 보이진 않습니다. 안전을 위해 가건물을 만들어 가려놓았고, 수직굴의 윗면은 쇠파이프를 이용해 판자로 덮었기 때문입니다. 그 왼편으로는 이곳을 관리하기 위한 가건물이 자그마하게

금정굴의 내부 모습. 현재 17m 이상의 수직굴인데, 안전을 위해 상부를 덮어 놓았다.

서 있습니다. 여기에 '유족회' 간판을 달고 금정굴과 관련된 사진들을 게시해 놓았습니다.

이따금 몇몇 사람들이 금정굴을 보기 위해 찾아오며, 단체 탐방객도 눈에 띕니다. 등산객들이 한번씩 살펴보고 가기도 합니다. 여기서 행사가 있는 날이면 몇백 리 밖에서 찾아오는 사람들도 있습니다. 무엇 때문일까요? 그것은 우리가 상상하기 어려운 엄청난 사연들이 금정굴에 묻혀 있기 때문입니다.

2) 1950년 가을 참혹한 비극

1950년 6 · 25전쟁이 발발했을 때 고양 지역 주민들은 거의 피난을 가지 못했습니다. 북한군이 급속히 남하한데다 한강이 차단되었기 때문입니다. 이는 전쟁기간 동안 고양 지역에서 커다란 비극을 초래하는 중요한 조건이 되었습니다.

서울이 함락되면서 고양 지역에서도 인민공화국의 통치가 시작되었습니다. 면 단위별로 인민위원회가 조직되었고, 대표가 선출되었습니다. 이들을 비롯한 좌익계열은 인민재판을 열어 몇몇 친일 지주계급을 처형했습니다. 일제강점기에 공무원으로서 징용에 협조한 사람들이 체포되어 죽기도 했습니다. 우익단체인 대한청년단 단원이 체포되어 살해당한 경우도 있습니다. 이에 대항해 능곡, 백마, 송포 등지에서는 반공 지하조직인 태극단이 결성되어 유격활동을 전개했다고 합니다. 그 시기는 인천상륙작전 직후로 보이는데, 고양 지역이 완전히 수복된 9월 28일 직전에 조직이 노출되면서 45명 정도의 단원들이 처형되었습니다. 희생자의 유족들은 커다란 원한을 품을 수밖에 없었습니다.

이러한 상황에서 인민군이 퇴각하자 커다란 소용돌이가 휘몰아쳤습니다. 좌익활동에 적극 협조했던 사람들은 생명의 위협을 느끼고 인민군을 따라 북으로 갔습니다. 대신 능곡, 일산, 송포 일대에 치안대가 구성되어 경찰의 통제 하에 권력을 장악했습니다. 지하의 태극단도 전면에 부각되었습니다. 이들을 비롯한 우익세력은 좌익 혐의자들을 대대적으로 색출했고, 그들을 구금하거나 살해하기 시작했습니다.

10월 초 고양경찰서장으로 부임한 이무영은 인민군에 의해 가족이 희생당한 사람이었습니다. 그는 부역 혐의가 조금만 있어도 무조건 잡아들이라는 지시를 내렸습니다. 적극적인 혐의자들이 대부분 사라진 상황에서 월북자들의 가족과 친척들이 빨갱이로 몰려 각 국민학교, 파출소 등에 구금되었습니다. 이들은 현 구일산 일산종합사회복지관 주변인 고양경찰서 유치장과 양곡창고로 잡혀 왔습니다. 이 중에는 인공 치하에서 내무서나 인민위원회, 보급단 일을 보던 사람도 있었습니다. 공출을 위해 곡식 낱알을 세어주고 오이지, 감자를 걷어다 주거나 이장(里長)으로서 어쩔 수 없이 협조한 경우도 있었지요. 비료를 준다는 유혹 때문에 국민보도연맹에 가입했던 사람들도 있었습니다.

국민보도연맹은 공식적으로는 자신의 좌익행위를 반성하기 위해 1949년 4월 21일 결성된 단체인데, 6 · 25전쟁 당시에는 과거의 좌익행위를 노출시키는 빌미가 되었습니다. 지인의 부탁으로 가입한 경우도 있었지요. 자기 집이 강제로 인민재판 장소로 사용되거나 우익세력에게 개인적인 감정이 있었던 사람들도 잡혀왔습니다. 이들은 모두 빨갱이로 몰렸습니다.

창고에 갇힌 사람들에게는 식사도 제공되지 않았습니다. 총알을 손가락 사이에 끼운 채 발로 밟히는 고문도 있었습니다. 소식이 끊긴 가족들은 소문만 듣고서 밥을 지어 면회를 갔습니다. 면회는 허락되지 않았고, 가족이 확인되면 식사만 전달되었습니다. 그렇지 못한 사람들은 굶주림 속에서 공포 속에 떨 수밖에 없었습니다. 물을 주지 않아 오줌을 받아먹었다는 증언도 있습니다.

창고에 갇힌 사람들의 숫자가 늘어나면서 수용이 점차 어려워졌습니다. 이에 일부가 줄줄이 묶여서 어디론가 끌려가기 시작했습니다. 이들 중에는 취조 결과로 분류된 A · B · C 등급 중 A등급인 사람들이 많았습니다. 이들은 경찰과 의용경찰대, 치안대, 태극단 등에 이끌려 일산시장, 일산중학교 또는 경의선 철길을 거쳐 금정굴로 향했습니다. 그리고나면 숯고개(탄현동) 사람들에게는 꼭 총소리가 들렸습니다. 끌려간 사람들은 5~7명씩 묶인 채 금정굴 위에 서서 총알 세례를 받고서 수직굴 아래로 떨어졌습니다. 그 위에 흙을 덮고 죽이고 또 덮고 죽이는 과정이 반복되었습니다. 부녀자뿐만 아니라 어린이도 예외가 아니었습니다.

극히 일부는 금정굴에 도착하기 전에 도망치기도 했습니다. 총을 맞은 직후 금정굴 속의 시신들 사이에서 신음하다가 마을 사람들에 의해 극적으로 구조되기도 했습니다. 경찰서에 아는 사람이 있어 명을 보존하기도 했습니다. 10월 9일부터 25일까지 학살된 인원은 최소 153명, 대체로는 200여 명 내외로 추정되고 있습니다. 이러한 학살은 구산리 한강변, 성석리, 덕이리, 귀일안골, 주엽리, 현천리, 화전리 등지에서도 이루어졌습니다. 고양시 전체적으로 희생자는 2014년 5월까지 조사에 따르면 800명 이상입니다.

사람이 죄를 지으면 응분의 처벌을 받는 것은 당연합니다. 그러나 적법한 수사와 재판을 거치지 않는다면 그것은 불법이지요. 6 · 25 당시에도 이러한 법은 존재했으나 무시되었습니다. 죄의 경중을 가리지도 않고 공식적 절차 없이 수백 명 이상이 학살당한 것입니다.

희생자의 대부분은 죄목이 사소하거나 가족의 죄를 뒤집어쓴 사람들이었습니다. 아무리 생각해도 이들을 자의적으로 처형한 것은 학살이라는 말 외에 달리 붙일 수가 없습니다. 인공 치하의 인민재판도 적법한 절차를 거치지 않았다면 유사한 문제점이 지적될 수 있습니다. 같은 지역 사람들끼리 번갈아가며 이런 일을 겪었으니, 이보다 더 참혹한 비극이 없을 것입니다.

3) 계속된 비극 그리고 침묵

빨갱이 딱지만 붙으면 죽을 수 있는 분위기는 공포 그 자체였습니다. 아무런 항의도 통하지 않았습니다. 하지만 금정굴 학살은 누가 보아도 불공정한 일이었습니다. 군 · 검찰 · 경찰 합동수사본부에서 조사가 나오자, 이무영 경찰서장은 태극단장에게 그 책임을 져달라고 부탁했으나 거절당했습니다. 태극단은 그 책임을 경찰 쪽으로 돌렸습니다. 결국 이무영 서장은 수사본부 간부로부터 질책을 받고 1950년 11월 9일 면직되었습니다.

가해자들에 대한 조사 혐의는 학살죄가 아니라 '비상조치령' 위반이었습니다. 주로 의용경찰대원들을 피의자로 삼았고, 태극단원은 2명만 조사를 받았습니다. 경찰은 소위 '청취' 대상이 되어 피의자에서 사실상 제외되었습니다. 이무영은 참고인 자격으로 임의 진술만 하고 말았습니다. 살인 행위는 인정되었지만, 인민군에 협조한 부역자에 의한 양민 학살행위로 처리되었습니다. 실질적인 지휘자였던 경찰들은 책임을 빠져나갔습니다. 경찰의 지휘를 받았던 의용경찰대원 1명 등 2명이 사형을 당했으나, 죄목은 학살이 아니라 인민군 치하의 좌익조직이었던 민청의 이름으로 행해진 부역으로 왜곡되었습니다. 기소된 나머지 의용경찰대원들은 연말에 이승만대통령의 명령으로 감형을 받았습니다. 금정굴 사건과 같은 민간인학살이 국가적인 차원에서 조장·방조되었던 것입니다.

이러한 조사로 학살은 중단되었으나 비극은 끝나지 않았습니다. 일가족이 몰살당한 경우에는 가정이 그야말로 풍비박산이 났습니다. 구사일생으로 살아남은 유족들은 우선 가족의 생사를 확인하고 싶었습니다. 그러나 금정굴에 가는 사람은 누구든지 죽여버린다는 소문 때문에 이것도 사실상 불가능했습니다. 파출소에라도 가서 항의한 사람들에게 돌아온 것은 극심한 구타뿐이었습니다. 유족들은 오히려 빨갱이라는 손가락질을 받으며 숨죽이며 살아야 했습니다. 이것이 괴로워 아예 다른 지역으로 이사한 사람들이 많았습니다.

유족들의 피해는 엉뚱한 방향에서도 발생했습니다. 치안대원, 태극단원을 비롯한 우익세력들은 피해자의 집으로 가서 곡식과 값나가는 살림살이뿐 아니라 소, 돼지까지 빼앗았습니다. 심지어는 피해자의 부인을 자기 첩으로 삼거나 집과 땅까지 빼앗은 경우도 있었습니다. 소위 적산(敵産) 즉 적의 재산이라는 명목으로 주인 없는 것처럼 강탈당한 것입니다.

이후 피해자 가족들은 공무원 시험에 합격해도 임용되지 못했고, 외국으로의 취업도 불가능했습니다. 육군사관학교나 ROTC에 합격하고서도 입학이 거부되었습니다. 전(前) 근대사회에서나 있을 법한 연좌제가 적용된 것입니다. 그 와중에서 어떤 피해자 유족은 충격으로 귀가 멀거나 자살까지 했습니다. 죽을 때까지 두통약을 먹어야 하는 사람도 생겼습니다.

대부분의 피해자 유족들이 고향을 등진 상황에서 이들은 조직화되지 못하고 서로 고립되었습니다. 사건을 목격했던 동네사람들까지 입을 다문 상황에서 오랜 세월 동안 무거운 침묵이 흘렀습니다. 어쩌다가 나선 사람은 공갈과 협박에 시달려야 했습니다. 피해자 유족들은 오히려 빨갱이의 멍애가 자식에까지 지워질까봐 전전긍긍하며 살아야 했습니다. 이는 인민군에 의해 희생된 태극단원들의 유해가 상당한 수의 가묘(假墓)들과 함께 덕이동에 안장되고 그 주인공들이 국가유공자 대우를 받은 점과 큰 대조를 이룹니다.

당시 우익세력으로 활동했던 가해자들은 떳떳하게 생활하면서 입지를 강화했습니다. 우익단체 단원 중에는 인민군 치하에서 협조했던 사람들도 있었는데, 이들은 그 행위가 남쪽을 위한 프락치였다고 주장했습니다. 이들은 오히려 지배적인 지위를 차지하면서 막강한 세력을 형성했습니다. 그 힘은 이후에도 오랫동안 지역사회에서 커다란 영향력을 발휘했습니다.

이러한 차별은 반공주의에 기초한 독재정권이 수십년간 유지된 결과였습니다. 가해자가 어느 쪽이든 희생자로서는 사무치도록 억울한 일인데, 반공주의에 조금이라도 어긋나면 그 억울함은 철저히 무시되었습니다. 이러한 상황에서 피해자들의 비극은 계속되었고 이를 묵인하는 침묵이 강요되었습니다.

4) 희망의 몸부림과 한줄기 빛

1987년 6월 항쟁 이후 한국 사회가 민주화의 길을 걸으면서 민간인 학살에 대한 관심도 서서히 높아졌습니다. 이러한 분위기 하에서 금정굴 사건의 진실을 밝히려는 노력도 서서히 나타나기 시작했습니다.

1990년 6월 덕이동에 거주하던 김양원(당시 고양시민회장)은 할미고양축제의 할미지(紙)를 만들려고 수소문을 하던 중 유족들로부터 금정굴 사건에 대한 이야기를 듣게 되었습니다. 그는 금정굴의 정확한 위치를 파악하는 한편, 가해자, 피해자, 목격자를 찾아다니며 조사를 계속했습니다. 이러한 노력의 결과 1993년 7월 17일 고양시민회가 백기완 씨와 함께 진상규명 작업을 결의하게 되었습니다. 8월 28일에는 고양시민회 등 5개 단체가 금정굴 사건 진상규명조사위원회를 결성했고, 9월 8일에는 유족회도 구성되었습니다.

금정굴 사건이 공론화되면서 1993년 9월 10일 고양시민뉴스가 처음으로 이를 보도했고, 몇몇 중앙일간지와 방송들도 이를 보도하거나 특집으로 다루었습니다. 이달에 유족회는 진상규명을 위한 청원서를 대통령, 고양시장, 시의회 의장, 경찰서장, 국회에 제출했습니다. 9월 25일에는 희생자 합동위령제도 거행했습니다.

1995년 9월 25일에는 금정굴에 대한 발굴이 개시되어 수많은 유골과 유품들이 쏟아져 나왔습니다. 그러나 모금으로 조달된 발굴비용이 바닥나고 붕괴의 위험이 제기되면서 10월 16일 수직 17m 지점에서 발굴이 중단되었습니다. 이 때 나온 유골은 서울대 이윤성 교수에게 맡겨져 최소 160명 이상의 것이라는 사실이 증명되었습니다.

이를 토대로 희생자들의 명예회복이 시도되었습니다. 그 결과 김대중 당시 국민회의 총재가 이 사건의 해결을 약속했고, 1997년 12월 11일 그 내용이 국민회의 대선공약으로 채택되었습니다. 경기도의회도 금정굴 양민학살 사건 진상조사특별위원회를 구성했고, 1999년 12월에는 보고서도 발간했습니다. 경기도도 예산지원을 약속하고 고양시에 협조를 요청했습니다. 그러나 2000년 4월 고양시는 주민들 사이에 반대 의견이 있다는 이유로 관련 사업의 시행을 거부했습니다. 2000년 11월에는 진상규명과 명예회복을 위한 특별법 청원이 국회에 제출되었습니다. 이 법은 통과되지 못했으나 유족회와 시민단체의 노력은 계속되었습니다. 이러한 노력이 결실을 거두어 2002년 8월 16일 고양시장은 금정굴 위령사업의 뜻을 비쳤으며, 8월 21일에는 유족들과 함께 금정굴 현장을 방문하기에 이르렀습니다.

유족들로서는 잃어버린 재산의 회복도 절실한 과제였습니다. 덕이동에 살던 안 씨는 빼앗긴 땅과 집을 되찾기 위해 소송을 제기했습니다. 그러나 가해자들이 20년 이상 점유하여 '시효가 취득'됨으로써 법원은 가해자 측의 손을 들어주었습니다. 억울함을 풀기 위해서는 목격자들의 증언이 필요했습니다. 그러나 협조해 주는 사람은 거의 없어 노력이 수포로 돌아갔습니다.

유족들은 엄청난 피해를 당하고서 수십 년간 숨죽이며 지냈습니다. 그 만큼 이들을 짓누르는 힘이 강했고 벽도 높았던 것이지요. 직접적인 이유는 관계 기관의 협조가 부족한 데 있었습니다. 그러나 사라지지 않은 가해자들의 영향력이 보다 근본적인 배경이었습니다. 2002년 9월 14일 고양시의회에 제출된 금정굴학살 위령사업안이 부결된 것은 이와 무관하지 않을 것입니다.

그럼에도 불구하고 금정굴 사건은 조금씩 진실의 규명에 다가섰습니다. 2005년 12월에는 국가 차원에서 '진실 · 화해를 위한 과거사정리위원회'가 설치되었고, 2006년 5월부터 2007년 6월까지 금정굴 사건에 대한 진실규명 작업이 진행되었습니다. 이 해 6월 26일 본 위원회는 이 사건이 고양경찰서의 지휘와 치안대, 태극단 등의 보조 역할로 일어났다고 공식 인정했습니다. 나아가 국가에 의한 사과와 명예회복, 재발 방지, 화해와 위령사업을 권고했습니다.

2008년 1월 25일에는 노무현 대통령이 울산국민보도연맹 사건 희생자에 대해 국가를 대표해 사과했고, 9월 27일에는 경찰청장이 '고양 금정굴 학살 및 고양지역 민간인학살 희생자 합동위령제전'에서 사과했습니다. 하지만 보수정권이 들어서면서 국가적인 조사작업은 사실상 중단되었습니다. 대신 금정굴인권평화재단을 중심으로 민간 차원의 추가 조사가 계속되었습니다. 2012년 8월 23일에는 희생자 유족이 청구한 손해배상이 일부 승소 판결을 받기도 했습니다.

금정굴 희생자 위령제 행렬. 2010년 10월에 그랜드백화점 주변을 지나고 있다.

최근에는 다시 정권교체가 이루어지고 지방의회 구성원도 크게 바뀌면서 새로운 환경이 조성되었습니다. 2018년 6월 지방선거에서 당선된 이재준 고양시장은 7월 18일 제68회 고양포럼에서 금정굴 사건에 대한 규명 작업을 적극적으로 추진하겠다고 밝혔습니다. 8월 31일 고양시의회에서는 '고양시 6 · 25전쟁 민간인 희생자 위령 사업지원 등에 관한 조례안'이 통과되었습니다. 이에 따라 위령사업과 추모사업, 희생자와 관련된 자료의 발굴과 수집, 희생자를 위한 사업 지원이 고양시 차원에서 공식적으로 가능하게 되었습니다.

금정굴 사건은 먼 과거에 일어난 남의 일로 여겨질지도 모릅니다. 그러나 사실은 그렇지 않습니다. 아직도 생존해 있는 세대가 겪었던 사건이며 현재의 우리와도 밀접히 연관된 문제입니다. 70년이 나 지난 일이니 그냥 덮어둔다면, 우리 사회는 최소한의 정의를 상실하는 것입니다. 이는 원칙보다 힘과 굴종이 판치는 상황으로 빠져드는 지름길이 될 것입니다. 그러고서 또 다른 전쟁이 터지거나 IMF보다 훨씬 심각한 비상사태가 벌어진다면, 금정굴 사건과 유사한 공포는 우리나 우리 후손들 앞에 또 들이닥칠 것입니다. 이런 점에서 금정굴 사건의 진정한 해결은 우리 자신과 후손들을 위하는 길입니다. 금정굴의 원혼들도 말없이 이렇게 외치고 있을지도 모릅니다.

| 참고문헌 |

1. 격동의 구한말과 대자동 김홍집의 묘

정제우, 「김홍집의 생애와 개화사상」『사학연구』36, 한국사학회, 1983.

2. 1910년에 한옥으로 지어진 행주외동 행주성당

강종민, 『행주성당 100년 이야기』, 아네스출판사, 2011.

3. 경의선의 살아있는 증인 구 일산역

국사편찬위원회, 『한국사』41, 1999.

광복회 고양시지회, 『고양독립운동사』, 2013.

고양문화원, 『고양의 경의선 이야기』, 2019.

4. 행주내리와 한양을 잇던 강매동 석교

손광섭, 『천년 후 다시 다리를 건너다』, 이야기꽃, 2003.

5. 서울 수복의 초석이 되었던 행주 도강작전 전첩비

국방부군사편찬연구소, 『6·25전쟁사6-인천상륙작전과 반격작전-』, 2009.

6. 민간인 학살의 현장 황룡산 금정굴

태극단, 『태극단 투쟁사』, 1981.

고양금정굴사건 공동대책위원회 외, 『아 금정굴 그 통한의 세월』, 2000.9.2.

김동춘, 「상처받은 영혼들의 세상-대한민국 땅 일산의 어제와 오늘-」『작가』2000 겨울호 : 『전쟁과 사회』, 돌베개, 2006.

금정굴인권평화연구소, 『2014 고양지역 한국전쟁 전후 민간인희생자 실태조사보고서(안)』, 금정굴인권평화재단, 2014.5.30.

신기철, 『진실, 국가범죄를 말하다』, 자리, 2011 : 『황금무덤 금정굴 거짓에 맞서다』, 인권평화연구소, 2018.

시대공통 참고문헌

세키노 타다시, 『한국건축조사보고』, 1904.

조선총독부, 『조선고적도보』11, 1931.

고양군지편찬위원회, 『고양군지』, 1987.

이은만, 『고양군 지명유래집』, 고양문화원, 1991.

정동일 외, 『고양시 문화재대관』, 고양문화원, 1994.

엄기표 외, 『한국문화 명칭도집』, 한국교원대학교 한국고대문화사연구회, 1995.

고양시·고양문화원, 『고양 금석문대관』, 1998.

서울대학교규장각, 『경기도읍지』2, 1998.

정동일 외, 『고양시의 역사와 문화유적』, 한국토지공사토지박물관, 1999.

경기도박물관, 『경기문화유적지도』Ⅱ, 경기도박물관, 2000.

김연실, 『선생님의 행주얼 따라잡기』, 고양교육청, 2002.

오수길 편, 『고양시 향토의 얼과 역사』, 고양문화원, 2003 개정판.

김정호, 『(역주)대동지지』1, 이회문화사, 2004.

경기문화재단, 『경기도의 옛지도』, 경기도, 2005 : 『경기도의 근현대지도』, 경기도, 2005.

고양시사편찬위원회, 『고양시사』제2권-문화유산과 인물-, 2005.

고양시 외, 『문화유적분포지도 고양시』, 2006.

김연실, 『고양시의 역사와 문화재』, 한국학술정보(주), 2007.

민족문화추진회, 『(신편 국역) 신증 동국여지승람』, 한국학술정보, 2007.

동아시아역사연구소 편, 『경기도 역사지명 사전』, 한국학중앙연구원출판부, 2011.

심준용, 『기네스북 북한산에서 세계유산 조선왕릉까지』, 고양시, 2013.

경기문화재연구원, 『북한산성의 역사와 문화유적-북한산성 문화유적 학술조사-』, 2014.

고양문화원, 『우리 마을 고양의 문화재 이야기』, 2018.

최경순, 『600년 역사와 문화의 발자취를 따라 걷는 고양 누리길』, 고양시청 녹지과, 2019.

이다빈, 『고양 테마여행기 소소여행』, 아트로드, 2019.

□ 자료 제공 및 소장처

겨레문화유산연구원
고양문화원
국방문화재연구원
심준용(A&A 문화연구소)
이장웅(한성백제박물관)
한신대학교박물관

고양 문화유산 답사기

지 은 이 이부오
초판 1쇄 인쇄 2020년 10월 10일
초판 1쇄 발행 2020년 10월 15일

발 행 인 박종서
발 행 처 도서출판 역사산책
출판등록 2018년 4월 2일 제25100-2018-000060호
주 소 (10477) 경기도 고양시 덕양구 은빛로 39, 401호(화정동, 세은빌딩)
전 화 031-969-2004
팩 스 031-969-2070
이 메 일 historywalk2018@daum.net
페이스북 https://www.facebook.com/historywalkpub/

ISBN 979-11-90429-06-1 03910

값 23,000원

이 도서의 국립중앙도서관 출판예정도서목록(CIP)은 서지정보유통지원시스템 홈페이지(http://seoji.nl.go.kr)와 국가자료종합목록 구축시스템(http://kolis-net.nl.go.kr)에서 이용하실 수 있습니다. (CIP제어번호 : CIP2020041581)